Der Kommunismus ist tot. Der Kapitalismus ist das neue Paradies. Doch warum gibt es dann so viel Ärger dort? In seinem neuen Buch analysiert der »gefährlichste Philosoph des Westens« (New Republic) den Zustand der Welt nach dem angeblichen Ende der Geschichte und zeigt, dass das wahre Abenteuer immer noch der Kampf um Emanzipation ist – aus kommunistischer Perspektive, natürlich. Mit Batman, Marx und Lacan, mit Gangnam Style, Lubitsch und Prokofjew zeigt Žižek, dass unsere Helden Julian Assange, Chelsea Manning und Edward Snowden sein sollten – und dass die Idee des Kommunismus noch lange nicht ausgedient hat.

Slavoj Žižek, geboren 1949, ist Philosoph, Psychoanalytiker und Kulturkritiker. Er lehrt Philosophie an der Universität von Ljubljana in Slowenien und an der European Graduate School in Saas-Fee und ist derzeit International Director am Birkbeck Institute for the Humanities in London. Seine zahlreichen Bücher sind in über 20 Sprachen übersetzt. Im S.Fischer Verlag sind zuletzt erschienen ›Was ist ein Ereignis?‹ (2014) und ›Das Jahr der gefährlichen Träume‹ (2013).

Weitere Informationen finden Sie auf www.fischerverlage.de

Slavoj Žižek

Ärger im Paradies

Vom Ende der Geschichte zum
Ende des Kapitalismus

Aus dem Englischen von Karen Genschow

FISCHER Taschenbuch

MIX
Papier aus verantwortungsvollen Quellen
FSC
www.fsc.org
FSC® C083411

Erschienen bei FISCHER Taschenbuch
Frankfurt am Main, September 2016

Satz: Pinkuin Satz und Datentechnik, Berlin
Druck und Bindung: CPI books GmbH, Leck
Printed in Germany
ISBN 978-3-596-03282-2

Inhalt

Einleitung – Getrennt sind wir stark! 7

1 Diagnose – *Hors d'œuvre?* 30

2 Cardiognosis – *Du jambon cru?* 82

3 Prognosis – *Un faut-filet, peut-être?* 141

4 Epignosis – *J'ai hâte de vous servir* 224

Appendix: Nota bene! 300

Anmerkungen 337

Einleitung – Getrennt sind wir stark!

Ärger im Paradies, Ernst Lubitschs Meisterwerk von 1932, erzählt die Geschichte von Gaston und Lily, einem fröhlichen Betrügerpaar, das die Reichen bestiehlt, dessen Leben aber kompliziert wird, als Gaston sich in Mariette, eines ihrer wohlhabenden Opfer, verliebt. Der Text des Liedes, das während des Vorspanns zu hören ist, gibt eine erste Definition von der Art des »Ärgers«, um den es gehen wird (wie auch das Bild, das das Lied begleitet: Wir sehen zunächst die Worte »Ärger im«, unter den Worten erscheint ein großes Ehebett und dann auf der Oberfläche des Bettes in großen Buchstaben »Paradies«). Das »Paradies« ist also das Paradies einer vollständigen sexuellen Beziehung: »Das ist das Paradies, / wenn sich Arme umschlingen und Lippen sich küssen, / aber wenn etwas fehlt, / bedeutet das / Ärger im Paradies«.[1] Um es in drastisch direkter Weise zu formulieren: »Ärger im Paradies« ist Lubitschs Bezeichnung für *il n'y a pas de rapport sexuel.*

Worin besteht also der Ärger im Paradies in *Ärger im Paradies*? In Bezug auf diese Schlüsselfrage gibt es eine grundlegende Zweideutigkeit. Die erste Antwort, die sich aufdrängt, ist: Obwohl Gaston Lily ebenso wie Mariette liebt, wäre die eigentlich »paradiesische« sexuelle Beziehung diejenige zu Mariette gewesen, und genau aus diesem Grund ist es diese Beziehung, die unmöglich und unerfüllt bleiben muss. Diese Unerfülltheit verleiht dem Ende des Films einen Hauch von Melancholie: Das Gelächter und die Ausgelassenheit der letzten Minuten des Films, die fröhliche Zurschaustellung der Partnerschaft zwischen Gaston und Lily füllen nur die Lücke dieser Melancholie. Zielt Lubitsch nicht in diese Richtung mit der wiederholten Einstellung auf das große Doppelbett in Mariettes Haus, einer Einstellung, die an das Bett des Vorspanns erinnert? Man kann es aber auch in genau der gegenteiligen Weise interpretieren:

> Könnte es sein, dass das Paradies eigentlich die skandalöse Liebesaffäre von Gaston und Lily ist, zwei eleganten Dieben, die für sich selbst sorgen, und der Ärger die erhaben statuenhafte Mariette ist? Diese Mariette ist, in einer quälenden Ironie, die Schlange, die Gaston von seinem glücklichen, sündigen Garten Eden weglocken will. […] Das Paradies, das gute Leben, ist das Verbrecherleben voller Glamour und Risiko; die böse Versuchung kommt von Madame Colet, deren Vermögen das Versprechen eines bequemen Dolce vita ohne wirkliche kriminelle Kühnheit und List in sich birgt, nur die fade Scheinheiligkeit der ehrbaren Klassen.[2]

Die Schönheit dieser Lesart liegt darin, dass die paradiesische Unschuld in der glamourösen und dynamischen Welt des Verbrechens verortet ist, so dass der Garten Eden mit der Verbrecherwelt gleichgesetzt wird, der Lockruf der besseren Gesellschaft hingegen mit der Versuchung durch die Schlange. Diese paradoxe Umkehrung lässt sich allerdings leicht durch Gastons ehrlichen und rohen Ausbruch erklären, den er ohne Eleganz oder ironische Distanz inszeniert, den ersten und einzigen im Film, als Mariette es ablehnt, die Polizei zu rufen, nachdem Gaston ihr mitgeteilt hat, dass der Vorstandsvorsitzende ihrer Firma sie über die Jahre systematisch um Millionen betrogen hat. Gaston wirft ihr vor, dass sie sofort bereit war, die Polizei zu rufen, als ein gewöhnlicher Taschendieb wie er ihr einen vergleichsweise geringen Betrag entwendet hat, sie aber wegsieht, als ein Mitglied ihrer eigenen ehrbaren Oberschicht Millionen von ihr stiehlt. Paraphrasiert Gaston hier nicht Brechts berühmten Satz: »Was ist ein Einbruch in eine Bank gegen die Gründung einer Bank?« Was ist ein direkter Diebstahl wie der von Gaston und Lily im Vergleich zum Raub von Millionen unter dem Deckmantel obskurer Finanzgeschäfte?

Es gibt allerdings einen weiteren Aspekt, der hier bemerkt werden muss: Ist Gastons und Lilys Verbrecherleben tatsächlich so »voller Glamour und Risiko«? Sind die beiden unter dem oberflächlichen Glamour ihrer Diebstähle nicht die Quintessenz eines bürgerlichen Paares, gewissenhafte, professionelle Leute mit teuren Vorlieben – Yuppies, die ihrer Zeit voraus sind? Gaston und Mariette sind dagegen das eigentlich romantische Paar, die abenteuerlustigen und risikobereiten Liebenden. Indem er zu Lily und zur Gesetzlosigkeit zurückkehrt, tut Gaston das Vernünftige – er kehrt sozusagen zu seiner Basisstation zurück und entscheidet sich für das ihm vertraute mondäne Leben. Er tut dies mit Bedauern, welches in seinem letzten langen, von Reue und graziöser Leidenschaft auf beiden Seiten erfüllten Gespräch mit Mariette deutlich wird.[3]

G. K. Chesterton hat bemerkt, dass die Kriminalgeschichte

> in gewissem Sinne selbst daran [erinnert], daß die Zivilisation selbst der sensationellste Aufbruch und die romantischste Rebellion ist. […] Wenn der Detektiv in einer Polizeiabenteuergeschichte allein und auf etwas törichte Weise furchtlos inmitten der Messer und Fäuste einer Räuberhöhle steht, dann hilft das sicherlich, uns daran zu erinnern, daß der Vertreter der sozialen Gerechtigkeit die ursprüngliche und poetische Gestalt darstellt, während die Einbrecher und Straßenräuber

bloß brave alte kosmische Konservative sind, glücklich mit der uralten Respektabilität von Affen und Wölfen. Die Romantik der Polizei […] beruht auf der Tatsache, daß die Moral die finsterste und waghalsigste aller Konspirationen ist.[4]

Ist dies nicht auch die zutreffendste Definition von Gaston und Lily? Leben diese beiden Taschendiebe nicht in ihrem Paradies vor dem Fall in die ethische Passion? Entscheidend ist hier die Parallele zwischen Verbrechen (Diebstahl) und sexueller Promiskuität: Was wäre, wenn in unserer postmodernen Welt von angeordneter Transgression, in der eheliche Bindung als lächerlich veraltet wahrgenommen wird, diejenigen, die daran festhalten, die eigentlich Subversiven sind? Was, wenn die normale Ehe ebendiese »dunkelste und gewagteste aller Transgressionen« ist? Genau das ist die Prämisse, die Lubitschs *Serenade zu dritt* zugrunde liegt: Eine Frau führt ein zufriedenes ruhiges Leben mit zwei Männern; als waghalsiges Experiment probiert sie die monogame Ehe aus, der Versuch scheitert jedoch kläglich, und sie kehrt zu ihrem sicheren Leben mit zwei Männern zurück, so dass das Endergebnis mit den oben zitierten Worten Chestertons paraphrasiert werden kann:

Heirat selbst ist die sensationellste Lossagung und der romantischste Aufruhr. Wenn das Liebespaar sein Eheversprechen ablegt, allein und wahnwitzig furchtlos unter den Versuchungen zu promiskuitiven Genüssen, dient es sicherlich dazu, uns daran zu erinnern, daß die Ehe die eigentlich originelle und poetische Figur ist, während die Ehebrecher und Teilnehmer an Orgien bloß friedliche, alte, kosmische Konservative sind, glücklich in den uralten Anstandsbegriffen der promisken Affen und Wölfe. Das Eheversprechen gründet sich auf die Tatsache, daß Ehe der dunkelste und gewagteste aller sexuellen Exzesse ist.

Eine entsprechende Doppeldeutigkeit ist in Bezug auf die grundlegende politische Wahl am Werk, der wir uns heute gegenübersehen. Der zynische Konformismus sagt uns, dass die emanzipatorischen Ideale von mehr Gleichheit, Demokratie und Solidarität langweilig und sogar gefährlich sind und zu einer überregulierten grauen Gesellschaft führen, dass unser wahres und einziges Paradies das existierende »korrupte« kapitalistische Universum ist. Radikales emanzipatorisches Engagement geht von der Prämisse aus, dass es die kapitalistische Dynamik ist, die langweilt und nur mehr von demselben im Gewand ständiger Erneuerung bietet und dass der Kampf für Emanzipation nach wie vor die wagemutigste aller Unternehmungen ist. Unser Ziel ist es, für diese zweite Option zu argumentieren.

Es gibt eine wunderbare französische Anekdote über einen britischen Snob, der nach Paris kommt und glaubt, der französischen Sprache mächtig zu sein. Er geht in ein teures Restaurant im Quartier Latin, und als er vom Kellner gefragt wird *»Hors d'œuvre?«*, antwortet er: »Nein, ich bin nicht arbeitslos, ich verdiene genug, um mir das Essen hier leisten zu können! Was empfehlen Sie als Vorspeise?« Der Kellner schlägt rohen Schinken vor: *»Du jambon cru?«* Der Snob antwortet: »Nein, ich glaube nicht, dass ich beim letzten Mal Schinken hatte. Aber gut, dann nehme ich noch mal Schinken – und als Hauptgericht?« *»Un faut-filet, peut-être?«* Der Snob verliert die Fassung: »Bringen Sie mir das Richtige, ich sagte Ihnen, dass ich genug Geld habe! Aber bitte gleich!« Der Kellner versichert ihm: *»J'ai hâte de vous servir!«*, worauf der Snob schnauzt: »Warum sollten Sie es hassen, mich zu bedienen? Ich werde Ihnen ein gutes Trinkgeld geben.« Schließlich sieht der Snob ein, dass seine Französischkenntnisse beschränkt sind; um sein Ansehen wiederherzustellen und zu beweisen, dass er ein kultivierter Mann ist, beschließt er bei seinem Aufbruch spät am Abend, dem Kellner auf Lateinisch eine gute Nacht zu wünschen, da sich das Restaurant im Quartier Latin befindet, und sagt: *»Nota bene!«*

Dieses Buch wird in fünf Schritten vorgehen und dabei den Schnitzern des glücklosen britischen Snobs folgen. Wir werden mit der *Diagnose* der grundlegenden Koordinaten unseres globalen kapitalistischen Systems beginnen; dann werden wir fortschreiten zur *Kardiognosie*, zur »Herzenserkenntnis« dieses Systems, d.h. der Ideologie, die uns dazu bringt, es zu akzeptieren. Darauf folgt die *Prognose*, der Blick in die Zukunft, die uns erwartet, wenn die Dinge weiterlaufen, wie sie es derzeit tun, ebenso wie die mutmaßlichen Möglichkeiten oder Auswege. Wir werden mit der *Epignose* schließen (einem theologischen Begriff des Wissens, an das wir glauben, das unser subjektiv angenommenes Handeln bestimmt) und die subjektiven und organisatorischen Formen umreißen, die für die neue Phase unseres emanzipatorischen Kampfes geeignet sind. Der Appendix wird den Sackgassen des heutigen emanzipatorischen Kampfes anhand des letzten Batman-Films auf den Grund gehen.

Das »Paradies« im Titel dieses Buchs bezieht sich auf das Ende der Geschichte (wie von Francis Fukuyama ausgearbeitet: ein liberaldemokratischer Kapitalismus als die letztlich für am besten befundene soziale Ordnung), und der »Ärger« ist natürlich die anhaltende Krise, die selbst Fukuyama dazu genötigt hat, seine Idee vom Ende der Geschichte fallenzulassen. Meine Prämisse lautet, dass das, was Alain Badiou die »kommunistische Hypothese« genannt hat, der einzig angemessene Rahmen ist, in dem sich die Krise diagnostizieren lässt. Die Eingebung dazu entstand während einer Vorlesungsreihe, die ich im Oktober 2013 als »Eminent Scholar« an der Kyung-Hee-Universität in Seoul hielt. Als ich die Einladung annahm, war meine erste Reaktion: Ist es nicht vollkommen verrückt, in Südkorea über die Idee des Kommunismus zu sprechen? Ist das geteilte Korea nicht das am deutlichsten denkbare, geradezu klinische Beispiel dafür, wo wir heute nach dem Ende des Kalten Krieges stehen? Auf der einen Seite verkörpert Nordkorea die Sackgasse des kommunistischen Projekts im 20. Jahrhundert; auf der anderen Seite befindet sich Südkorea inmitten einer explosionsartigen kapitalistischen Entwicklung, die neue Maßstäbe von Wohlstand und technologischer Modernisierung erreicht – und innerhalb deren Samsung selbst die Vorherrschaft von Apple unterläuft. Ist Südkorea in diesem Sinne nicht der beste Beweis dafür, wie falsch das ganze Gerede von der globalen Krise ist?

Das Leid der Koreaner im 20. Jahrhundert war unermesslich, es verwundert daher nicht, dass es – wie mir gesagt wurde – selbst heute noch ein Tabu in Korea ist, von den Gräueltaten zu sprechen, die die Japaner dort während der Besatzung im Zweiten Weltkrieg verübten. Sie fürchten, dass das Sprechen darüber den geistigen Frieden der älteren Generation aufstören könnte: Die Zerstörung war so vollständig, dass die Koreaner alles tun, um diese Zeit zu vergessen und weiterzumachen, als wäre nichts geschehen. Ihre Haltung beinhaltet daher eine zutiefst nietzscheanische Verkehrung der gängigen Formulierung »Wir vergeben, aber wir vergessen nicht«. Im Hinblick auf die japanischen Gräueltaten haben die Koreaner eine Redensart: Vergessen, aber niemals vergeben. Und sie haben recht, denn etwas zutiefst Scheinheiliges liegt in der Formel »Vergeben, aber niemals vergessen«, die äußerst manipulativ ist, weil sie eine Erpressung des Über-Ichs voraussetzt: »Ich vergebe dir, aber indem ich dein Vergehen nicht vergesse, stelle ich sicher, dass du dich für immer schuldig dafür fühlen wirst.« Ich möchte mit einem Bericht von Franco Berardi beginnen, einem italienischen Sozialwissenschaftler, über seine jüngste Reise nach Seoul:

> Am Ende des 20. Jahrhunderts – nach Jahrzehnten des Kriegs, der Erniedrigung, des Hungers und fürchterlicher Bombardements – waren sowohl die physische als auch die anthropologische Landschaft dieses Landes auf eine Art verwüstete Abstraktion reduziert. Zu diesem Zeitpunkt begaben sich das menschliche Leben und die Stadt folgsam in die transformierende Hand der höchsten Form zeitgenössischen Nihilismus. Korea ist der Ground Zero der Welt, eine Blaupause für die Zukunft des Planeten. [...]
> Nach der Kolonisierung und den Kriegen, nach Diktatur und Hungersnöten betrat der südkoreanische Geist, befreit von den Bürden des natürlichen Körpers, sanft die digitale Sphäre, mit einem niedrigeren Grad an kulturellem Widerstand als irgendein anderes Volk auf dieser Welt. Meines Erachtens liegt darin die Hauptursache der unglaublichen wirtschaftlichen Leistung dieses Landes in den Jahren der digitalen Revolution. Im leeren kulturellen Raum ist die koreanische Erfahrung von einem extremen Grad an Individualisierung gezeichnet, und gleichzeitig eilt es dabei der endgültigen Verkabelung des kollektiven Geistes entgegen.
> Diese einsame Monade durchwandert den städtischen Raum in andauernder zärtlicher Interaktion mit den Bildern, Tweets und Spielen, die aus ihren kleinen Bildschirmen kommen, vollkommen isoliert und vollkommen verkabelt mit der glatten Schnittstelle des Datenstroms. [...] Südkorea hat die höchste Selbstmordrate der Welt. [...] Selbstmord ist

der häufigste Grund für Todesfälle bei unter Vierzigjährigen. [...] Interessanterweise hat sich die Selbstmordrate in den letzten zehn Jahren verdoppelt. [...] Im Zeitraum von zwei Generationen hat sich der Standard der Bevölkerung im Hinblick auf Einkommen, Ernährung, Freiheit und Reisemöglichkeiten sicher gesteigert. Aber der Preis für diese Steigerung ist die Entleerung des alltäglichen Lebens, die hochgradige Beschleunigung des Rhythmus, die extreme Individualisierung der Biographien, die berufliche Unsicherheit, die auch den hemmungslosen Wettbewerb einschließt. [...]
Der hochtechnisierte Kapitalismus beinhaltet stetig wachsende Produktivität und unaufhörliche Steigerung des Arbeitsrhythmus, aber er ist zugleich die Bedingung für die beeindruckende Verbesserung des Lebensstandards, der Ernährung, der Kaufkraft. [...] Aber die heutige Entfremdung ist eine andere Art von Hölle. Die Beschleunigung des Arbeitsrhythmus, die Versteppung der Landschaft und die Virtualisierung des Gefühlslebens arbeiten zusammen daran, ein Niveau von Einsamkeit und Hoffnungslosigkeit zu schaffen, das bewusst kaum abzulehnen und zu unterlaufen ist. [...] Isolation, Wettbewerb, das Gefühl von Bedeutungslosigkeit, Druck und Scheitern: 28 Personen von 100 000 gelingt jedes Jahr die Flucht, und deutlich mehr noch versuchen es erfolglos.
Weil Selbstmord als stärkstes Zeichen der anthropologischen Mutation betrachtet werden kann, die mit der digitalen Umwälzung und der Prekarisierung verbunden ist, erstaunt es nicht, dass Südkorea die Nummer eins in Bezug auf die Selbstmordrate ist.[5]

Berardis Südkorea-Porträt scheint dem unübertroffenen Modell derartiger Beschreibungen in den letzten Jahrzehnten zu folgen, Baudrillards berühmtem Porträt von Los Angeles als hyperrealer Hölle (in seinem Buch *America*). Es wäre zu einfach, dieses Porträtgenre als großspurige pseudointellektuelle Übung europäischer Postmodernisten abzutun, die ein fremdes Land oder eine fremde Stadt als Schirm benutzen, auf den sie ihre morbiden Dystopien projizieren. Trotz aller Übertreibungen liegt in ihnen ein Körnchen Wahrheit, oder um Adornos bekanntes Diktum über die Psychoanalyse zu paraphrasieren: in Baudrillards Los-Angeles-Porträt ist nichts wahr außer seinen Übertreibungen. Dasselbe gilt für Berardis Impressionen von Seoul: Sie liefern das Bild eines seiner Geschichte entkleideten Orts, eines weltlosen Orts. Badious Reflexionen zufolge empfinden wir den zeitgenössischen sozialen Raum als zunehmend weltlos. Selbst der Antisemitismus der Nazis hat, wie schrecklich er auch war, eine Welt eröffnet: Er beschrieb seine eigene kritische Situation, indem er einen Feind in Stellung brachte, die »jüdische Weltverschwörung«. Er benannte ein Ziel und die Mittel, es zu erreichen. Der Nazismus enthüllte die Wirklichkeit in einer Art und Weise, die es den Subjekten erlaubte, eine globale kognitive Karte zu entwerfen, die ihnen einen Raum für bedeutungsvolles Engagement eröffnete. Vielleicht sollte man hier eine der Hauptgefahren des Kapitalismus verorten: Obwohl er global ist und die ganze Welt einschließt, unterstützt er *stricto sensu* eine weltlose ideologische Konstellation und entzieht der großen Mehrheit der Menschen jede Möglichkeit einer bedeutungsvollen kognitiven Karte. Der Kapitalismus ist die erste sozioökonomische Ordnung, die *Bedeutung ent-totalisiert*: Auf der Ebene der Bedeutung ist er gerade nicht global. Denn es gibt keine globale »kapitalistische Weltanschauung«, keine »kapitalistische Zivilisation« im eigentlichen Sinne: Die grundlegende Lektion besteht genau darin, dass sich der Kapitalismus an alle Zivilisationen anpassen kann, von der christlichen bis zu hinduistischen oder buddhistischen, vom Westen zum Osten. Die globale Dimension des Kapitalismus kann als »Wahrheit ohne Bedeutung« formuliert werden, als das Reale des globalen Marktmechanismus.

Da die Modernisierung in Europa über Jahrhunderte verlief, hatten wir genügend Zeit, uns an sie anzupassen, ihren erschütternden Einfluss durch *Kulturarbeit* [dt. im Original], durch die Formierung neuer sozialer Narrative und Mythen abzumildern, während andere Gesellschaften – in exemplarischer Weise die muslimischen – ihrer Wucht direkt ausgesetzt gewesen sind, ohne jeden schützenden Schirm oder zeitlichen Aufschub, so dass ihr symbolisches Universum viel brutaler erschüttert wurde. Dadurch verloren sie ihre (symbolische) Grundlage, ohne die Zeit für die Erschaffung eines neuen symbolischen Gleichgewichts zu haben. Es ist nicht verwunderlich, dass der einzige Weg für einige dieser Gesellschaften, den vollständigen Zusammenbruch zu vermeiden, darin besteht, panisch ein Schutzschild aus »Fundamentalismus« zu errichten, das psychotisch-delirante, inzestuöse Geltendmachen der Religion als direkte Einsicht in das göttliche Reale – mit all den erschreckenden Konsequenzen, die ein solches Geltendmachen beinhaltet, einschließlich der Rückkehr einer obszönen Über-Ich-Gottheit mit voller Kraft, die nach Opfern verlangt. Der Aufstieg des Über-Ichs ist ein weiteres Merkmal, das der postmodernen Permissivität und dem neuen Fundamentalismus gemeinsam ist. Was beide unterscheidet, ist der Ort des Genießens, um den es jeweils geht: unser eigener in der Permissivität, der Gottes im Fundamentalismus.[6]

Das vielleicht endgültige Symbol des zerstörten posthistorischen Korea ist das popmusikalische Ereignis des Sommers 2012: »Gangnam Style« von Psy. Als Kuriosität sollte man feststellen, dass das Gangnam-Style-Video sogar das von Justin Biebers »Beauty and a Beat« auf YouTube übertrumpfte und damit zum meistgesehenen Video aller Zeiten wurde. Am 21. Dezember 2012 erreichte es die magische Zahl von einer Milliarde Klicks – und man könnte, da am 21. Dezember diejenigen, die die Voraussagen des Mayakalenders ernst nehmen, das Ende der Welt erwarteten, sagen, dass die alten Mayas recht hatten: Das »Gangnam-Style«-Video *ist* tatsächlich das Zeichen für den Kollaps der Zivilisation. Der Song ist nicht nur weithin populär, er versetzt auch ein großes Publikum in eine kollektive Trance, mit Zehntausenden schreienden Menschen, deren Tanz den Ritt auf einem Pferd imitierte, alle im selben Rhythmus und mit einer Intensität, die man seit den frühen Beatles nicht mehr gesehen hatte und die Psy als neuen Messias erscheinen ließ. Die Musik ist die schlimmste Form von Psydance, vollkommen flach und mechanisch einfach, zumeist computergeneriert (der Name des Sängers, Psy, ist eine abgekürzte Version von Psytrance); was sie interessant macht, ist die Art und Weise, in der sie kollektive Trance mit Selbstironie kombiniert. Die Worte des Songs (und die Inszenierung des Videoclips) machen sich offensichtlich lustig über die Bedeutungslosigkeit und die Leere des Gangnam-Style, manche behaupten sogar, in einer subtil subversiven Art und Weise – aber wir werden dennoch in den stupiden Marschrhythmus hineingezogen und nehmen daran in reiner Mimesis teil; Flashmobs tauchten überall auf der Welt auf, um Teile aus dem Video nachzumachen.

Gangnam-Style ist keine Ideologie trotz der ironischen Distanz, sondern genau wegen ihr. Ironie spielt hier dieselbe Rolle wie der dokumentarische Stil in Lars von Triers Film *Breaking the Waves*, in dem eine gedämpfte pseudodokumentarische Form den exzessiven Inhalt fassbar macht – in einer streng homologen Weise macht die Selbstironie von Gangnam-Style das stumpfe Genießen der Rave-Musik greifbar. Viele Zuhörer finden das Lied ekelerregend anziehend, »sie lieben, es zu hassen«, oder genauer: Sie genießen, es abstoßend zu finden, so dass sie es wiederholt abspielen, um ihren Abscheu hinauszuziehen. Von dieser zwanghaften Natur des obszönen Genießens in all seiner Dummheit sollte uns die wirkliche Kunst befreien. Müssen wir aber nicht noch einen Schritt weiter gehen und eine Parallele zwischen einer Gangnam-Style-Darbietung in einem gigantischen Stadion in Seoul und den Darbietungen ziehen, die in nicht allzu großer Entfernung, jenseits der Grenze, in Pjönjang, stattfinden, um den Ruhm der geliebten nordkoreanischen Führer zu feiern? Erhalten wir nicht in beiden Fällen ein ähnliches neosakrales Ritual obszönen Genießens?

Es könnte den Anschein haben, dass in Korea, wie auch anderswo, verschiedene Formen traditioneller Weisheit überleben, um als schützendes Polster gegen den Modernisierungsschock zu wirken. Allerdings ist es leicht zu erkennen, wie diese Überbleibsel traditioneller Ideologie bereits transfunktionalisiert sind und in ideologische Werkzeuge verwandelt werden, die eine schnelle Modernisierung unterstützen sollen – wie die sogenannte östliche Spiritualität mit ihrem sanfteren, ausgewogeneren, ganzheitlichen Zugang (all die Geschichten darüber, wie zum Beispiel tibetische Buddhisten darauf achtgeben, beim Umgraben des Bodens für den Hausbau keine Würmer zu töten). Der westliche Buddhismus, dieses popkulturelle Phänomen, das inneren Abstand und Gleichgültigkeit im Angesicht des wahnsinnigen Voranschreitens von Marktwettbewerb predigt, ist nicht nur der wohl effizienteste Weg für uns, vollständig an der kapitalistischen Dynamik teilzuhaben, während wir uns den Anschein geben, geistig gesund zu sein – kurz: an der paradigmatischen Ideologie des Spätkapitalismus. Man sollte hinzufügen, dass es nicht mehr möglich ist, den westlichen Buddhismus gegen seine »authentische« östliche Form in Anschlag zu bringen, und hier liefert Japan den entscheidenden Beweis. Es existiert nicht nur heutzutage unter japanischen Topmanagern das weitverbreitete »corporate-zen«-Phänomen, auch die letzten 150 Jahre rapider japanischer Industrialisierung und Militarisierung mit seiner Ethik der Disziplin und des Opfers wurden von der überwältigenden Mehrheit der Zen-Denker unterstützt.

Wir begegnen hier der dialektischen Logik der historischen Transfunktionalisierung: In einer sich verändernden historischen Konstellation kann dem Überbleibsel aus der vormodernen Zeit die Funktion eines Symbols zukommen, das für dasjenige steht, was traumatisch und unerträglich an der extremen Modernität ist. Dasselbe gilt für die Rolle des Vampirs in unserer ideologischen Vorstellungswelt. Stacey Abbott[7] hat gezeigt, wie das Medium Film den Archetyp des Vampirs neu erfunden hat: Anstatt das Primitive und Folkloristische zu repräsentieren, verkörpert er heute genau die Erfahrung von Modernität. Die heutigen Vampire sind nicht mehr mit Umhang und Sarg ausgestattet, sondern in Großstädten zu Hause, hören Punk-Musik, sind technologisch auf dem neuesten Stand und passen sich an jede Situation an.

Das bedeutet natürlich nicht, dass der Buddhismus auf die kapitalistische Ideologie reduziert werden kann. Greifen wir, um diesen Punkt klarzumachen, auf ein überraschendes Beispiel zurück. 1991 veröffentlichte Richard Taruskin eine Rezension, in der er Prokofjews Musik insgesamt, ausgenommen das Jugendwerk, in vernichtender

Weise als schlecht abtat. Alles, was Prokofjew im Westen geschrieben hatte, sei in seiner oberflächlichen Modernität »Schrott oder verrottet, zu Recht verworfen und nicht wiederzubeleben«; es sollte Strawinsky Konkurrenz machen, was aber misslang. Als Prokofjew dies bemerkte, kroch er nach Russland und zu Stalin zurück, wo seine Arbeiten durch »Karrierismus« verdorben wurden und eine »wahrscheinlich schuldige Gleichgültigkeit [...], verborgen unter seiner apolitischen Fassade«. In der Sowjetunion war er erst ein Zugpferd für Stalin und dann sein Opfer, aber darunter lauerte immer die »perfekte Leere« eines »absoluten Musikers«, der »nur *Musik* schrieb oder eher, der *nur* Musik schrieb«.[8] Auch wenn sie unfair sind, weisen diese Behauptungen auf eine quasipsychotische Haltung Prokofjews hin: Im Gegensatz zu anderen sowjetischen Komponisten, die in den Tumult stalinistischer Anschuldigungen hineingezogen wurden (Schostakowitsch, Chatschaturjan und andere), gibt es bei Prokofjew keine inneren Zweifel, Hysterie oder Angst: Er überstand die antiformalistische Kampagne von 1948 mit einer fast psychotischen Gelassenheit, als ginge es ihn alles nichts an. (Der Wahnsinn seiner Rückkehr in die UdSSR 1936, dem Jahr der schärfsten stalinistischen Säuberungen, ist ein verräterisches Zeichen für seinen Geisteszustand.) Das Schicksal seiner Arbeiten unter dem Stalinismus ist nicht frei von Ironie: Die meisten seiner linientreuen Arbeiten wurden kritisiert und als unehrlich und schwach zurückgewiesen (was sie waren), während er Stalin-Preise für seine »dissidente« intime Kammermusik bekam (die Klaviersonaten 7 und 8, die erste Violinsonate, die Cellosonate). Besonders interessant ist Prokofjews (offensichtlich ehrliche) ideologische Rechtfertigung für seine vollständige Konformität mit den stalinistischen Forderungen: Er nahm den Stalinismus als Fortsetzung seiner Anhängerschaft an die Christliche Wissenschaft an. Im gnostischen Universum der Christlichen Wissenschaft ist die materielle Realität nur eine Erscheinung: Man sollte sich darüber erheben und spirituelle Glückseligkeit durch harte Arbeit und Verzicht erreichen. Prokofjew übertrug dieselbe Haltung auf den Stalinismus und las die Kernforderungen der stalinistischen Ästhetik – Einfachheit, Harmonie, Freude – durch diese Brille. Um es in einen Begriff von Jean-Claude Milner zu fassen, könnte man sagen, dass Prokofjew zwar nicht homogen mit dem Stalinismus, gewiss aber *»homogénéisable«* (homogenisierbar) war, denn Prokofjew arrangierte sich nicht einfach opportunistisch mit der stalinistischen Realität. Dieselbe Frage wäre heute aufzuwerfen: Obwohl es dumm wäre zu behaupten, die buddhistische Spiritualität sei homogen mit dem globalen Kapitalismus, ist sie eindeutig homogenisierbar mit ihm.

Um nun wieder auf Korea zurückzukommen, scheint sich diese Analyse in *Propaganda* zu bestätigen, einem Dokumentarfilm von 2012 (online verfügbar), der vom Kapitalismus, Imperialismus und der Massenmanipulation der westlichen Kultur zum Zweck der Kommodifizierung handelt, davon, wie sie jeden Aspekt des Lebens der glücklich ahnungslosen, zombifizierten Massen durchdringen. Es handelt sich um eine »Mockumentary«, die so tut, als sei sie nordkoreanisch, obwohl sie von einer Gruppe aus Neuseeland gemacht wurde – aber wie man in Italien sagt: *Se non è vero, è ben trovato.* Der Gebrauch von Angst und Religion, um die Massen zu manipulieren, ebenso wie die Rolle der Medien, die farbenfrohe Ablenkungen zur Verfügung stellen, um uns davon abzuhalten, über die wahren Probleme nachzudenken – all das wird darin angesprochen. Eine der stärksten Sequenzen des Films handelt von der Vernichtung der Verehrungskultur gegenüber Prominenten: wenn über Madonna und Brad und Angelinas »Shoppen für die Kinder der Dritten Welt« gesprochen wird; die westliche Besessenheit vom glamourösen Leben der Prominenten und die Ich-Bezogenheit, während man die Not der Obdachlosen und Leidenden ignoriert; Prominente, die so sehr zu Werkzeugen der Kommodifizierung werden, dass sie es nicht einmal bemerken, bis zum Wahnsinn – all dies ist eine so zutreffende Analyse, dass es fast unheimlich ist. Das ist genau die Welt, die uns umgibt. Alles, insbesondere der Teil über Michael Jackson – ein Blick auf das, »was Amerika diesem Mann angetan hat« –, klingt so wahr, dass es nur schwer zu verkraften ist. Wenn man aus *Propaganda* die eine oder andere kurze Passage streichen würde, in der die Weisheit des großen Führers gepriesen wird etc., erhielte man eine klassische – nicht einmal traditionell marxistische, sondern spezifisch westlich-marxistische nach Art der Frankfurter Schule – Kritik des Konsumverhaltens, der Kommodifizierung und der *Kulturindustrie* [dt. im Original]. Was man beachten sollte, ist eine Warnung zu Beginn des Films: Der Kommentar aus dem Off teilt den Zuschauern mit, dass der im Folgenden zu sehende Schmutz und die Perversion sie zwar unangenehm berühren und schockieren werden, der große geliebte Führer sie aber für reif genug hält, die fürchterliche Wahrheit über die Welt draußen zu erkennen – Worte, die eine wohlgesinnte schützende Mutter verwenden würde, wenn sie beschließt, ihre Kinder über eine unangenehme Wahrheit aufzuklären.

Um den besonderen ideologischen Status Nordkoreas zu begreifen, muss man auf den Vergleich mit dem mythischen Shangri-la aus James Hiltons *The Lost Horizon* zurückgreifen, einem abgeschiedenen Tal in Tibet, in dem die Menschen ein glückliches, bescheidenes Leben führen, vollkommen isoliert von der verdorbenen globalen Zivilisation und unter dem wohlwollenden Gesetz einer gebildeten Elite. Nordkorea kommt Shangri-la heutzutage am nächsten – in welchem Sinn? Die von Pierre Legendre und anderen Lacanianern formulierte Idee lautet, dass das Problem heute in der Abwesenheit des Namens-des-Vaters besteht, einer paternalistischen symbolischen Autorität: In seiner Abwesenheit greift der pathologische Narzissmus um sich und evoziert den Geist des ursprünglichen Realen Vaters. Obwohl diese Vorstellung an sich zurückgewiesen werden muss, ist es dennoch gerechtfertigt, herauszustellen, wie der Untergang des Herrn und Meisters keineswegs automatisch Emanzipation garantiert, sondern noch unterdrückerischere Herrscherfiguren hervorbringen kann. In Nordkorea wird das Patriarchat tatsächlich untergraben, aber in unerwarteter Weise. Ist das Land wirklich die letzte Bastion des Stalinismus, in der sich totalitäre Kontrolle mit konfuzianischem Autoritarismus paart? Hier der Text des beliebtesten Polit-Songs aus Nordkorea:

Oh, koreanische Arbeiterpartei, an deren Brust mein
Leben beginnt und endet.
Bin ich auch begraben in der Erde oder in den Wind verstreut,
bleibe ich immer dein Sohn und kehre an deine Brust zurück!
Ich vertraue meinen Körper deinem liebenden Blick an,
deiner liebenden ausgestreckten Hand,
ich weine immer mit der Stimme eines Kindes,
Mutter! Ich kann nicht ohne Mutter sein!

In ähnlicher Weise drückte sich auch die exzessive Trauer nach Kim Il Sungs Tod aus: Ich kann nicht ohne Mutter sein! Als weiterer Beweis hier die zwei Einträge »Mutter« und »Vater« aus einem nordkoreanischen *Lexikon der koreanischen Sprache* aus dem Jahr 1964:

> Mutter: 1) Die Frau, die einen geboren hat: Vater und Mutter; die Liebe einer Mutter. *Die Güte einer Mutter ist größer als ein Berg und tiefer als der Ozean.* Auch verwendet im Sinne von »eine Frau, die ein Kind hat«: *Alle Mütter wünschen sehnlichst für ihre Kinder, dass sie gesund aufwachsen und ausgezeichnete rote Baumeister werden.* 2) Ein respektvoller Ausdruck für jemanden ähnlichen Alters wie die eigene Mutter: *der Genosse Kolonnenführer nannte Dongmanis Mutter »Mutter« und half ihr immer bei ihrer Arbeit.* 3) Eine Metapher dafür, freundlich zu sein, sich um alles zu kümmern und sich um andere zu sorgen: *Parteifunktionäre müssen Mütter werden, die die Partei unaufhörlich lieben und sie Rang und Disziplin lehren und vorbildlich an der vordersten Front des Handelns stehen.* In anderen Worten muss jemand, der für Unterkünfte verantwortlich ist, eine Mutter für die Mieter werden. Das bedeutet, umsichtig nach allem zu schauen: ob jemand krank ist oder friert, wie sie essen und so weiter. 4) Eine Metapher für die Quelle, aus der man hervorgegangen ist: *Die Partei ist die große Mutter alles Neuen. Not ist die Mutter der Erfindung.*
>
> Vater: der Ehemann der eigenen Mutter.[9]

Vielleicht ist das der Grund, warum die Frau des Führers nicht öffentlich in Erscheinung trat: Der Führer ist eine Zwitterfigur mit ausgeprägt weiblichen Zügen. Steht dies im Widerspruch zu Nordkoreas militaristischer Politik mit seinem militärischen Disziplinieren und Drillen? Nein, es sind zwei Seiten derselben Medaille. Die Figur der Mutter, mit der wir es hier zu tun haben, ist die sogenannte »nichtkastrierte« allmächtige, verschlingende Mutter. Jacques-Alain Miller hat in Bezug auf die reale Mutter angemerkt, dass es »nicht nur eine unbefriedigte Mutter, sondern auch eine allmächtige gibt. Der erschreckende Aspekt dieser Figur der Lacan'schen Mutter ist, dass sie allmächtig und unbefriedigt zugleich ist.«[10] Darin liegt das Paradox: je omnipotenter eine Mutter erscheint, desto unbefriedigter (d.h. »mangelnd«) ist sie: »Die Lacan'sche Mutter entspricht der Formel *quaerens quem devoret*: Sie sucht jemanden, den sie verschlingen kann, und so präsentiert Lacan sie als Krokodil, das Subjekt mit aufgerissenem Maul.«[11] Diese verschlingende Mutter antwortet nicht (auf das Verlangen des Kindes nach einem Zeichen der Liebe), und in dieser Weise erscheint sie als allmächtig: »Da die Mutter nicht antwortet [...], verwandelt sie sich in eine reale Handelnde, die reine Macht erzeugt [...] wenn der Andere nicht antwortet, wird er in eine verschlingende Macht verwandelt.«[12] Aus diesem Grund sind die feminisierten Züge, die in offiziellen Porträts beider Kims klar erkennbar sind, nicht zufällig. Um B.R. Myers zu zitieren:

> Kim [Il Sung] war für sein Volk eher eine Mutter als ein strenger konfuzianischer Patriarch: Er wird noch immer rosig und fürsorglich gezeigt, wie er schluchzende Erwachsene an seinen ausufernden Busen drückt, sich hinkniet, um einem jungen Soldaten die Schnürsenkel zu binden, oder ausgelassene Kinder an sich herumklettern lässt. Die Tradition setzt sich unter Kim Jong Il fort, der »mütterlicher als alle Mütter der Welt« genannt worden ist. Seine militaristische Politik mag von dem Titel »General« herrühren, aber Berichte über seine endlosen Reisen zu Militärstützpunkten konzentrieren sich in direkter Weise auf seine penible Sorge um die Gesundheit und das Wohlbefinden der Truppen. Der internationale Spott

> über sein Äußeres ist deshalb so unfair wie eintönig. Jeder, der eine Menge von koreanischen Müttern gesehen hat, die vor einem Obduktionssaal warten, wird keine Schwierigkeit haben, Kims trüben Parka und abfallende Schultern zu erkennen oder den duldsamen Gesichtsausdruck unter einer von Kissen zerdrückten Dauerwelle: Dies ist eine Mutter, die keine Zeit hat, an sich selbst zu denken.[13]

Steht Nordkorea also für etwas wie die indische Göttin Kali an der Macht – die wohlgesinnte/mörderische Göttin? Man sollte hier verschiedene Ebenen unterscheiden: In Nordkorea wird die oberflächliche Ebene des männlich-militärischen Diskurses des Führers als »General«, mit der zugrundeliegenden *Chuch'e*-Vorstellung des Selbstvertrauens, der Menschheit als Meister ihrer selbst und ihres Schicksals, von einer tieferen Dimension des Führers als mütterlichen Beschützers getragen. Myers formuliert das grundlegende Axiom nordkoreanischer Ideologie so: »Das koreanische Volk ist zu reinblütig, deshalb zu tugendhaft, um in einer schlechten Welt ohne einen großen väterlichen Führer zu überleben.«[14] Ist das nicht ein schönes Beispiel für Lacans Formel der Vater-Metapher, des Namens-des-Vaters als metaphorischen Ersatzes für das Begehren nach der Mutter? Der Name-des-Vaters (Führer/General) und darunter das schützend-zerstörerische Begehren der Mutter?[15]

Einer der Gemeinplätze des New Age ist, dass wir im Westen zu sehr beherrscht werden vom männlichen/väterlichen Prinzip der Herrschaft, Disziplin, des Kampfes usw. und dass wir, um die Balance wiederherzustellen, das weibliche Prinzip der liebevollen Fürsorge und des Beschützens stark machen sollten. Allerdings sollten uns Fälle von »harten« weiblichen Politikern von Indira Gandhi bis Margaret Thatcher zu denken geben. Heutzutage ist die vorherrschende Figur nicht mehr der patriarchalische Herr. Selbst der Totalitarismus ist kein Diskurs des Herrn; dennoch sollte uns die tragische Lehre vieler Revolutionen, in denen der Sturz des alten Herrschers in einem noch mörderischeren Terror endete, keinesfalls dazu bringen, uns für eine paternalistische symbolische Autorität in die Bresche zu werfen, als einziger Ausweg aus der selbstzerstörerischen Sackgasse des spätkapitalistischen narzisstischen proteischen Selbst. Und das führt uns zu Berardi zurück. Obwohl sie unterschiedlicher nicht sein könnten, teilen Nord- und Südkorea eine grundsätzliche Eigenschaft: Beide sind postpatriarchalische Gesellschaften. Der Grund, weshalb *Propaganda* über weite Strecken so glaubwürdig klingt, dass es schwer zu ertragen ist, liegt nicht einfach in der – aus Montesquieus *Persischen Briefen* bekannten – Tatsache, dass der naive Blick von außen etwas in unserer Kultur erkennen kann, das uns, die wir von ihr umgeben sind, verborgen bleibt, sondern darin, dass der extreme Gegensatz zwischen Nord- und Südkorea von einer darunterliegenden Gleichheit getragen wird, die der Titel des Films verrät: zwei extreme Weisen der Zeitlosigkeit, des Aussetzens von Geschichtlichkeit selbst. (Aus diesem Grund ist der Begriff »Propaganda« verräterisch: Der Dokumentarfilm verwendet ein Wort, das am besten zu seinem eigenen – nordkoreanischen – ideologischen Universum passt.)

Es gibt eine bekannte jüdische Geschichte über ein Kind, das, nachdem ein Rabbi eine wunderschöne alte Legende erzählt hat, diesen fragt: »Aber ist das wirklich passiert? Ist es wahr?« Der Rabbi antwortet: »Es ist nicht wirklich geschehen, aber es ist wahr.« Die Behauptung einer tieferen symbolischen Wahrheit im Gegensatz zum Faktischen sollte durch sein Gegenteil ergänzt werden – unsere Reaktion auf viele wirklich spektakuläre Ereignisse kann nur sein: »Es ist passiert, aber es ist nicht wahr.« Wir sollten also umso dankbarer für jedes Zeichen von Hoffnung sein, so klein es auch erscheinen mag, wie die Existenz des Café Photo in São Paulo. Als »Unterhaltung mit spezieller Note« beworben, ist es – so wurde mir berichtet – ein Treffpunkt für Oberklasse-Prostituierte mit ihren künftigen Kunden. Obwohl diese Tatsache dem Publikum bekannt ist, wird diese Information nicht auf der Webseite explizit gemacht; offiziell ist es ein »Ort, an dem man die beste Begleitung für seinen Abend treffen kann«. Die Dinge gehen dort wirklich in spezieller Weise vor sich: Die Prostituierten selbst – meistens Studentinnen der Geisteswissenschaften – wählen ihre Kunden. Die Männer (künftige Kunden) kommen herein, setzen sich an einen Tisch, bestellen sich einen Drink und warten, während sie von den Frauen beobachtet werden. Wenn eine Frau einen von ihnen annehmbar findet, setzt sie sich an seinen Tisch und beginnt ein Gespräch über ein intellektuelles Thema, normalerweise über das kulturelle Leben, manchmal sogar über Kunsttheorie. Wenn sie den Mann intelligent und attraktiv genug findet, fragt sie ihn, ob er mit ihr ins Bett gehen möchte, und nennt ihm ihren Preis. Das ist Prostitution mit einem feministischen Dreh im wahrsten Sinne – auch wenn der feministische Dreh mit einer Klassenschranke bezahlt wird: Beide, Prostituierte und Kunden, stammen aus der Oberschicht oder mindestens der oberen Mittelschicht. Ich widme dieses Buch also in aller Bescheidenheit den Prostituierten des Café Photo in São Paulo.

1 Diagnose – *Hors d'œuvre?*

Krise, welche Krise?

Die heutige Situation Südkoreas lässt an die Anfangszeilen aus Charles Dickens' *Eine Geschichte von zwei Städten* denken: »Es war der Frühling der Hoffnung und der Winter des Verzweifelns. Wir hatten alles, wir hatten nichts vor uns; wir steuerten alle unmittelbar dem Himmel zu und auch alle unmittelbar in die entgegengesetzte Richtung [...]«.[1] In Südkorea finden wir höchste Wirtschaftsleistung, gepaart mit der verrückten Intensität des Arbeitsrhythmus; den ungezügelten Himmel des Konsums, durchdrungen von der Hölle der Einsamkeit und Hoffnungslosigkeit; überfließenden materiellen Reichtum, aber die Verwüstung der Landschaft; die Imitation alter Tradition, aber mit der höchsten Selbstmordrate der Welt. Diese radikale Zweideutigkeit stört auch das Bild des heutigen Südkorea als einer vollendeten Erfolgsgeschichte – Erfolg ja, aber was für ein Erfolg?

Die Weihnachtsausgabe 2012 des *Spectator* eröffnete mit dem Editorial »Warum 2012 das beste Jahr aller Zeiten war«, das sich gegen die Wahrnehmung richtet, dass wir in »einer gefährlichen, grausamen Welt leben, in der die Dinge immer schlimmer werden«:

> Es mag sich nicht so anfühlen, aber 2012 ist das beste Jahr in der Weltgeschichte gewesen. Wenn es zwar nach einer ex-

travaganten Behauptung klingt, stützt sie sich doch auf klare Beweise. Nie hat es weniger Hunger gegeben, weniger Krankheit oder weniger Wohlstand. Der Westen steckt zwar weiterhin in einer ökonomischen Flaute, aber die meisten Schwellenländer stürmen weiter nach vorne, und die Menschen werden schneller denn je aus der Armut hinausbefördert. Die Todesraten aufgrund von Krieg und Naturkatastrophen sind denkbar niedrig. Wir leben in einem goldenen Zeitalter.[2]

Dieselbe Idee legt Matt Ridley detailliert dar – hier der englische Klappentext für sein Buch *Wenn Ideen Sex haben* [engl. *Rational Optimist*]:

> Als Gegenschlag gegen den vorherrschenden Pessimismus unserer Zeit beweist das Buch, sosehr wir auch das Gegenteil glauben mögen, dass die Dinge besser werden. Vor 10 000 Jahren lebten weniger als zehn Millionen Menschen auf der Erde. Heute sind es mehr als sechs Milliarden, von denen 99 Prozent besser ernährt, besser behaust, besser unterhalten und besser vor Krankheit geschützt sind als ihre Vorfahren aus der Steinzeit. Die Verfügbarkeit von fast allem, was eine Person wollen oder benötigen kann, ist in den letzten 10 000 Jahren sprunghaft angestiegen und hat sich in den letzten 200 Jahren stark beschleunigt: Kalorien, Vitamine, Trinkwasser, Maschinen, Privatheit, die Möglichkeit, schneller zu reisen, als wir laufen können, die Fähigkeit, über weitere Entfernungen zu kommunizieren, als wir rufen können. Doch obwohl viele Dinge besser werden, als sie vorher waren, scheinen die Menschen groteskerweise zu glauben, dass die Zukunft eine einzige Katastrophe sein wird.[3]

Und in Steven Pinkers *Gewalt* [engl. *The Better Angels of Our Nature*] heißt es ähnlich – hier der englische Klappentext:

Ob Sie es glauben oder nicht, wir leben heutzutage im friedvollsten Moment in der Geschichte unserer Gattung. In seinem packenden und kontroversen neuen Buch zeigt *New York Times*-Bestseller-Autor Steven Pinker, dass trotz der nicht abreißenden Nachrichten von Krieg, Verbrechen und Terrorismus die Gewalt über weite Abschnitte der Geschichte auf dem Rückmarsch ist. Gegen die Mythen von der den Menschen eigenen Gewalt und gegen den Fluch der Moderne setzt dieses ehrgeizige Buch Steven Pinkers Forschung über die Essenz der menschlichen Natur fort und greift auf Psychologie und Geschichte zurück, um ein bemerkenswertes Bild einer zunehmend aufgeklärten Welt zu zeichnen.[4]

In den Massenmedien, speziell der nichteuropäischen Länder, hört man öfter einer bescheidenere Version dieses Optimismus, der sich auf die Wirtschaft konzentriert: Krise, welche Krise? Man betrachte die BRIC-Staaten oder Polen, Südkorea, Singapur, Peru, etliche subsaharische afrikanische Länder: Sie alle wachsen. Die Verlierer sind nur Westeuropa und, bis zu einem gewissen Grad, die USA; wir haben es also mit keiner globalen Krise zu tun, sondern befinden uns an einem Wendepunkt der Fortschrittsdynamik, die sich vom Westen entfernt. Ist ein mächtiges Symbol für diesen Wandel nicht die Tatsache, dass in jüngerer Zeit viele Menschen aus Portugal, einem Land in tiefer Krise, nach Mosambik und Angola, die Exkolonien Portugals, zurückkehren, aber diesmal als Wirtschaftsimmigranten und nicht als Kolonialherren? Unsere vielbeweinte Krise ist ihren Namen kaum wert, wenn sie lediglich eine lokale Krise innerhalb eines Gesamtrahmens des Fortschritts ist. Selbst in Bezug auf die Menschenrechte ließe sich fragen: Ist die Situation in China und Russland heute nicht viel besser als vor fünfzig Jahren? Die derzeitige Krise als globales Phänomen zu beweinen ist einer typisch eurozentristischen Sicht geschuldet und noch dazu einer Sicht der Linken, die sich für gewöhnlich für ihren Anti-Eurozentrismus auf die Schulter klopfen.

Mit vielen Einschränkungen kann man grob die Daten akzeptieren, auf die sich diese »Rationalisten« beziehen. In der Tat leben wir heute eindeutig besser als unsere Vorfahren vor 10000 Jahren, und selbst ein durchschnittlicher Häftling in Dachau (dem Nazi-Arbeitslager, nicht Auschwitz, dem Todeslager) lebte wenigstens etwas besser als wahrscheinlich ein Sklave der Mongolen. Die Vergleiche ließen sich fortsetzen – aber diese Erfolgsgeschichte verfehlt einen entscheidenden Punkt.

Zunächst einmal – wir sollten hier unsere antikolonialistische Freude dämpfen – stellt sich die Frage: Wenn Europa sich in allmählichem Verfall befindet, was ersetzt dann seine Hegemonie? Die Antwort lautet: »Der asiatische Kapitalismus« (der selbstverständlich nichts mit dem asiatischen Volk, dafür alles mit der gegenwärtigen klaren Tendenz des Kapitalismus zu tun hat, die Demokratie außer Kraft zu setzen). Seit Marx war die wahrhaft radikale Linke nie einfach »fortschrittlich«; sie war besessen von der Frage: Was ist der Preis des Fortschritts? Marx war vom Kapitalismus fasziniert, von der nie dagewesenen Produktivität, die er entfesselte; er bestand aber darauf, dass ebendieser Erfolg Antagonismen hervorbringt. Wir sollten dasselbe in Bezug auf den heutigen Kapitalismus tun: seine dunkle Kehrseite im Auge behalten, die Revolten schürt.

Das alles beinhaltet, dass die heutigen Konservativen in Wirklichkeit nicht konservativ sind. Während sie die permanente Selbstrevolutionierung des Kapitalismus vollständig billigen, wollen sie ihn letztlich nur effizienter gestalten, indem sie ihn mit einigen traditionellen Institutionen ausstatten (Religion beispielsweise), um seine zerstörerischen Folgen für das soziale Leben zu begrenzen und den gesellschaftlichen Zusammenhalt zu stützen. Ein wahrer Konservativer ist heutzutage jemand, der die Antagonismen und Sackgassen des Kapitalismus voll und ganz eingesteht, derjenige, der einfachen Fortschritt zurückweist und sich der dunklen Kehrseite des Fortschritts bewusst ist. In diesem Sinne kann nur ein radikaler Linker heute ein wahrer Konservativer sein.

Die Leute rebellieren nicht, wenn die »Dinge wirklich schlecht stehen«, sondern wenn ihre Erwartungen enttäuscht werden. Die Französische Revolution ereignete sich, nachdem der König und die Adligen allmählich über Jahrzehnte ihren Zugriff auf die Macht verloren hatten; die antikommunistische Revolte von 1956 in Ungarn brach aus, nachdem Imre Nagy bereits seit zwei Jahren Ministerpräsident gewesen war und es bereits (relativ) freie Debatten unter Intellektuellen gegeben hatte; 2011 rebellierte das Volk in Ägypten, weil es wirtschaftlichen Fortschritt unter Mubarak gegeben hatte. Dieser hatte eine ganze Schicht von gutausgebildeten jungen Menschen hervorgebracht, die sich an der globalen digitalen Kultur beteiligten. Aus diesem Grund tun die chinesischen Kommunisten recht daran, in Panik zu verfallen, weil die Chinesen im Durchschnitt heute besser leben als vor 40 Jahren, die sozialen Antagonismen (zwischen den Neureichen und dem Rest) sich aber verschärft haben und die Erwartungen der Menschen nun deutlich höher sind. Genau das ist das Problem an Entwicklung und Fortschritt: Sie sind immer ungleichmäßig, sie bringen neue Instabilität und neue Antagonismen hervor und wecken Erwartungen, die nicht erfüllt werden können. In Tunesien oder Ägypten kurz vor dem Arabischen Frühling lebte die Mehrheit der Bevölkerung wahrscheinlich etwas besser als einige Jahrzehnte zuvor, aber die Standards, in denen sie ihre (Un-)Zufriedenheit bemaßen, waren deutlich höher.

Also haben der *Spectator*, Ridley, Pinker und ihre Gleichgesinnten im Prinzip recht, aber genau die Tatsachen, die sie hervorheben, schaffen die Voraussetzungen für Revolten und Rebellionen. Der Fehler, den man vermeiden muss, lässt sich am besten am Beispiel einer (möglicherweise apokryphen) Geschichte über den linken keynesianischen Ökonomen John Galbraith zeigen. Vor einer Reise in die Sowjetunion in den späten 1950er Jahren schrieb er seinem antikommunistischen Freund Sidney Hook: »Keine Sorge, ich werde mich von den Sowjets nicht verführen lassen und bei meiner Rückkehr behaupten, sie hätten dort Sozialismus!« Hook antwortete umgehend: »Genau das ist meine Sorge – dass Du zurückkommst und behauptest, die Sowjetunion sei nicht sozialistisch!« Was Hook bekümmerte, war die naive Verteidigung der Reinheit des Begriffs: Wenn etwas schiefläuft bei dem Aufbau der sozialistischen Gesellschaft, macht dies nicht die Idee an sich zunichte, es heißt nur, dass sie nicht richtig umgesetzt wurde. Können wir heute nicht die gleiche Naivität aufseiten der Marktfundamentalisten erkennen? Als Guy Sorman kürzlich während einer Fernsehdebatte behauptete, Demokratie und Kapitalismus gehören notwendig zusammen, konnte ich nicht widerstehen, die offensichtliche Frage zu stellen: »Aber wie sieht es mit dem aktuellen China aus?« Er konterte: »In China gibt es keinen Kapitalismus!« Für den fanatisch prokapitalistischen Sorman ist ein nichtdemokratisches Land schlicht kein wirklich kapitalistisches Land, sondern praktiziert lediglich eine verformte Version des Kapitalismus, in genau der Weise, in der für einen demokratischen Kommunisten der Stalinismus ganz einfach keine authentische Form des Kommunismus war. Der Fehler, der diesem Denken zugrunde liegt, ist leicht auszumachen. Er ist der gleiche, der aus folgendem Witz bekannt ist: »Meine Verlobte kommt nie zu spät zu einer Verabredung, denn sobald sie zu spät kommt, ist sie nicht mehr meine Verlobte.« Auf diese Weise erklärt ein heutiger Apologet des freien Markts diese Krise von 2008: Nicht das Versagen des freien Markts verursachte diese Krise, sondern die exzessive staatliche Regulierung, das heißt die Tatsache, dass unsere Marktwirtschaft keine wirkliche war, sondern sich noch immer in den Fängen des Wohlfahrtsstaates befand. Wenn wir uns an solche Reinheit des Marktkapitalismus halten und seine Fehler als versehentliche Panne betrachten, enden wir in einem naiven Fortschrittsglauben, der den irren Tanz der Gegensätze ignoriert.

Einer der bemerkenswertesten Fälle dieses irren Tanzes in der Wirtschaftssphäre ist die Koexistenz von hoher Beschäftigung und der Bedrohung durch Arbeitslosigkeit: Je mehr Arbeitnehmer arbeiten, desto verbreiteter ist die Bedrohung durch Arbeitslosigkeit. Die heutige Situation zwingt uns deshalb dazu, den Akzent unserer Lesart von Marx' *Kapital* von dem allgemeinen Thema der kapitalistischen Reproduktion auf – wie Fredric Jameson formuliert – die »grundlegende strukturelle Schlüsselrolle der Arbeitslosigkeit im *Kapital* selbst« zu verschieben: »Arbeitslosigkeit ist strukturell untrennbar von der Dynamik der Akkumulation und Expansion, die die Natur des Kapitalismus selbst darstellt.«[5] Der wohl äußerste Punkt der »Einheit der Gegensätze« in der Wirtschaftssphäre liegt genau im Herzen des

Erfolgs des Kapitalismus (erhöhte Produktivität etc.), der Arbeitslosigkeit hervorbringt (indem er mehr und mehr Arbeiter nutzlos macht): Was ein Segen sein sollte (weniger harte Arbeit, die nötig ist), wird zum Fluch. Auf diese Weise ist der Weltmarkt in Bezug auf seine immanente Dynamik »ein Raum, in dem jeder einmal ein produktiver Arbeiter war und in dem die Arbeit sich überall als nicht mehr wettbewerbsfähig selbst aus dem System geworfen hat«.[6] Das bedeutet, dass im laufenden Prozess der kapitalistischen Globalisierung die Kategorie der Arbeitslosigkeit eine neue Qualität erlangt hat, die über den klassischen Begriff der »industriellen Reservearmee« hinausgeht. Man sollte in Bezug auf die Kategorie der Arbeitslosigkeit »die massiven Bevölkerungsgruppen überall auf der Welt betrachten, die, im wahrsten Sinne des Wortes, ›aus der Geschichte gefallen sind‹, die absichtsvoll aus dem Modernisierungsprojekt des Erste-Welt-Kapitalismus ausgeschlossen und als hoffnungslose oder zum Sterben verurteilte Fälle abgeschrieben werden«[7]: sogenannte gescheiterte Staaten (Kongo, Somalia), Opfer von Hungersnöten oder ökologischen Katastrophen und in pseudoarchaischem »ethnischem Hass« gefangen, Objekte der Philanthropie und der NGOs oder (oftmals die gleichen Leute) des »Kriegs gegen den Terror«. Die Kategorie des Arbeitslosen sollte also ausgedehnt werden, um die ganze Spanne der temporär Arbeitslosen, der Nicht-mehr-zu-Gebrauchenden und Dauerarbeitslosen bis zu den Menschen in Slums und anderen Arten von Ghettos (von Marx selbst als »Lumpenproletariat« bezeichnet) einzuschließen und schließlich auch ganze Gegenden, Bevölkerungen oder Staaten, die von dem globalen kapitalistischen Prozess ausgeschlossen sind, wie die weißen Flecken auf alten Landkarten. Führt diese Erweiterung des Kreises der »Arbeitslosen«

uns nicht von Marx wieder zu Hegel zurück: Der »Pöbel« kehrt wieder und taucht im Herzen selbst der emanzipatorischen Kämpfe auf? Das bedeutet, dass eine solche Neukategorisierung die gesamte »kognitive Karte« der Situation ändert: Der träge Hintergrund der Geschichte wird zum potentiellen Akteur des emanzipatorischen Kampfes.

Wir sollten Jamesons Ausführungen jedoch drei Änderungen hinzufügen. Zunächst sollten wir das von ihm vorgeschlagene semiotische Viereck korrigieren, dessen Begriffe aus 1. den Arbeitern bestehen, 2. der industriellen Reservearmee der (temporär) Arbeitslosen, 3. den (dauerhaft) Nicht-Vermittelbaren und 4. den »ehemals Arbeitenden«,[8] die nun aber überflüssig geworden sind. Wäre es nicht angebrachter, als vierten Begriff die illegal Arbeitenden einzusetzen, diejenigen, die in Schwarzmärkten und Slums in verschiedenen Formen der Sklaverei arbeiten? Zweitens verfehlt Jameson herauszuheben, wie die »Ausgeschlossenen« oft dennoch eingeschlossen sind in den Weltmarkt. Betrachten wir beispielsweise den Fall Kongos: Hinter der Fassade »primitiver ethnischer Leidenschaften«, die wieder in Afrikas »Herz der Finsternis« ausbrechen, lassen sich leicht die Konturen des globalen Kapitalismus nachzeichnen. Seit dem Sturz Mobutos existiert der Kongo nicht mehr als vereinter funktionierender Staat; sein östlicher Teil besteht aus einer Vielzahl von Territorien, die von lokalen Warlords beherrscht werden, die ihr jeweiliges Stück Land durch Armeen drogensüchtiger Kindersoldaten kontrollieren. Jeder Warlord hat Geschäftsverbindungen zu einem ausländischen Unternehmen oder Konzern, der die Reichtümer – meist Bodenschätze – der Region ausbeutet. Diese Arrangements nützen beiden Partnern: Der Konzern erhält Ausbeutungsrechte, ohne Steuern zu zahlen etc., während die Warlords dafür bezahlt werden. Ironischerweise werden die meisten dieser Bodenschätze in technologischen Produkten wie Laptops oder Mobiltelefonen verwendet. Wir sollten es folglich unterlassen, den Konflikt auf die »wilden Sitten« der lokalen Bevölkerung zu schieben: Wenn wir aus der Gleichung die ausländischen Technologie-Konzerne herausrechnen, fällt das gesamte Gebäude des »ethnischen, von alten Leidenschaften angefachten Kriegs« in sich zusammen.[9] Und drittens sollte die Kategorie der »ehemals Arbeitenden« durch ihr Gegenteil ergänzt werden: die gutausgebildeten Arbeitslosen. Heute hat eine ganze Generation von Studenten fast keine Chance, eine angemessene Arbeit zu finden, was zu Massenprotesten führt. Der schlechteste Weg, diese Lücke zu schließen, ist es, die Bildung direkt den Bedürfnissen des Marktes unterzuordnen – aus keinem anderen Grund als dem, dass der Markt selbst die von den Universitäten bereitgestellte Bildung obsolet macht. Diese nicht zu vermittelnden Studenten sind dazu bestimmt, eine Schlüsselrolle in der Organisation der ausstehenden Emanzipationsbewegungen zu spielen – wie sie es bereits in Ägypten und in den europäischen Protesten von Griechenland bis England getan haben. Ein radikaler Wandel wird nie von den Armen allein in Gang gesetzt. Wenn eine Generation von nicht vermittelbaren gutausgebildeten Jungen hinzukommt, kombiniert mit der weithin verfügbaren digitalen Technologie, bietet sich die Perspektive einer eigentlichen revolutionären Situation.

Jameson geht hier einen weiteren (paradoxalen, aber zutiefst gerechtfertigten) Schritt: Er charakterisiert die neue strukturelle Arbeitslosigkeit als eine Form der *Ausbeutung*. Die Ausgebeuteten sind nicht nur die den Mehrwert produzierenden Arbeiter, der vom Kapital vereinnahmt wird;

es werden auch diejenigen ausgebeutet, die strukturell davon abgehalten werden, sich in den kapitalistischen Strudel der ausbeuterischen Lohnarbeit hineinzubegeben, was ganze Regionen und Nationen betrifft. Wie können wir also das Konzept der Ausbeutung neu fassen? Eine radikale Veränderung ist hier nötig: In einer wahrhaft dialektischen Wendung schließt die Ausbeutung ihre eigene Negation ein – die Ausgebeuteten sind nicht nur die, die produzieren oder »erschaffen«, sondern auch (und sogar mehr noch) diejenigen, die dazu verdammt sind, *nichts* zu erschaffen. Sind wir hier nicht wieder in der Struktur eines aus den letzten Jahren der Sowjetunion bekannten Witzes über Rabinowitsch angelangt, einen Juden, der emigrieren möchte? Der Bürokrat in der Auswanderungsbehörde fragt ihn nach dem Grund, und Rabinowitsch antwortet: »Aus zwei Gründen: Zum einen habe ich Angst, dass die sowjetischen Kommunisten die Macht verlieren könnten, die Juden für die Verbrechen der Kommunisten verantwortlich gemacht werden und es dann wieder antijüdische Pogrome geben wird …« Der Bürokrat unterbricht ihn: »Aber das ist Unsinn, nichts wird sich in der Sowjetunion ändern, die Macht der Kommunisten wird für immer dauern!« Worauf Rabinowitsch gefasst antwortet: »Nun, das ist mein zweiter Grund.« Wir können uns leicht einen Bürokraten vorstellen, der einen Arbeiter fragt: »Warum glaubst du, ausgebeutet zu werden?« Und der Arbeiter antwortet: »Aus zwei Gründen: Wenn ich arbeite, vereinnahmt der Kapitalist meinen Mehrwert.« »Aber du bist gerade arbeitslos, niemand vereinnahmt deinen Mehrwert, weil du keinen produzierst!« »Das ist der zweite Grund …« Alles dreht sich um die Tatsache, dass die Gesamtheit der kapitalistischen Produktion nicht nur Arbeiter braucht, sondern auch eine »industrielle Reservearmee« hervorbringt, die keine Arbeit finden kann: Letztere befindet sich nicht nur außerhalb des Kreislaufs des Kapitals, sie wird von diesem Kreislauf aktiv als Nicht-Arbeitende produziert.

In Lubitschs *Ninotschka* gibt es einen großartigen Witz. Der Held besucht ein Café und bestellt einen Kaffee ohne Sahne, worauf der Kellner antwortet: »Entschuldigung, aber wir haben im Moment keine Sahne. Kann ich Ihnen den Kaffee auch ohne Milch bringen?« In beiden Fällen bekommt der Gast den Kaffee schwarz, aber dieser einfache Kaffee wird jeweils von einer anderen Negation begleitet, zuerst Kaffee-ohne-Sahne, dann Kaffee-ohne-Milch. Wir haben es hier mit der Logik der Differentialität zu tun, in der der Mangel selbst als ein positives Merkmal funktioniert – dieses Paradox wird hübsch in einem alten jugoslawischen Witz über Montenegriner wiedergegeben (die Bewohner Montenegros im ehemaligen Jugoslawien waren als faul stigmatisiert): Warum stellt ein Montenegriner, wenn er schlafen geht, zwei Gläser neben sein Bett, ein volles und ein leeres? Weil er zu faul ist, vorher darüber nachzudenken, ob er in der Nacht Durst haben wird oder nicht. Die Pointe dieses Witzes liegt darin, dass die Abwesenheit selbst positiv registriert werden muss: Es reicht nicht, einfach ein volles Glas hinzustellen, da der Montenegriner, sollte er nicht durstig sein, es einfach ignorieren wird; von der negativen Tatsache selbst muss Notiz genommen werden, das heißt, das Kein-Wasser-Benötigen muss im Hohlraum des leeren Glases materialisiert werden.

Warum soll man Zeit mit solchen dialektischen Witzen vergeuden? Weil sie fassbar machen, wie Ideologie in Reinform in unseren angeblich postideologischen Zeiten funktioniert. Um sogenannte ideologische Deformationen aufzuspüren, sollte man nicht nur das zur Kenntnis nehmen, was gesagt wird, sondern das komplexe Zusammenspiel von Gesagtem und Ungesagtem, dem Ungesagten, das im Gesagten enthalten ist: Bekommen wir Kaffee ohne Sahne oder Kaffee ohne Milch? Es gibt ein politisches Äquivalent zu dieser Frage: In einem Witz aus dem sozialistischen Polen betritt ein Kunde ein Geschäft und fragt: »Sie haben vermutlich keine Butter, oder?« Die Antwort lautet: »Tut mir leid, aber wir sind der Laden, der kein Toilettenpapier hat; der Laden gegenüber ist der, der keine Butter hat.« Und wie sieht es mit einer Szene im heutigen Brasilien aus, wo während des Karnevals Menschen mit unterschiedlichem sozialen Hintergrund zusammen auf der Straße tanzen und dabei ihre Rassen- und Klassenunterschiede vergessen? Aber wenn ein arbeitsloser Arbeiter sich dem Tanz hingibt und seine Sorgen darüber vergisst, wie er seine Familie durchbringen soll, ist das offensichtlich etwas ganz anderes, als wenn ein reicher Banker sich in Ekstase tanzt und sich gut dabei fühlt, mit dem Volk eins zu sein, und darüber vergisst, dass er dem armen Arbeiter einen Kredit verweigert hat. Sie sind beide auf der Straße, aber der Arbeiter tanzt ohne Milch, während der Banker ohne Sahne tanzt. Die Kennzeichnung von Lebensmitteln bildet ein weiteres bemerkenswertes Beispiel von Abwesenheit als bestimmendem Faktor: Wie oft lesen wir auf Lebensmitteln »ohne Zuckerzusatz« oder »ohne Konservierungs- und Zusatzstoffe« – ganz zu schweigen von »ohne Kalorien«, »ohne Fett« etc.? Der Haken liegt darin, dass wir (wissentlich oder nicht) für jedes »ohne« die Anwesenheit eines »mit« akzeptieren müssen (Cola ohne Kalorien und Zucker? Dafür aber mit Süßstoffen, die ihre eigenen Gesundheitsrisiken bergen).

Dieses Paradox erreicht seinen Höhepunkt, wenn das,

was uns angeboten wird, das Ding ohne es selbst ist – Kaffee ohne Kaffee. Man denke an die laufende Debatte über die allgemeine Krankenversicherung in den USA: Die Republikaner behaupten, dass die allgemeine Krankenversicherungspflicht den Individuen ihre Wahlfreiheit nimmt, und machen sich damit tatsächlich für eine Wahlfreiheit ohne eigentliche Wahlfreiheit stark. Was die republikanischen Gegner einer allgemeinen Krankenversicherung nicht sehen, ist, wie eine staatlich angeordnete allgemeine Krankenversicherung genau als das Sicherheitsnetz funktioniert, das die große Mehrheit in die Lage versetzt, größeren Raum für eigene und freie Unternehmungen zu gewinnen. Die Menschen arbeiten nicht einfach nicht, ihr Nicht-Arbeiten ist ihr positives Merkmal, in derselben Art und Weise, in der »Kaffee ohne Milch« ein positives Merkmal ist.

Eier zerbrechen, ohne ein Omelette zu bekommen

Die Krise, deren Anzeichen die neue Rolle der Arbeitslosigkeit ist, zeigt die »strukturellen Grenzen, auf die das Kapital in seinem Versuch trifft, die immaterielle Wirtschaft und das Internet der Logik der Kommerzialisierung zu unterwerfen, wo weiterhin das Prinzip der Kostenlosigkeit vorherrscht trotz aller Versuche, ökonomische Zugangshürden zu errichten und die Rechte am geistigen Eigentum durchzusetzen«.[10] In anderen Worten ist die Krise nicht nur das Ergebnis von unangemessenen Finanzregulierungen, sie zeigt die »intrinsische Schwierigkeit, immaterielles Kapital wie Kapital und geistigen Kapitalismus wie Kapitalismus funktionieren zu lassen«.[11] In dieser Weise deutet die Krise auf das Ende des Projekts der New Economy der 1990er Jahre und ihrer Vorstellung hin, dass der Kapitalismus in digitaler Form mittels Programmierer und anderen intellektuellen Arbeitern wiederbelebt werden könne, die sich in »kreative Kapitalisten« verwandeln (ein Traum, den das Journal *Wired* verkörpert). Aus diesem Grund ist ein immer stärkerer staatlicher Eingriff nötig, um das System am Laufen zu halten. Wir sollten die doppelte Ironie hier nicht verkennen: Zwar trifft es zu, dass sich der Staatssozialismus 1990 aufgelöst hat, weil er nicht in der Lage war, sich an die Digitalisierung des wirtschaftlichen und sozialen Lebens anzupassen; allerdings untergräbt derselbe traditionelle Marx'sche Begriff des Widerspruchs zwischen den produktiven Kräften und den Produktionsverhältnissen heute den Kapitalismus selbst. (Das Grundeinkommen sollte folglich nicht als ausgeweitete Unterstützung für die Arbeitslosen neu entworfen werden, das heißt als Umverteilung der Sozialhilfe, sondern als finanzielle Anerkennung der Tatsache, dass in einer wissensbasierten Ökonomie die kollektive Produktivität des »general intellect« eine Schlüsselressource des Wohlstands ist.)[12]

Der Kommunismus bleibt der Horizont, der *einzige* Horizont, von dem aus man das, was heute vor sich geht, nicht nur beurteilen, sondern auch angemessen analysieren kann – eine Art immanentes Maß dessen, was schiefgelaufen ist. Aus diesem Grund sollten wir den »neo-ricardianischen Kompromiss von Lohnarbeit und produktivem Kapital gegen die Finanzmacht«[13] aufgeben, der versucht, das sozialdemokratische Wohlfahrtsstaatsmodell wiederaufleben zu lassen. Jede Dämonisierung des Finanzkapitals ist ein Manöver, um die grundlegenden Antagonismen der kapitalistischen Produktionsweise zu vernebeln, indem man sie auf das »parasitäre« Finanzkapital verschiebt. Ebenso sollten wir auch die Versuche zurückweisen, die man nur ironisch als »linken Friedmanismus« bezeichnen kann, wie die von Wang Hui (unter anderen) verfochtene Idee, der zufolge wir es heute nicht mit den Konsequenzen der Marktwirtschaft zu tun haben, sondern mit ihrer Verzerrung: »Widerstand gegen die Monopolisierung und die despotische Markttyrannei kann nicht einfach gleichgesetzt werden mit dem Kampf ›gegen‹ den Markt, weil ein solcher gesellschaftlicher Widerstand selbst die Bemühungen um einen fairen Wettbewerb auf dem Markt und die wirtschaftliche Demokratie mit einschließt.«[14] Denken wir an Habermas' Begriff der verzerrten Kommunikation (verzerrt aufgrund der außersprachlichen Machtverhältnisse von Unterdrückung und Beherrschung): Wang Hui scheint den Begriff von verzerrtem Marktwettbewerb und -austausch anzudeuten – verzerrt aufgrund der externen Zwänge von politischen, kulturellen und sozialen Bedingungen:

> Die wirtschaftliche Entwicklung ist immer in Politik, Kultur und andere soziale Bedingungen eingebettet, nach den Voraussetzungen eines fairen Marktwettbewerbs zu streben heißt also nicht, sich des staatspolitischen Systems, der sozialen Gebräuche oder aller regulierender Mechanismen zu entledigen. Im Gegenteil: Die Perfektionierung der Marktbedingungen zielt darauf ab, diese Systeme zu reformieren, zu begrenzen und zu vergrößern, um die sozialen Voraussetzungen für eine faire Interaktion zu schaffen. In diesem Sinne kann der Kampf um soziale Gerechtigkeit und fairen Marktwettbewerb nicht mit der Opposition gegen staatliche Eingriffe gleichgesetzt werden. Vielmehr ist soziale Demokratie notwendig, um nämlich mittels demokratischer Kontrolle

des Staats durch die Gesellschaft diesen davon abzuhalten, nationale und multinationale Monopole zu schützen.[15]

Wir sollten hier ungeniert beim orthodoxen Marxismus bleiben: Wang Hui unterschätzt die immanente Logik der Marktverhältnisse, die zu Ausbeutung und destabilisierenden Exzessen neigt. Essentialisieren wir die Ökonomie damit zu sehr? Es wäre einfach, die dekonstruktivistische Standardprozedur auf die »Ökonomie« anzuwenden und zu behaupten, dass es keine Ökonomie als ein substantielles einheitliches Feld gäbe, dass das, was wir als »Ökonomie« bezeichnen, ein unbeständiger, von einer Vielzahl von Praxen und Diskursen durchzogener Raum ist: materielle Produktion von primitiver Handarbeit zu automatisierter Produktion, Finanzoperationen, Werbemaschinerien, Interventionen staatlicher Apparate, rechtliche Regulierungen und Pflichten, ideologische Träume, religiöse Mythen, Geschichten von Beherrschung, Leid und Demütigung, private Besessenheit von Vermögen und Vergnügen und so weiter. Während dies zweifellos zutrifft, gibt es dennoch zwar keine tiefere »Essenz« der Ökonomie, aber doch eine Art »Mathem« des Kapitals, eine formale Matrix der Selbstreproduktion des Kapitals, dem vergleichbar, was Marx in seinem *Kapital* zu entwickeln versuchte. Dieses Mathem, diese transhistorische, transkulturelle formale Matrix, ist das »Reale« des Kapitalismus: das Ding, das gleich bleibt durch den gesamten Prozess des globalen Kapitalismus hindurch, dessen Wahnsinn in Krisenmomenten greifbar wird. Marx beschreibt die Konturen dieses Wahnsinns, wenn er über den traditionellen »Schatzbildner« als »verrückten Kapitalisten« spricht, der seine Schätze in einem geheimen Versteck aufbewahrt, im Gegensatz zu dem »normalen« Kapitalisten, der seine Schätze dadurch vergrößert, dass er sie in Umlauf bringt:

> Dieser absolute Bereicherungstrieb, diese leidenschaftliche Jagd auf den Wert ist dem Kapitalisten mit dem Schatzbildner gemein, aber während der Schatzbildner nur der verrückte Kapitalist, ist der Kapitalist der rationelle Schatzbildner. Die rastlose Vermehrung des Werts, die der Schatzbildner anstrebt, indem er das Geld vor der Zirkulation zu retten sucht, erreicht der klügere Kapitalist, indem er es stets von neuem der Zirkulation preisgibt.[16]

Dieser Wahnsinn des Schatzbildners ist dennoch nichts, das mit dem Aufkommen des »normalen« Kapitalismus oder seiner pathologischen Verzerrung einfach verschwindet. Er ist ihm vielmehr *inhärent*: Der Geizhals hat seinen triumphalen Moment in der *Wirtschaftskrise*. In einer Krise verliert nicht – wie man erwarten würde – das Geld seinen Wert, und wir müssen auf den »wirklichen« Wert der Waren zurückgreifen; die Waren selbst (die Verkörperung des »realen [Gebrauchs-]Werts«) werden nutzlos, denn niemand kann sie kaufen. In einer Krise

> schlägt das Geld plötzlich und unvermittelt um aus der nur ideellen Gestalt des Rechengeldes in hartes Geld. Es wird unersetzlich durch profane Waren. Der Gebrauchswert der Ware wird wertlos, und ihr Wert verschwindet vor seiner eignen Wertform. Eben noch erklärte der Bürger in prosperitätstrunknem Aufklärungsdünkel das Geld für leeren Wahn. Nur die Ware ist Geld. Nur das Geld ist Ware! gellt's jetzt über den Weltmarkt. […] In der Krise wird der Gegensatz zwischen der Ware und ihrer Wertgestalt, dem Geld, bis zum absoluten Widerspruch gesteigert.[17]

Bedeutet das nicht, dass sich der Fetischismus in diesem Moment, anstatt sich aufzulösen, in seinem direkten Wahn durchsetzt? In der Krise wird der zugrundeliegende Glaube, verleugnet und lediglich ausgeübt, daher in direkter Weise geltend gemacht. Dasselbe gilt für die sich derzeit ereignende Krise, auf die es eine spontane Reaktion darstellt, auf vernünftige Leitlinien zurückzugreifen: »Schulden müssen bezahlt werden!«, »Man kann nicht mehr ausgeben, als man produziert!« oder etwas in dieser Art – was natürlich das Schlechteste ist, was man tun kann, da man auf diese Weise in eine Abwärtsspirale gerät.

Zunächst einmal ist diese Binsenweisheit schlicht falsch; die Vereinigten Staaten haben sich jahrzehntelang gut geschlagen, indem sie mehr ausgaben, als sie produzierten. In grundlegenderer Weise sollten wir das Schuldenparadox klar zur Kenntnis nehmen: Das Problem mit dem Slogan »Man kann nicht mehr ausgeben, als man produziert!« ist, dass es, wenn man es universell fasst, eine tautologische Platitude darstellt, eine Tatsache, keine Norm (natürlich kann die Menschheit nicht mehr konsumieren, als sie produziert, so wie man nicht mehr essen kann, als auf dem Teller ist), aber sobald man auf eine bestimmte Ebene gelangt, werden die Dinge problematisch und zweideutig. Auf der direkten materiellen Ebene der gesellschaftlichen Gesamtheit sind Schulden in gewisser Weise irrelevant, sogar inexistent, da die Menschheit im Ganzen das konsumiert, was sie produziert – laut Definition können wir nicht mehr konsumieren. Über Schulden können wir vernünftig nur in Bezug auf natürliche Ressourcen sprechen (indem wir die materiellen Bedingungen für das Überleben zukünftiger Generationen zerstören), wo wir in der Tat in der Schuld der nächsten Generation stehen, die noch nicht existiert und die, nicht ohne Ironie, erst zur Existenz kommt durch – und insofern in der Schuld steht von – uns. Hier also hat der Begriff »Schulden« ebenfalls keine wörtliche Bedeutung, sie kann nicht »finanzialisiert«, in eine bestimmte Summe Geld übersetzt werden. Die Schulden, über die wir sprechen können, entstehen, wenn innerhalb einer globalen Gesellschaft eine Gruppe (eine Nation oder was auch immer) mehr konsumiert, als sie produziert, was bedeutet, dass eine andere Gruppe weniger konsumieren kann, als sie produziert – aber hier sind die Verhältnisse keinesfalls so einfach und klar, wie sie erscheinen mögen. Die Verhältnisse wären klar, wenn in einer Schuldensituation das Geld ein neutrales Instrument zur Messung dessen wäre, was eine Gruppe konsumiert hat in Bezug auf das, was sie produziert hat und auf wessen Kosten – aber die tatsächliche Situation ist weit davon entfernt. Öffentlich zugänglichen Daten zufolge sind 90 Prozent des zirkulierenden Geldes »virtuelles« Kreditgeld, wenn also »reale« Produzenten bei Finanzinstitutionen verschuldet sind, hat man guten Grund, am Status ihrer Schulden zu zweifeln: Wie viel dieser Schulden ist das Ergebnis von Spekulationen, die sich in einer Sphäre vollziehen, die in keiner Verbindung zur Realität einer lokalen Produktionseinheit steht?

Wenn sich also ein Land unter dem Druck internationaler Finanzinstitutionen befindet, sei es der IWF oder Privatbanken, sollten wir immer beachten, dass ihr Druck (der sich in konkrete Forderungen übersetzt: Reduktion öffentlicher Ausgaben, indem Teile des Wohlfahrtsstaats abgewickelt werden, Privatisierung, Marktöffnung, Bankenderegulierung etc.) nicht der Ausdruck irgendeiner objektiven Logik oder Erkenntnis ist, sondern der einer doppelt parteilichen (»interessierten«) Erkenntnis. Auf formaler Ebene ist es eine

Erkenntnis, die eine Reihe von neoliberalen Voirannahmen verkörpert, während sie auf inhaltlicher Ebene die Interessen bestimmter Staaten oder Institutionen (Banken etc.) privilegiert.

Als der rumänische Kommunist Panait Istrati in den späten 1920er Jahren zur Zeit der ersten Säuberungen und Schauprozesse die Sowjetunion besuchte, versuchte ihn ein Sowjetapologet von der Notwendigkeit der Gewalt gegen Feinde der Sowjetunion zu überzeugen, indem er sagte: »Man kann kein Omelette machen, ohne Eier zu zerbrechen«, worauf Istrati antwortete: »Ich sehe die zerbrochenen Eier, aber wo ist euer Omelette?« Wir sollten dasselbe in Bezug auf die vom IWF durchgesetzten Sparmaßnahmen sagen, über die die Griechen mit vollem Recht sagen könnten: »Wir zerbrechen unsere Eier für ganz Europa, aber wo ist das Omelette, das ihr uns versprecht?«

Wenn das Ideal von Finanzspekulation darin besteht, ein Omelette zu bekommen, ohne Eier zu zerbrechen, gibt es in der Finanzkrise nur noch zerbrochene Eier, wie es in Zypern der Fall war. In einer klassischen Cartoon-Szene geht eine Katze einfach über den Rand des Abgrunds hinaus und ignoriert die Tatsache, dass sie keinen Boden mehr unter den Füßen hat – sie fällt erst, als sie nach unten schaut und bemerkt, dass sie sich über dem Abgrund befindet. Müssen sich die normalen Menschen in Zypern nicht genauso fühlen in diesen Tagen? Ihnen ist bewusst, dass Zypern nie mehr so sein wird wie vorher, dass ein katastrophaler Absturz des Lebensstandards vor ihnen liegt, aber die volle Wucht dieses Absturzes wird noch nicht ganz spürbar, so dass sie es sich eine Zeitlang noch erlauben können, mit ihrem alltäglichen Leben weiterzumachen, genau wie die Katze, die in aller Ruhe in der Luft läuft. Und wir sollten sie dafür nicht verurteilen. Eine solche Verzögerung der vollen Wucht des Absturzes ist auch eine Überlebensstrategie: Der reale Aufprall wird in aller Stille eintreffen, wenn die Panik vorüber ist. Aus diesem Grund sollte man genau jetzt, wo die Zypern-Krise weitgehend aus den Medien verschwunden ist, darüber nachdenken und schreiben.

Zurück zum Witz über Rabinowitsch: Man kann sich leicht ein Gespräch zwischen einem EU-Finanzbeamten und einem zypriotischen Rabinowitsch vorstellen. Rabinowitsch beklagt sich: »Es gibt zwei Gründe zur Panik: Erstens haben wir Angst, dass die EU Zypern einfach aufgeben und unsere Wirtschaft zusammenbrechen lassen wird ...« Der EU-Beamte unterbricht ihn: »Aber du kannst uns glauben, wir werden euch nicht aufgeben, wir werden euch streng kontrollieren und euch beraten.« »Nun«, antwortet Rabinowitsch ruhig, »das ist mein zweiter Grund.« Eine solche Sackgasse liegt im Zentrum von Zyperns trauriger Notlage: Es kann in Wohlstand weder ohne Europa überleben, noch kann es dies mit Europa. Beide Optionen sind schlimmer, wie Stalin gesagt hätte. Denken wir an den grausamen Witz in Lubitschs *Sein oder Nichtsein*: Als der zuständige Nazi-Offizier, »Konzentrationslager-Erhardt«, über die deutschen Konzentrationslager im besetzten Polen gefragt wird, antwortet er: »Wir besorgen das Konzentrieren, und die Polen wandern in die Lager.« Gilt dasselbe nicht auch für die derzeitige Finanzkrise in Europa? Der starke Norden Europas, mit Schwerpunkt in Deutschland, übernimmt das Konzentrieren, während der geschwächte und verletzliche Süden in die Lager wandert. Am Horizont werden so die Konturen eines geteilten Europa sichtbar: Sein Süden wird mehr und mehr auf eine Zone mit billiger Arbeitskraft und außerhalb des Sicherheitsnetzes des Wohlfahrtsstaats reduziert, ein für Outsourcing und Tourismus geeignetes Territorium. Kurz, der Graben zwischen einer entwickelten Welt und denjenigen, die zurückfallen, öffnet sich nun in Europa selbst.

Diese Lücke spiegelt sich in zwei Hauptversionen über Zypern wider, die den beiden Geschichten über Griechenland ähneln. Die deutsche Version lautet: Das Geldausgeben, Schuldenmachen und die Geldwäscherei können nicht immer so weitergehen. Die zypriotische Version lautet: Die brutalen EU-Auflagen gleichen einer neuen deutschen Besatzung, die Zypern seiner Souveränität beraubt. Beide Versionen sind falsch, und die mit ihnen verbundenen Forderungen sind sinnlos: Zypern kann per Definition seine Schulden nicht zurückzahlen, während Deutschland und die EU nicht einfach weiter Geld in das bodenlose zypriotische Finanzloch werfen können. Beide Versionen verschleiern eine wesentliche Tatsache: dass etwas faul ist mit einem System, in dem unkontrollierte Bankgeschäfte den Bankrott eines ganzen Landes verursachen können. Die zyprische Krise ist nicht ein Sturm im Wasserglas eines kleinen, marginalen Landes, sie ist das Symptom für das, was am gesamten System der EU falsch ist. Aus diesem Grund ist die Lösung nicht einfach mehr Regulierung, um Geldwäsche zu verhindern etc., sondern (mindestens) ein *radikaler Wandel im gesamten Bankensystem* – um das Unaussprechliche auszusprechen: eine Art *Vergesellschaftung der Banken.* Die Lehre aus den Zusammenbrüchen, die seit 2008 weltweit zusammengekommen sind (Wall Street, Island usw.), ist deutlich: Das gesamte Netzwerk der Fonds und Transaktionen, von privaten Spareinlagen und Rentenfonds bis zur Funktionsweise aller Arten von Derivaten, wird irgendwie unter gesellschaftliche Kontrolle gebracht, vereinfacht und reguliert werden müssen. Das mag utopisch klingen, aber die wahre Utopie ist die Vorstellung, dass wir mit kleinen kosmetischen Veränderungen werden überleben können.

Eine fatale Falle muss hier allerdings umgangen werden: Die nötige Vergesellschaftung der Banken ist kein Kompromiss zwischen Lohnarbeit und Produktivkapital gegen die Finanzmacht. Finanzkollapse und Krisen sind offensichtliche Mahnungen dafür, dass die Zirkulation des Kapitals kein geschlossener Kreislauf ist, der sich selbst unterhalten kann, das heißt, dass dieser Umlauf auf die Realität der Produktion und des Absatzes tatsächlicher Waren, die die tatsächlichen Bedürfnisse von Menschen befriedigen, ausgerichtet ist. Dennoch liegt eine subtilere Lehre der Krisen und Zusammenbrüche darin, dass es *keine Rückkehr zu dieser Realität gibt* – die ganze Rhetorik des »Gehen wir vom virtuellen Raum der Finanzspekulation zurück zu den wirklichen Menschen, die produzieren und konsumieren« ist zutiefst fehlgeleitet: Sie ist Ideologie in Reinform. Das Paradox des Kapitalismus liegt darin, dass man das schmutzige Bad der Finanzspekulation nicht ausschütten und das gesunde Kind der wirklichen Ökonomie behalten kann: *Das schmutzige Bad ist in Wirklichkeit der »Stammbaum« des gesunden Kindes.*

Jetzt wissen wir, wer John Galt ist!

Dieses Paradox wurde im Herbst 2013 spürbar mit dem Shutdown, der Betriebspause des US-Staatsapparats. Worum ging es in diesem Shutdown eigentlich? Mitte April 2009 ruhte ich mich gerade in einem Hotelzimmer in Syracuse, New York, aus und wechselte zwischen zwei Fernsehsendern hin und her: einer PBS-Dokumentation über Pete Seeger, den großen amerikanischen Country-Sänger der Linken, und einer Fox-Nachrichtensendung über die Antisteuer-»Tea Party« in Austin, Texas, bei der ein anderer Sänger ein Anti-Obama-Lied zum Besten gab, voller Klagen darüber, wie Washington hart arbeitende normale Bürger besteuert, um reiche Wall-Street-Spekulanten zu finanzieren. Es gab eine bizarre Ähnlichkeit zwischen beiden Sängern: Beide formulierten eine populistische Anti-Establishment-Klage gegen die ausbeuterischen Reichen und den Staat und riefen nach radikalen Maßnahmen, einschließlich des zivilen Ungehorsams. Auch dies ist eine weitere schmerzhafte Mahnung, dass zumindest in Bezug auf die Organisationsform die radikalpopulistische Rechte in seltsamer Weise der alten radikalpopulistischen Linken ähnelt. Sind die heutigen christlichen Survivalist- und Fundamentalistengruppierungen mit ihrem halblegalen Status und ihrer Sicht, dass die hauptsächliche Bedrohung ihrer Freiheit aus dem unterdrückerischen Staatsapparat herrührt, nicht wie die Black Panthers in den 1960er Jahren organisiert? In beiden Fällen gibt es eine militarisierte Gruppe, die sich für die letzte Schlacht bereitmacht. Wie lange wird diese meisterhafte ideologische Manipulation noch funktionieren? Wie lange wird die Basis der Tea Party an der grundlegenden Irrationalität ihrer eigenen Agenda festhalten, die Interessen der hart arbeitenden normalen Leute zu verteidigen, indem sie die »ausbeuterischen Reichen« privilegiert und dabei im wahrsten Sinne des Wortes ihren eigenen Interessen zuwiderläuft?

Einige von uns erinnern sich an die alten kommunistischen Tiraden gegen die bürgerliche »formale« Freiheit – so lächerlich sie sind, liegt ein Körnchen Wahrheit in dieser Unterscheidung zwischen »formaler« und »tatsächlicher«

Freiheit. Ein Manager in einem von der Krise betroffenen Unternehmen hat die »Freiheit«, Arbeiter zu entlassen, aber nicht die Freiheit, die Situation zu ändern, die ihm diese Wahl auferlegt hat. Sobald wir uns in dieser Weise der Debatte um die Krankenversicherung in den USA nähern, erscheint die »Wahlfreiheit« in anderem Licht. Sicher, ein großer Teil der Bevölkerung wird sich von der zweifelhaften Freiheit befreit sehen, sich darum zu kümmern, wer seine Krankheiten versichern soll, und sich einen Weg durch das verzweigte Netz finanzieller und anderer Entscheidungen zu bahnen. Wenn man eine grundlegende Krankenversicherung für selbstverständlich nimmt und darauf zählt, so wie man auf die Wasserversorgung zählt, ohne sich darum kümmern zu müssen, welches Wasserunternehmen man wählen soll, wird man schlicht mehr Zeit und Energie für andere Dinge verwenden können. Die Lehre, die man daraus ziehen kann, ist, dass Wahlfreiheit tatsächlich nur funktioniert, wenn ein komplexes Netzwerk von rechtlichen, bildungspolitischen, ethischen, wirtschaftlichen und anderen Bedingungen als unsichtbarer dichter Hintergrund der Ausübung unserer Freiheit existiert. Aus diesem Grund sollte man als Gegengift zur Ideologie der Wahlfreiheit Länder wie Norwegen als Modell verstehen: Obwohl alle Hauptakteure ein grundsätzliches soziales Einvernehmen respektieren und große soziale Projekte in Solidarität ausgeführt werden, befinden sich gesellschaftliche Produktivität und Dynamik auf einem außerordentlich hohen Niveau und negieren damit die Binsenweisheit, dass eine solche Gesellschaft zwangsläufig stagniert.

Nicht viele Leute wissen – und noch weniger schätzen die Ironie der Tatsache –, dass »My Way«, Frank Sinatras kultiges Lied, das vermeintlich den amerikanischen Individualismus zum Ausdruck bringt, eine amerikanische Version des französischen Liedes »Comme d'habitude« ist, was bedeutet »wie üblich« oder »wie gewohnt«. Dieses Paar – das französische Original und seine amerikanische Version – ist leicht als ein weiteres Beispiel für den Gegensatz zwischen sterilen französischen Manieren und dem amerikanischen Erfindungsreichtum (die Franzosen folgen etablierten Gewohnheiten, während Amerikaner nach neuen Lösungen suchen) zu begreifen – aber was, wenn wir die trügerische Erscheinung des Gegensatzes fallenlassen und in dem Verhalten »comme d'habitude« die verborgene traurige Wahrheit der vielgepriesenen Suche nach neuen Wegen lesen? Um in der Lage zu sein, es »my way« zu tun, muss sich jeder von uns auf eine Menge Dinge verlassen können, die »comme d'habitude« funktionieren. Eine Menge Dinge müssen, in anderen Worten, reguliert werden, wenn wir unsere nichtregulierte Freiheit genießen wollen.[18]

Eine der seltsamen Konsequenzen aus der Finanzkrise von 2008 und den darauffolgenden Maßnahmen zu ihrer Bekämpfung (riesige Geldsummen, um die Banken zu stützen) war die Auferstehung von Ayn Rands Werk, dem vollständigsten ideologischen Ausdruck des radikalen »Habgier ist gut«-Kapitalismus: Die Verkaufszahlen ihres magnum opus *Der Streik* [*Atlas Shrugged*] schnellten in die Höhe. Manchen zufolge gibt es bereits Anzeichen dafür, dass das in *Der Streik* beschriebene Szenario – die kreativen Kapitalisten streiken selbst – heute eintritt. Allerdings geht diese Reaktion vollkommen an der Situation vorbei: Die meisten gigantischen Summen dieser Hilfen flossen an genau diese deregulierten Rand'schen »Titanen«, die in ihren »kreativen« Schemata versagten und damit den ganzen Zusammenbruch verursachten. Es sind nicht die kreativen Genies, die heute den faulen normalen Leuten helfen; im Gegenteil, es sind die normalen Steuerzahler, die den gescheiterten »kreativen Genies« helfen. Man sollte schlicht daran denken, dass der ideologisch-politische Vater dieses langen wirtschaftlichen Prozesses, der im Zusammenbruch von 2008 endete, Alan Greenspan war, ein überzeugter Rand'scher »Objektivist«. Wir wissen nun also, wer John Galt ist – der Idiot, der für die Krise von 2008 verantwortlich war und in der Folge auch für die Drohung eines Shutdown der Staatsapparate.

Um wirklich aus dem Rand'schen kapitalistischen »dogmatischen Schlummer« (wie Kant sagen würde) aufzuwachen, sollten wir Brechts altes Bonmot aus der *Dreigroschenoper* auf unsere Situation anwenden: »Was ist ein Einbruch in eine Bank gegen die Gründung einer Bank?« Was ist das Stehlen von ein paar tausend Dollar, wofür man ins Gefängnis geht, verglichen mit Finanzspekulationen, die Zehntausende ihres Heims und ihrer Ersparnisse berauben und die dann mit staatlicher Hilfe von erhabener Größe belohnt werden? Vielleicht lag José Saramago richtig, als er vorschlug, die großen Bankmanager und Verantwortlichen für den Zusammenbruch als Verbrecher gegen die Menschlichkeit zu behandeln, deren Platz auf der Anklagebank in Den Haag ist; wir sollten diesen Vorschlag nicht nur wie eine poetische Übertreibung im Stil Jonathan Swifts behandeln, sondern ihn ernst nehmen. Dies wird allerdings nie eintreten, da wir nun nach der Doktrin der *Bank, die zu groß ist, um Bankrott zu machen* (mit der Logik, dass ihr Bankrott katastrophale Folgen für die gesamte Wirtschaft hätte), die Doktrin der *Bank, die zu groß ist, um angeklagt zu werden,*[19] haben (da ihre Anklage, so ließe sich argumentieren, katastrophale Folgen für den finanziellen und moralischen Status der herrschenden Eliten hätte).

Diese Eliten, die Hauptschuldigen an dem Zusammenbruch von 2008, setzen sich nun als Experten durch, als Einzige, die uns auf den schmerzhaften Weg der finanziellen Genesung bringen können und deren Rat deshalb die Parlamentspolitik übertrumpfen sollte – oder, wie Mario Monti formulierte: »Wenn sich Regierungen vollständig durch die Entscheidungen ihrer Parlamente binden ließen, ohne einen eigenen Verhandlungsspielraum zu bewahren, wäre das Auseinanderbrechen Europas wahrscheinlicher als eine engere Integration.«[20] Was ist also die höhere Macht, deren Autorität die Entscheidungen demokratisch gewählter Repräsentanten des Volkes außer Kraft setzen kann? Die Antwort wurde 1998 von Hans Tietmeyer, dem damaligen Präsidenten der Bundesbank gegeben, der die nationalen Regierungen dafür lobte, dass sie das »permanente Plebiszit der globalen Märkte« dem »Plebiszit der Wahlurne« vorzogen.[21] Man beachte die demokratische Rhetorik dieser obszönen Aussage: Globale Märkte sind demokratischer als Parlamentswahlen, da sich der Prozess des Wählens in ihnen permanent und auf globaler Ebene vollzieht (und sich permanent in Marktfluktuationen abbildet) – nicht nur alle vier Jahre und in den Grenzen eines Nationalstaats. Die darunterliegende Vorstellung ist, dass parlamentarisch-demokratische Entscheidungen »unverantwortlich« sind, weil sie nicht von Märkten (und Experten) kontrolliert werden.

Die Folgen eines solchen Denkens konnte und kann man in ganz Europa spüren. In einem der letzten Interviews vor seinem Sturz wurde Nicolae Ceauşescu von einem westlichen Journalisten gefragt, wie er die Tatsache rechtfertige, dass rumänische Bürger nicht frei reisen konnten, obwohl die Reisefreiheit in der rumänischen Verfassung festgeschrieben sei. Ceauşescus Antwort folgte der besten stalinistischen Sophisterei: Es stimmt, dass die Verfassung diese Bewegungsfreiheit garantiert, aber sie garantiert ebenfalls das Recht der Menschen auf eine sichere und gedeihende Heimat. Es gibt hier folglich einen potentiellen Konflikt zwischen Rechten: Wenn rumänische Bürger frei ausreisen dürften, wäre das Gedeihen ihres Heimatlandes bedroht, und sie müssten ihr Recht auf Heimat gefährden. In diesem Rechtekonflikt muss man eine Wahl treffen, und das Recht auf eine blühende und sichere Heimat genießt dabei eine klare Priorität.

Anscheinend ist derselbe Geist stalinistischer Sophisterei noch lebendig und wohlauf im heutigen Slowenien, wo am 19. Dezember 2012 das Verfassungsgericht befand, dass ein Referendum über die Gesetze zur Gründung einer »bad bank« und einer eigenständigen Beteiligungsholding [Slovenia Sovereign Holding (SSH)] nicht verfassungskonform sei – und damit effektiv einen Volksentscheid über die Materie verbot. Das Referendum war von den Gewerkschaften gegen die neoliberale Wirtschaftspolitik der Regierung ins Gespräch gebracht worden, und der Vorschlag erhielt genügend Unterschriften, um es verfassungsmäßig zwingend zu machen. Die Idee der Regierung war, alle faulen Kredite von den Hauptbanken in eine neu zu gründende »bad bank« auszulagern, die dann mit staatlichem Geld gerettet worden wäre (d. h. auf Kosten der Steuerzahler), womit jede ernsthafte Suche nach den Verantwortlichen des finanziellen Debakels hintertrieben worden wäre. Diese Maßnahme, eine Frage der Finanz- und Wirtschaftspolitik, wurde monatelang diskutiert und war weit davon entfernt, auf allgemeine Zustimmung zu stoßen, selbst in den Reihen von Finanzexperten. Warum also das Referendum verbieten? Als Papandreous Regierung 2011 in Griechenland ein Referendum über die Sparmaßnahmen ankündigte, brach Panik in Brüssel aus, aber nicht einmal dort wagte jemand, es direkt zu verbieten.

Dem slowenischen Verfassungsgericht zufolge hätte das Referendum »verfassungswidrige Folgen gehabt« – aber in welcher Weise? Das Verfassungsgericht gestand zwar ein, dass das Referendum ein verfassungsmäßiges Recht war, behauptete aber, dass seine Ausführung andere verfassungsmäßige Werte gefährden würde, denen in einer Situation der Wirtschaftskrise Vorrang eingeräumt werden sollte: das effiziente Funktionieren des Staatsapparats, insbesondere indem er die Bedingungen für Wirtschaftswachstum schafft; die Einhaltung der Menschenrechte, insbesondere des Rechts auf soziale Sicherung und auf freie unternehmerische Initiative. Kurzum, in seiner Beurteilung der Folgen des Referendums nahm das Verfassungsgericht schlicht die Logik der internationalen Finanzbehörden, die Druck auf Slowenien ausüben, noch mehr Sparmaßnahmen zu ergreifen, wie eine unbestreitbare Tatsache hin: Dem Diktat der internationalen Finanzinstitutionen nicht zu gehorchen (oder ihre Erwartungen zu erfüllen) kann in eine politische und wirtschaftliche Krise führen und ist somit nicht verfassungsmäßig. Um es direkt zu formulieren: Da die Erfüllung der Finanzdiktate bzw. -erwartungen die Bedingung für die verfassungsmäßige Ordnung ist, haben sie ein Vorrecht gegenüber der Verfassung (und eo ipso gegenüber der staatlichen Souveränität).

Es verwundert also nicht, dass die Entscheidung des Gerichts etliche Rechtsexperten erschütterte. Dr. France Bučar, ehemaliger Dissident und einer der Väter der slowenischen Unabhängigkeit, hob hervor, wenn man der Logik des Verfassungsgerichts in diesem Fall folge, könne damit jedes Referendum verboten werden, da eine solche Entscheidung immer gesellschaftliche Konsequenzen habe: »Mit dieser Entscheidung stellten sich die Verfassungsrichter einen Blankoscheck aus, der es ihnen erlaubt, alles, was man sich jemals ausdenken kann, zu verbieten. Seit wann hat das Verfassungsgericht das Recht, den Zustand der Wirtschaft oder des Bankwesens zu beurteilen? Es kann nur beurteilen, ob eine bestimmte Gesetzgebung im Einvernehmen mit der Verfassung steht oder nicht – und das ist alles!«

Es kann natürlich einen Konflikt zwischen verschiedenen verfassungsmäßigen Rechten geben: Wenn eine Gruppe beispielsweise ein offen rassistisches Referendum auf den Weg bringen will und die Bürger darum bittet, ein Gesetz zur Erlaubnis polizeilicher Folter zu fordern, sollte es zweifelsohne verboten werden. Dennoch wäre der Grund für das Verbot, dass das durch das Referendum geförderte Prinzip (das Akzeptieren der Folter) in direktem Konflikt mit anderen Artikeln der Verfassung steht, während im slowenischen Fall der Grund für das Verbot keine Prinzipien berührt, sondern die (möglichen) pragmatischen Konsequenzen einer Wirtschaftsmaßnahme.

Slowenien mag ein kleines, marginales Land sein, aber die Entscheidung seines Verfassungsgerichts war ein Symptom für die globale Tendenz zur Einschränkung der Demokratie. Die Ausrede ist, dass die Mehrheit der Leute in einer komplexen ökonomischen Situation wie der heutigen nicht qualifiziert ist, Entscheidungen zu treffen; sie wollten nur ihre Privilegien schützen und seien sich der katastrophalen Folgen nicht bewusst, die einträten, wenn ihre Forderungen erfüllt würden. Diese Argumentationslinie ist nicht neu. In einem Fernsehinterview vor zehn

Jahren brachte der Theoretiker Ralf Dahrendorf das zunehmende Misstrauen gegenüber der Demokratie mit der Tatsache in Verbindung, dass nach jeder revolutionären Veränderung der Weg zu neuem Wohlstand durch ein »Tal der Tränen« führt. Nach dem Zusammenbruch des Sozialismus kann man nicht direkt zum Überfluss einer erfolgreichen Marktwirtschaft übergehen – die begrenzte, aber reale sozialistische Wohlfahrt und Sicherheit mussten abgewickelt werden, wobei diese ersten Schritte notwendig schmerzhaft sind. Dasselbe gilt für Westeuropa, wo der Übergang vom Wohlfahrtsstaat nach dem Zweiten Weltkrieg zur neuen globalen Wirtschaft schmerzhaften Verzicht, weniger Sicherheit und weniger Sozialfürsorge mit sich brachte.

Im Deutschland der 1990er Jahre machte das Gerücht die Runde (*se non è vero, è ben trovato*), dass Gorbatschow bei einer Berlin-Reise nach seinem Machtverlust dem Exkanzler Willy Brandt einen Überraschungsbesuch abstattete. Als er sich aber der Tür näherte (mit seinen Personenschützern) und klingelte, lehnte Brandt es ab, ihn zu empfangen. Später erklärte er einem Freund den Grund: Er hatte Gorbatschow nie verziehen, dass er die Auflösung des kommunistischen Blocks zugelassen hatte – nicht weil Brandt ein heimlicher Anhänger des Sowjetkommunismus war, sondern weil er sich bewusst war, dass das Verschwinden des Ostblocks auch das Verschwinden des westeuropäischen sozialdemokratischen Wohlfahrtsstaats nach sich ziehen würde. Das heißt, Brandt wusste, dass das kapitalistische System nur bereit ist, beträchtliche Zugeständnisse an die Arbeiter und Armen zu machen, wenn es eine ernsthafte Bedrohung durch eine Alternative gibt, eine andere Produktionsweise, die den Arbeitern ihre Rechte zusichert. Um seine Legitimität zu behaupten, muss der Kapitalismus beweisen, dass er sogar für die Arbeiter und Armen besser ist – aber sobald diese Alternative verschwindet, kann man damit beginnen, den Wohlfahrtsstaat abzuwickeln.

Für Dahrendorf liegt das Problem in der Tatsache, dass dieser schmerzhafte Gang durch das »Tal der Tränen« länger dauert als die durchschnittliche Zeitspanne zwischen (demokratischen) Wahlen, so dass die Versuchung groß ist, schwierige Veränderungen zugunsten kurzfristiger Wahlerfolge aufzuschieben. Aus Dahrendorfs Sicht ist die paradigmatische Konstellation hier die Enttäuschung weiter Teile der ehemals kommunistischen Länder von den wirtschaftlichen Ergebnissen der neuen demokratischen Ordnungen. In den ruhmreichen Tagen von 1989 setzten sie Demokratie mit dem Überfluss westlicher Konsumgesellschaften gleich; zehn Jahre später, da der Überfluss immer noch auf sich warten lässt, machen sie die Demokratie dafür verantwortlich. Leider konzentriert sich Dahrendorf viel weniger auf die gegensätzliche Versuchung: Wenn die Mehrheit sich den notwendigen strukturellen Veränderungen in der Wirtschaft widersetzt, wäre dann nicht die logische Schlussfolgerung, dass für ein Jahrzehnt eine aufgeklärte Elite die Macht übernehmen sollte, sogar mit undemokratischen Mitteln, um die notwendigen Maßnahmen durchzusetzen und so die Grundlage für eine wahrhaft stabile Demokratie zu schaffen? Entlang dieser Linie hat Fareed Zakaria darauf hingewiesen, dass Demokratie nur in wirtschaftlich entwickelten Ländern greifen kann: Wenn Schwellenländer »frühzeitig demokratisiert« werden, ist das Ergebnis ein Populismus, der in wirtschaftlicher Katastrophe und politischem Despotismus endet. Es verwundert nicht, dass die heute wirtschaftlich erfolgreichsten Dritte-

Welt-Länder (Taiwan, Südkorea, Chile) die vollständige Demokratie erst nach einer Zeit autoritärer Herrschaft einführten. Und liefert diese Denkweise nicht das beste Argument für ein autoritäres Regime in China?

Kaum erstaunlich ist es, dass heute unter einigen russischen Nationalisten die Sehnsucht nach Andropow verbreitet ist, dem KGB-Chef, der 1982 Generalsekretär der KPdSU wurde, aber bereits nach 16 Monaten an der Macht starb. Die Sehnsucht gilt einer Art alternativen Geschichte: Wenn Andropow länger gelebt hätte, hätte die UdSSR auf chinesische Art überlebt. Andropow wollte radikale wirtschaftliche Reformen einführen, und sein Programm, an dem er seit 1965 arbeitete, war dem Pinochets in Chile ähnlich: autoritäre zentralisierte Staatsmacht führt mit nichtdemokratischen Mitteln und ohne öffentliche Diskussion komplexe unpopuläre Modernisierungsprozesse ein, die auf die Verwestlichung des Landes zielen. Andropow war sich bewusst, dass für einige Jahre eine strenge, fast stalinistische Diktatur nötig wäre angesichts der zu erwartenden Opposition gegen die liberalen Reformen. Er wollte außerdem die ethnisch-territorialen Teilungen in der UdSSR abschaffen, da aus seiner Sicht der Verzicht auf die nichtrussischen Republiken bedeutet hätte, weite Teile der Partei-Nomenklatur zu zerstören. Infolgedessen zog er in Betracht, die Aktivitäten aller Parteien im Land zu verbieten (was bedeutete, die KPdSU zu verbieten). Anstelle der Republiken wollte Andropow zehn Wirtschaftszonen schaffen, die zueinander in Wettbewerb stehen und unter denen die beste das gesamte Land anführen und damit den Niedergang des Systems insgesamt besiegen sollte – im Großen und Ganzen das, was die Chinesen getan haben. Um diese Zonen zu leiten, musste Andropow neue Fachleute finden und schaute sich deshalb nach bestimmten Offizieren des KGB sowie nach anderen Leuten um, die darauf vorbereitet waren, mit dem KGB in dieser Richtung zusammenzuarbeiten. Andropows Entscheidung, eine ultraliberale Politik mit autoritären Mitteln zu verfolgen, spiegelte den Geist Reagans und Thatchers der 1980er Jahre wider – für Russland wurde die Alternative des schwedischen Sozialismus als ungeeignet betrachtet.[22]

Neu ist heute, dass mit der Krise seit 2008 dasselbe Misstrauen gegen die Demokratie – einst auf die Dritte Welt oder postkommunistische Schwellenländer beschränkt – in entwickelten westlichen Ländern selbst Boden gewinnt: Was vor zehn oder zwanzig Jahren der gönnerhafte Rat an andere war, betrifft uns nun selbst. Aber was, wenn dieses Misstrauen gerechtfertigt wäre? Was, wenn uns nur Experten retten können mit vollständiger oder weniger-als-vollständiger Demokratie? Zumindest kann man sagen, dass die aktuelle Krise viele Beweise dafür liefert, dass nicht die »normalen Menschen«, sondern die Experten größtenteils nicht wissen, was sie tun. In Westeuropa wohnen wir tatsächlich gerade einer zunehmenden Unfähigkeit der herrschenden Eliten bei – sie wissen immer weniger, wie sie regieren sollen. Schauen wir uns an, wie Europa mit der griechischen Krise umgeht: Es wird Druck auf Griechenland ausgeübt, seine Schulden zurückzuzahlen, aber zugleich wird seine Wirtschaft durch die auferlegten Sparmaßnahmen ruiniert, wodurch man letztlich erreicht, dass die griechischen Schulden nie zurückgezahlt werden können. Ende Dezember 2012 präsentierte der IWF selbst Forschungsergebnisse, die belegten, dass der wirtschaftliche Schaden aggressiver Sparmaßnahmen mehr als dreimal so groß sein kann wie zuvor angenommen, und hebelte damit seine eigenen Ratschläge zum Sparen in der Krise der Euro-Zone aus. Der IWF gibt nun zu, dass es kontraproduktiv wäre, Griechenland und andere schuldenbelastete Länder zu zwingen, ihr Defizit zu schnell zu verringern – nun, nachdem Hunderttausende Arbeitsplätze aufgrund solcher »Fehlkalkulationen« vernichtet wurden. Darin liegt die wahre Botschaft der »irrationalen« Proteste der Bevölkerung in ganz Europa. Die Protestierenden wissen sehr wohl, was sie nicht wissen: Sie geben nicht vor, einfache und schnelle Antworten zu haben, aber was ihr Instinkt ihnen sagt, ist trotzdem richtig: dass die Machthaber es auch nicht wissen. In Europa führen heute die Blinden die Blinden. Sparpolitik ist keine Wissenschaft, nicht einmal im minimalen Sinn. Sie ist einer zeitgenössischen Form von Aberglaube viel näher, einer Art gefühlsmäßiger Reaktion auf eine undurchdringlich komplexe Situation, einer Reaktion des gesunden Menschenverstands in der Art wie »Die Dinge sind aus dem Ruder gelaufen, wir sind irgendwie schuldig und müssen den Preis dafür bezahlen und leiden; tun wir also etwas, das weh tut, und geben wir weniger aus«. Sparen ist nicht »zu radikal«, wie manche linken Kritiker behaupten, sondern im Gegenteil zu oberflächlich: ein Akt des Ausweichens vor den wahren Wurzeln der Krise.

Ein weiteres Beispiel eines solchen magischen Denkens (und ein wahres Modell für das, was Hegel abstraktes Denken nannte) ist die sogenannte »Laffer-Kurve«, die von den Fürsprechern des freien Markts als Grund gegen exzessive Besteuerung ins Feld geführt wird. Die Laffer-Kurve repräsentiert das Verhältnis zwischen möglichen Steuersätzen und den daraus folgenden Steuereinnahmen und illustriert, wie versteuerbares Einkommen sich in Wechselwirkung mit den Steuersätzen verändert. Sie postuliert, dass bei den extremen Steuersätzen von 0 % und 100 % keine Steuereinnahmen generiert werden und dass es mindestens einen Satz geben muss, bei dem die Steuereinnahme ein Maximum ungleich null sein wird: Selbst vom Standpunkt der Regierung aus, die Geschäfte besteuert, ist das höchste Aufkommen nicht durch die höchsten Steuern zu erreichen. Es gibt einen Punkt, an dem höhere Steuern als negativer Anreiz wirken würden und Kapitalflucht und folglich geringere Steuereinnahmen zur Folge hätten. Die implizite Prämisse dieser Logik ist, dass der Steuersatz heute bereits viel zu hoch ist und dass Steuersenkungen deshalb nicht nur der Wirtschaft helfen würden, sondern auch für ein höheres Steueraufkommen sorgen würden. Das Problem an dieser Logik ist, dass sie zwar in einem gewissen abstrakten Sinne wahr sein mag, die Dinge aber komplexer werden, sobald wir die Besteuerung in der Gesamtheit der wirtschaftlichen Reproduktion verorten. Ein großer Teil des durch Steuern eingenommenen Geldes wird wieder für die Produkte der Privatwirtschaft ausgegeben, die damit Anreize erhält. Noch wichtiger, die Steuereinnahmen werden auch zur Schaffung angemessener Bedingungen für die Wirtschaft ausgegeben. Nehmen wir zwei vergleichbare Städte, eine mit niedrigerer, die andere mit höherer Unternehmenssteuer. In der ersten sind das öffentliche Bildungs- und Gesundheitswesen in erbärmlichem Zustand, die Kriminalität hoch und so weiter; in der zweiten Stadt wird währenddessen mehr für bessere Bildung, bessere Energieversorgung, besseren Transport ausgegeben etc. Ist es nicht vernünftig zu glauben, dass viele Unternehmen die zweite Stadt attraktiver fänden, um zu investieren? Wenn also paradoxerweise die erste Stadt beschließt, es der zweiten in ihrer Steuerpolitik gleichzutun, könnten Steuererhöhungen zu mehr

Investitionen der Privatwirtschaft führen. (Und zufällig werden viele halbentwickelte postkommunistische Länder, in die die entwickelten Länder ihre Industrie auslagern, in dem Sinne ausgebeutet, dass westliche Unternehmen Zugang zu billiger ausgebildeten Arbeitskräften haben, die von öffentlicher Bildung profitiert haben: Der sozialistische Staat stellt also freie Bildung für die Arbeitskräfte westlicher Unternehmen zur Verfügung.)[23]

Sein-zu-den-Schulden als Lebensform

Ein Gespenst treibt heute den Kapitalismus um – das Schuldengespenst. Alle Mächte des Kapitalismus sind in eine heilige Allianz zum Exorzieren dieses Gespensts getreten, aber wollen sie es wirklich loswerden? Maurizio Lazzarato[24] liefert eine detaillierte Analyse davon, wie im Rahmen des heutigen globalen Kapitalismus Schulden in einem ganzen Spektrum sozialer Praktiken und Ebenen funktionieren, von der Nation bis hinunter zu den Individuen. Die hegemoniale neoliberale Ideologie ist bestrebt, die Logik der Marktkonkurrenz auf alle Bereiche des Lebens auszudehnen, so dass beispielsweise Gesundheit und Bildung – oder sogar politische Entscheidungen (Wahlen) – als Investitionen wahrgenommen werden, die die Individuen mit ihrem individuellen Kapitel tätigen. Auf diese Weise wird der Arbeiter nicht mehr als bloße Arbeitskraft betrachtet, sondern als persönliches Kapital, das gute oder schlechte »Investitionsentscheidungen« trifft, wenn er den Job wechselt und seinen/ihren Kapitalwert steigert oder senkt. Diese Neukonzeptualisierung des Individuums als »Selbstunternehmer«

bedeutet einen einschneidenden Wandel in der Natur der Regierungsführung, der Steuerung: ein Schritt weg von der relativen Passivität und Eingeschlossenheit in Disziplinarregimen (die Schule, die Fabrik, das Gefängnis), ebenso wie von der biopolitischen Behandlung der Bevölkerung (durch den Wohlfahrtsstaat). Wie kann man Individuen regieren, die als autonome Akteure freier Marktentscheidungen begriffen werden, das heißt als »Selbstunternehmer«? Steuerung wird nun auf der Ebene der Umgebung ausgeübt, in der Individuen ihre vermeintlich autonomen Entscheidungen treffen: Die Risiken werden aus den Unternehmen und Staaten ausgelagert und auf die Individuen übertragen. Mittels dieser Individualisierung der Sozialpolitik und Privatisierung der Sozialfürsorge durch ihre Anpassung an Marktregeln wird die Fürsorge an Bedingungen geknüpft (und ist nicht länger ein Recht) und an Individuen gebunden, deren Verhalten folglich der Bewertung zugänglich wird. Für die Mehrheit der Leute bezieht sich das »Selbstunternehmertum« auf die individuelle Fähigkeit, mit den ausgelagerten Risiken fertig zu werden, ohne die notwendigen Ressourcen oder Macht zu besitzen, dies adäquat zu tun:

> Die zeitgenössischen Neoliberalen [produzieren] ein Humankapital oder einen »Selbstunternehmer«, der mehr oder weniger verschuldet oder verarmt ist, in jedem Fall aber prekarisiert. Für die Mehrheit der Bevölkerung beschränkt sich das Unternehmer-Werden darauf, sich selbst anzustellen und die Schulden, das geringer gewordene Einkommen, die Reduktion der nun unternehmerisch und wettbewerblich ausgerichteten Sozialleistungen zu managen.[25]

Da die Individuen durch die Senkung ihrer Gehälter und den Abbau von Sozialfürsorge verarmen, bietet der Neoliberalismus ihnen einen Ausgleich durch Verschuldung und die Förderung von Aktienbesitz an. Auf diese Weise steigen die Löhne oder aufgeschobenen Gehälter (Renten) zwar nicht, aber die Menschen haben Zugang zu Konsumkrediten und werden ermuntert, für die Rente durch persönlichen Aktienbesitz vorzusorgen; die Menschen haben kein Recht mehr auf ein Dach über dem Kopf, aber dafür Zugang zu Wohnkrediten und Hypotheken; sie haben kein Recht auf eine höhere Bildung, können aber Studienkredite aufnehmen; gegenseitiger und kollektiver Schutz gegen Risiken werden abgebaut, aber die Leute werden ermuntert, private Versicherungen abzuschließen. Auf diese Weise werden die existierenden sozialen Beziehungen zwar nicht gekappt, aber von der Verbindung Gläubiger–Verschuldung überlagert: Arbeiter werden verschuldete Arbeiter (die ihre Unternehmensaktionäre dafür bezahlen müssen, dass sie angestellt sind); Konsumenten werden verschuldete Konsumenten; Bürger werden verschuldete Bürger, die die Verantwortung für ihren Anteil an den Schulden ihres Landes übernehmen müssen.

Lazzarato greift hier auf Nietzsches in der *Genealogie der Moral* entwickelte Idee zurück, dass das, was menschliche Gesellschaften in ihrer Entwicklung von ihren ersten Ursprüngen weg auszeichnet, ihre Fähigkeit ist, Menschen hervorzubringen, die anderen Menschen versprechen können, ihnen etwas zurückzuzahlen und ihre Schuld gegenüber der Gruppe anzuerkennen. Dieses Versprechen begründet eine spezifische Art des Gedächtnisses, das auf die Zukunft gerichtet ist (»Ich denke daran, ich schulde dir etwas, also werde ich mich in einer Weise verhalten, die es mir erlaubt, die Schuld zu begleichen«) und so zu einem Mittel wird, künftige Verhaltensweisen zu leiten. In primitiveren sozialen Gruppen waren die Schulden anderen gegenüber begrenzt und konnten aufgehoben werden, während mit dem Aufkommen der Imperien und dem Monotheismus die soziale oder göttliche Schuld gewissermaßen untilgbar wurde. Das Christentum perfektionierte diesen Mechanismus: Sein allmächtiger Gott bedeutete eine unendliche Schuld; zugleich wurde die Schuld für die Nicht-Tilgung internalisiert. Der einzige Weg, die Schuld überhaupt zu tilgen, war der Gehorsam: gegenüber dem Willen Gottes und der Kirche. Die Schuld mit ihrem Zugriff auf vergangenes und zukünftiges Verhalten und ihrer moralischen Reichweite war ein vortreffliches Steuerungsinstrument. Es blieb nur noch, es zu säkularisieren.

Diese Konstellation bringt eine Art Subjektivität hervor, die sich durch Moralisierung und eine spezifische Temporalisierung auszeichnet. Das verschuldete Subjekt geht zwei Arten von Arbeit nach: der Lohnarbeit und der Arbeit am Selbst, die nötig ist, um ein Subjekt zu produzieren, das versprechen kann, das Schulden zurückzahlen kann und das bereit ist, Schuldbewusstsein auf sich zu laden, weil es ein verschuldetes Subjekt ist. Ein spezielles Set von Zeitlichkeiten wird mit der Schuldenlast verbunden: Um in der Lage zu sein, zurückzuzahlen (sich an das eigene Versprechen zu erinnern), muss man das eigene Verhalten vorhersehbar, regelmäßig und berechenbar machen. Dies widersetzt sich nicht nur jeder künftigen Revolte mit ihrer unvermeidlichen Störung der Fähigkeit, zurückzuzahlen, es impliziert auch ein Auslöschen der Erinnerung an vergangene Rebellionen und Akte kollektiven Widerstands, die den normalen Fluss der Zeit gestört und zu unvorhersehbaren Verhaltensweisen geführt haben. Dieses verschuldete Subjekt wird permanent der bewertenden Inspektion durch andere ausgesetzt: individualisierte Beurteilung und Zielsetzung bei der Arbeit, Bonitätseinstufung, individuelle Befragungen derjenigen, die Unterstützung oder öffentliche Kredite erhalten. Das Subjekt ist gezwungen, nicht nur zu zeigen, dass es in der Lage ist, Schulden zurückzuzahlen (und es der Gesellschaft durch die angemessenen Verhaltensweisen zu vergelten), sondern auch die richtige Haltung anzunehmen und die individuelle Schuld für jedes Versagen auf sich zu nehmen. Hier wird die Asymmetrie zwischen Gläubiger und Schuldner greifbar: Der verschuldete »Selbstunternehmer« ist aktiver als das Subjekt der vorherigen, disziplinarförmigen Art der Regierungsführung; seiner Möglichkeiten beraubt, seine Zeit zu steuern oder sein eigenes Verhalten zu bewerten, ist seine Fähigkeit zum autonomen Handeln eng begrenzt.

Falls es so scheint, als wären Schulden schlicht ein Steuerungsinstrument, das zur Formung individuellen Verhaltens dient, sollte man zur Kenntnis nehmen, dass ähnliche Techniken zur Steuerung auf Institutionen und Staaten angewendet werden können und angewendet werden. Jeder, der diesen sich gerade in Zeitlupe abspielenden Autounfall verfolgt, den diese Krise darstellt, kommt nicht umhin zu bemerken, wie Länder und Institutionen unter beständiger Bewertung stehen (durch Ratingagenturen beispielsweise), die moralische Schuld für ihre vorangegangenen Fehler und Selbstgerechtigkeit eingestehen und sich für die Zukunft auf richtiges Verhalten verpflichten müssen, welches sicherstellt, dass sie, ungeachtet der Einschnitte in ihre Sozialfürsorge oder in die Arbeitnehmerrechte, in der Lage sein werden, dem Pfandleiher sein Pfund Fleisch zurückzuzahlen.[26]

Auf diese Weise ereignet sich der endgültige Triumph

des Kapitalismus, wenn jeder Arbeiter sein eigener Kapitalist wird, der »Selbstunternehmer«, der entscheidet, wie viel er in seine Zukunft (Bildung, Gesundheit usw.) investiert und sich für diese Investitionen verschuldet. Was formale Rechte waren (auf Bildung, Gesundheit, Wohnen), wird nun zur freien Entscheidung zu investieren, die sich formal auf derselben Ebene befindet wie die Entscheidungen des Bankers oder Kapitalisten, in dieses oder jenes Unternehmen zu investieren, so dass – auf dieser formalen Ebene – jeder ein Kapitalist ist, der sich verschuldet, um zu investieren. Wir sind hier einen Schritt näher an der formalen Gleichheit zwischen dem Kapitalisten und dem Arbeiter vor dem Gesetz. Sie sind nun beide kapitalistische Investoren; trotzdem taucht dieser Unterschied in der »Physiognomie unsrer dramatis personae«, der Marx zufolge erscheint, nachdem der Austausch zwischen Arbeit und Kapital vollzogen ist, wieder zwischen dem kapitalistischen Investor im eigentlichen Sinne und dem Arbeiter auf, der dazu gezwungen ist, als »Selbstunternehmer« zu handeln: »der eine bedeutungsvoll schmunzelnd und geschäftseifrig, der andre scheu, widerstrebsam, wie jemand, der seine eigne Haut zu Markt getragen und nun nichts andres zu erwarten hat als die – Gerberei«.[27] Und er tut recht daran, scheu zu bleiben: Die Wahlfreiheit, die ihm auferlegt wird, ist eine falsche; sie ist genau die Form seiner Dienstbarkeit.[28]

Wie ist der heutige Aufstieg des verschuldeten Menschen, der den Bedingungen des globalen Kapitalismus eigen ist, mit dem Verhältnis Schuldner–Gläubiger als universeller anthropologischer Konstante, wie Nietzsche sie formuliert hat, zu vergleichen? Es ist das Paradox direkter Umsetzung, die in ihr Gegenteil umschlägt. Der heutige globale

Kapitalismus spitzt das Verhältnis Schuldner–Gläubiger zu und unterläuft es zugleich: Schulden werden ein offen lächerlicher Exzess. Wir betreten damit das Reich der Obszönität: Wenn ein Kredit vereinbart wird, wird vom Schuldner nicht einmal mehr erwartet, dass er ihn zurückzahlen kann – Schulden werden auf direkte Weise als Mittel der Kontrolle und der Herrschaft behandelt.

Es ist, als ob die Kreditgeber und Verwalter der Schulden die verschuldeten Länder dafür anklagten, sich nicht schuldig genug zu fühlen: Sie werden bezichtigt, sich unschuldig zu fühlen. Der Druck der EU auf Griechenland, Sparmaßnahmen durchzusetzen, ist ein Druck, der sich perfekt einfügt in das, was die Psychoanalyse »Über-Ich« nennt. Das Über-Ich ist kein eigentlich ethischer Akteur, sondern ein sadistischer, der das Subjekt mit unmöglichen Forderungen überzieht und sich in obszöner Weise daran erfreut, wie das Subjekt an der Erfüllung dieser Forderungen scheitert. Das Paradox des Über-Ich liegt – wie Freud klar erkannt hat – darin, dass wir, je mehr wir versuchen, den Forderungen zu gehorchen, uns desto schuldiger fühlen. Stellen wir uns einen boshaften Lehrer vor, der seinen Schülern unlösbare Aufgaben stellt und sich dann sadistisch an ihrer Angst und Panik ergötzt. Genau das ist es, was an den Forderungen und Befehlen der EU so falsch ist: Sie geben Griechenland nicht den Hauch einer Chance. Das griechische Versagen ist Teil des Spiels. An dieser Stelle ist das Ziel der politisch-ökonomischen Analyse, Strategien zu entwickeln, wie man aus diesem teuflischen Kreislauf aus Schuld und Schuldbewusstsein heraustreten kann.

Ein ähnliches Paradox war selbstverständlich von Anfang an am Werk, da ein Versprechen/eine Verpflichtung, die nicht eingehalten werden kann, im Ursprung des Bankenwesens selbst liegt. Wenn man Geld auf die Bank bringt, ist die Bank verpflichtet, das Geld auf Wunsch zurückzugeben – aber wir alle wissen, dass die Bank zwar einigen Leuten ihr Geld zurückgeben kann, aber per definitionem nicht allen. Allerdings gilt dieses Paradox, das ursprünglich für das Verhältnis zwischen individuellen Sparern und ihrer Bank galt, nun auch für das Verhältnis zwischen Bank und (Rechts- oder physischen) Personen, die Geld von ihr geliehen haben. Dies beinhaltet, dass das wirkliche Ziel dabei, dem Schuldner Geld zu leihen, nicht darin besteht, es mit Zinsen zurückzuerhalten, sondern in der endlosen Fortsetzung der Schulden, die den Schuldner in Abhängigkeit und Unterwerfung hält. Vor ungefähr zehn Jahren beschloss Argentinien, seine gesamten Schulden beim IWF vorzeitig zurückzuzahlen (mit finanzieller Unterstützung Venezuelas). Die Reaktion des IWF war oberflächlich betrachtet überraschend: Anstatt glücklich zu sein, das Geld zurückzubekommen, brachte der IWF (oder vielmehr seine obersten Repräsentanten) seine Sorge zum Ausdruck, dass Argentinien seine neue Freiheit und finanzielle Unabhängigkeit von internationalen Institutionen nutzen würde, um die strenge Finanzpolitik aufzugeben, und sich daranmachen würde, sorglos Geld auszugeben. Dieses Unbehagen machte die wahren Einsätze des Schuldner-Kreditgeber-Verhältnisses spürbar: Schulden sind ein Instrument, mit dem der Schuldner kontrolliert und reguliert wird, und als solches strebt es nach seiner ausgeweiteten Reproduktion.

Eine weitere Überraschung liegt darin, dass die Theologie und die Poesie dies schon vor langer Zeit wussten – eine zusätzliche Bestätigung für Berardis Thema »Poesie und Finanzen«. Springen wir zurück in die frühe Neuzeit. Warum war die Geschichte Orpheus' das Opernsujet schlechthin in den ersten hundert Jahren ihrer Geschichte, mit fast hundert bekannten Versionen? Die Figur des Orpheus, der die Götter bittet, ihm Eurydike zurückzubringen, steht für eine intersubjektive Konstellation, die wie keine andere die elementare Matrix der Oper oder, genauer, der Opernarie offenlegt: Das Verhältnis des Subjekts (in beiden Bedeutungen des Begriffs: als autonom Handelnder und als dem Recht Unterworfener) zu seinem Herrn (Gottheit, König oder die Dame der höfischen Liebe) zeigt sich durch das Lied des Helden (der Gegenentwurf zu der vom Chor verkörperten Kollektivität), das im Grunde eine inständige, an den Herrn gerichtete Bitte ist, ein Ruf danach, gnädig zu sein, eine Ausnahme zu machen oder auch dem Helden seine Übertretung zu verzeihen. Die erste rudimentäre Form der Subjektivität ist diese Stimme des Subjekts, die den Herrn anfleht, für einen kurzen Augenblick sein eigenes Gesetz auszusetzen. Eine dramatische Spannung in der Subjektivität entsteht aus der Zweideutigkeit zwischen Macht und Machtlosigkeit, die der Gnadengeste innewohnt, mittels deren der Herr das Flehen des Subjekts beantwortet. Der offiziellen Ideologie zufolge drückt Gnade die höchste Macht des Herrn aus, die Macht, sich über sein eigenes Gesetz zu stellen: Nur ein wahrhaft mächtiger Herr kann es sich leisten, Gnade walten zu lassen. Hier findet eine Art symbolischer Austausch zwischen dem menschlichen Subjekt und seinem göttlichen Herrn statt: Wenn das Subjekt, der sterbliche Mensch, durch sein Angebot der Selbstopferung, seine Endlichkeit überwindet und göttliche Größe erlangt, antwortet der Herr mit der erhabenen Geste der Gnade, dem letzten Beweis *seiner* Menschlichkeit. Dennoch ist dieser Gnadenakt gleichzeitig von dem irreduziblen Zeichen einer erzwungenen leeren Geste gebrandmarkt: Der Herr macht letztlich eine Tugend aus einer Notwendigkeit, indem er als freien Akt anpreist, was er zu tun ohnehin gezwungen war. Wenn er die Gnade verweigert, riskiert er, dass das respektvolle Flehen des Subjekts sich in offene Rebellion verwandelt. Besonders interessant ist in diesem Zusammenhang Mozarts späte Oper *La clemenza di Tito*, in der wir einer erhabenen/lächerlichen Explosion von Gnadenakten beiwohnen. Kurz vor dem finalen Pardon bricht Titus selbst in Zorn über das Wuchern von Verraten aus, die ihn zwingen, Gnadenakte wuchern zu lassen:

> Kaum entdeck' ich einen Verbrecher,
> So naht sich ein zweyter.
> [...] Ach, wie verschworen scheint alles,
> Mich wider mein Gefühl zu zwingen,
> Daß ich grausam sey!
> Nein! dieser Sieg soll nimmer euch werden!
> Männlich im Streit zu stehen
> Heißt mir Tugend, heißt mir Pflicht.
> Sehen will ich, ob andrer Untreue
> Mächtiger seyn wird, als meines Herzens Güte.
> [...] Rom seys bekannt, daß ich es bin,
> Der längst um alles weiß,
> Es vergißt, und gern verzeiht.[29]

Man kann Titus förmlich klagen hören, wie Rossinis Figaro »Uno per volta, per carita!« – »Bitte nicht so schnell, einer nach dem anderen anstellen in der Schlange für Gnade!« In der Erfüllung seiner Aufgabe vergisst Titus alle, aber diejenigen, denen er verzeiht, sind dazu verdammt, sich für immer daran zu erinnern:

SESTUS.
Du vergibst mir, o Großmüthiger,
Doch ach, mein Herz vergiebt mir nicht.
Stets will ich weinen, und mein Vergehen bereun,
Bis mich das Grab umschließt.

TITUS.
Dein Herz voll wahrer Reue,
Das laut aus dir itzt spricht,
Ist vielmehr werth, als ew'ge
Stets unverletzte Treu.[30]

Diese Zeilen aus dem Finale enthüllen das obszöne Geheimnis von *Clemenza*: Das Verzeihen hebt die Schuld nicht auf. Es macht die Schuld eher endlos – wir stehen für immer in der Schuld der Person, die uns verziehen hat. Es verwundert also nicht, dass Titus Reue der Treue vorzieht: In treuer Ergebenheit gegenüber dem Herrn folge ich ihm aus Respekt, während die Reue mich mit dem Herrn in endloser Schuld verbindet. Darin ist Titus ein ganz und gar christlicher Herr. Das lächerliche Wuchern der Gnade in *Clemenza* bedeutet, dass die Macht nicht mehr auf normale Weise funktioniert, so dass sie immer von Gnade unterstützt werden muss: Wenn der Herr Gnade zeigen muss, bedeutet dies, dass das Gesetz versagt hat, dass die rechtliche Staatsmaschinerie nicht in der Lage ist, von allein zu laufen, und fortlaufende Intervention von außen benötigt.[31] Dasselbe gilt für den heutigen Kapitalismus. Peter Buffet (Warrens Sohn) veröffentlichte kürzlich in der *New York Times* einen Leitartikel, in dem er »Philanthropic Colonialism« [Philanthropischen Kolonialismus] erklärte:

> Im Inneren einer jeden philanthropischen Versammlung sieht man Staatsoberhäupter mit Managern und Unternehmenschefs zusammentreffen. Sie alle suchen mit der rechten Hand nach Lösungen für Probleme, die andere Menschen im Raum mit ihrer linken verursacht haben […] Philanthropie ist das angesagte Vehikel geworden, um das Spielfeld zu nivellieren, und hat eine wachsende Anzahl von Zusammenkünften, Arbeitskreisen und Interessenvertretungen hervorgebracht.
> Je mehr Leben und Gemeinschaften von dem System zerstört werden, das große Mengen von Wohlstand für einige wenige schafft, desto heldenhafter klingt es, »etwas zurückzugeben«. Ich würde das »Gewissenswäsche« nennen – man fühlt sich besser dabei, mehr anzuhäufen, als irgendjemand auch nur gebrauchen könnte, um zu leben, indem man ein wenig davon in einem Akt der Mildtätigkeit verteilt. Aber genau das hält die existierenden Strukturen am Leben. Die Reichen schlafen besser, während andere gerade genug bekommen, um das Fass vom Überlaufen abzuhalten.
> Und je mehr Leute mit Geschäftssinn dazustoßen, desto stärker werden Geschäftsprinzipien als wichtiges Element herausposaunt, das dem philanthropischen Sektor hinzugefügt werden muss […] Mikrokredite und finanzielle Bildung (jetzt werde ich hier ein paar Leute wütend machen, die großartige Menschen und von denen einige gute Freunde sind) – worum geht es hier eigentlich? Die Menschen werden sicher lernen, wie man sich in unser System von Schuld und Rückzahlung mit Zinsen einfügt. Sie werden darüber hinausgelangen, zwei Dollar am Tag zu verdienen, um in unsere Welt der Waren und Dienstleistungen einzutreten, so dass sie mehr kaufen können. Aber füttert das alles nicht nur die Bestie?[32]

Obwohl Buffets Kritik von der Sorge um ein würdigeres menschliches Leben ideologisch begrenzt bleibt und er Fragen nach grundlegenden Systemveränderungen umgeht

(»Ich rufe wahrlich nicht nach einem Ende des Kapitalismus; ich rufe nach Humanismus«), stellt sie eine angemessene Beschreibung dafür bereit, wie die Ideologie (und Praxis) der Mildtätigkeit eine Schlüsselrolle im globalen Kapitalismus spielt. Peter Sloterdijk wiederum, im Rückgriff auf Georges Batailles Begriff der »allgemeinen Ökonomie« souveräner Verausgabung, die er der »beschränkten Ökonomie« des endlosen kapitalistischen Profitstrebens gegenüberstellt, liefert in *Zorn und Zeit* die Beschreibung der Spaltung des Kapitalismus von sich selbst, seine immanente Selbstüberwindung. Die Bedeutung von Batailles Anregung »liegt darin, den Kapitalismus zu spalten, um den radikalsten Gegensatz zu ihm – und den einzig fruchtbaren – aus ihm selbst zu schaffen, ganz anders, als die klassische, vom Miserabilismus überwältigte Linke es sich träumen ließ.«[33] Sloterdijks positive Erwähnung Andrew Carnegies zeigt den Weg: Die souveräne selbstverneinende Geste der endlosen Akkumulation von Wohlstand besteht darin, diesen Reichtum für Dinge auszugeben, die keinen Preis haben und die sich außerhalb des Marktkreislaufs befinden: öffentliche Güter, Kunst und Wissenschaft, Gesundheit usw. Diese abschließende »souveräne« Geste befähigt den Kapitalisten, aus dem Teufelskreis endlos expandierter Reproduktion, von Geldverdienen, um noch mehr Geld zu verdienen, auszubrechen. Wenn er seinen angehäuften Reichtum für öffentliche Güter spendet, verneint sich der Kapitalist selbst als reine Personifizierung von Kapital und seiner reproduktiven Zirkulation: Sein Leben erlangt Bedeutung. Es ist nicht mehr nur expandierte Reproduktion als Selbstzweck. Darüber hinaus erlangt der Kapitalist so die Verschiebung von *eros* zu *thymos*, von der pervertierten »erotischen« Logik der Akkumulation zu öffentlicher Anerkennung und Ehre.

Sloterdijks Idee ist nicht weniger als die Überhöhung von Figuren wie George Soros und Bill Gates zu Personifizierungen der inhärenten Selbstverneinung des kapitalistischen Prozesses selbst: Ihre Wohltätigkeit, ihre gigantischen Spenden für öffentliche Wohlfahrt, ist nicht einfach persönliche Idiosynkrasie, sei sie echt oder scheinheilig; sie ist der logische Schlusspunkt der kapitalistischen Zirkulation und aus streng ökonomischer Perspektive zwingend, da sie dem kapitalistischen System erlaubt, seine Krise aufzuschieben. Sie stellt die Balance wieder her – eine Art der Umverteilung von Reichtum hin zu den wahrhaft Bedürftigen –, ohne in die verhängnisvolle Falle zu tappen: die zerstörerische Logik von Groll und erzwungener staatlicher Umverteilung von Reichtum, die nur in allgemeinem Elend enden kann. (Sie vermeidet auch, könnte man hinzufügen, die andere Art der Wiederherstellung einer Art von Balance und der Bestätigung von *thymos* durch souveräne Verausgabung, nämlich Kriege.) Oder, um ein altes lateinisches Sprichwort zu zitieren: *velle bonum alicui* [jemandem Gutes tun wollen] – Mildtätigkeit (gute Taten tun) ist der Zeitvertreib (Amüsement, Zerstreuung) der Gleichgültigen (denen alles egal ist).

Wenn wir Produkte wie Zahnpasta oder Limonade kaufen, ist die Packung oder Flasche oben oft in einer anderen Farbe, auf der in großer Schrift »20 % gratis!« steht: Man kauft ein Produkt und bekommt gratis einen Überschuss. Vielleicht kann man sagen, dass das gesamte kapitalistische System uns in dieser Weise anspricht: »Kaufe globalen Kapitalismus, nimm daran teil, und du wirst 20 % davon in Form von Mildtätigkeit und philanthropischen Spenden zurückbekommen!« Allerdings unterbreitet uns der Pate im Falle des Kapitalismus ein Angebot, das wir ablehnen können und sollten.

2 Cardiognosis – *Du jambon cru?*

Freiheit in den Wolken

Mein Besuch bei Julian Assange im Dezember 2013 in der ecuadorianischen Botschaft in London war eine recht deprimierende Erfahrung, trotz der Freundlichkeit der Botschaftsangehörigen. Die Botschaft ist eine Sechszimmerwohnung ohne Garten, so dass Assange nicht einmal einen täglichen Spaziergang unternehmen kann, noch kann er aus der Wohnung hinaus in den Flur gehen, denn überall stehen Polizisten und lauern auf ihn. Ein Dutzend von ihnen ist immer um das Haus herum und in angrenzenden Häusern postiert, einer sogar unter einem winzigen Badezimmerfenster, für den Fall, dass Assange versucht, durch das Fenster zu entkommen. Die Wohnung ist von oben bis unten verwanzt, und die Internetverbindung ist verdächtig langsam.

Aus welchem Grund stellt der britische Staat fast 50 Beamte dazu ab, Assange zu bewachen unter dem rechtlichen Vorwand, dass er sich weigert, nach Schweden zu reisen und sich dort über einen unbedeutenden Fall von sexuellem Fehlverhalten (es gibt keine Anklage gegen ihn!) befragen zu lassen? Man ist versucht, ein Thatcherianer zu werden und zu fragen: Wie verträgt sich das mit der Sparpolitik? Wenn ein Niemand wie ich von der schwedischen Polizei gesucht würde für eine ähnliche Befragung, würde das Vereinigte Königreich dann auch 50 Polizisten einsetzen, um mich zu bewachen? Die ernsthafte Frage ist aber: Woher kommt dieser lächerlich exzessive Wunsch nach Vergeltung? Was haben Assange und seine Kollegen und Whistleblower-Quellen getan, um das zu verdienen? In gewisser Weise kann man die Behörden verstehen. Assange und seine Kollegen werden oft bezichtigt, Verräter zu sein, aber sie sind etwas viel Schlimmeres (in den Augen der Behörden):

> Selbst wenn Snowden seine Informationen diskret an irgendeinen anderen Geheimdienst verkauft hätte, wäre seine Tat noch als Teil »patriotischer Spielregeln« verstanden worden und wenn nötig wäre er als »Verräter« liquidiert worden. In Snowdens Fall haben wir es jedoch mit etwas vollkommen anderem zu tun: mit einer Geste, die die Logik selbst des Status quo in Frage stellt, der seit einiger Zeit als einzige Grundlage aller »westlichen« (Nicht-)Politik dient. Einer Geste, die im wahrsten Sinne alles riskiert, ungeachtet des Profits und ohne eigene Interessen: Sie geht das Risiko ein, weil sie auf der Schlussfolgerung beruht, dass das, was vor sich geht, falsch ist. Snowden hat keine Alternative vorgeschlagen. Snowden – oder eher die Logik seiner Geste selbst, wie vor ihm die von Chelsea Manning – *ist* die Alternative.[1]

Das Verdienst von WikiLeaks wird hübsch in Assanges ironischer Selbstbezeichnung als »Spion für das Volk« zum Ausdruck gebracht. »Für das Volk spionieren« ist keine direkte Verneinung des Spionierens (die darin bestünde, als Doppelagent zu handeln und unsere Geheimnisse an den Feind zu verkaufen), sondern seine Selbstverneinung, das heißt, es unterläuft das Prinzip des Spionierens selbst, das Prinzip der Geheimhaltung, da es darum geht, Geheimnisse öffentlich zu machen. Es funktioniert also in ähnlicher Weise, wie die marxistische »Diktatur des Proletariats«

funktionieren sollte (es aber selbstverständlich fast nie tat): als immanente Selbstverneinung des Prinzips der Diktatur. Denjenigen, für die der Kommunismus eine Vogelscheuche ist, sollten wir sagen, dass das, was WikiLeaks tut, die Praxis des Kommunismus ist. WikiLeaks setzt Information als Gemeinschaftsbesitz um.

Im Kampf der Ideen wurde das Aufkommen der bürgerlichen Moderne in der französischen *Encyclopédie* (1751–1772) beispielhaft, einer gigantischen Unternehmung, die systematisch alles verfügbare Wissen einem breiten Publikum zugänglich machte. Der Adressat dieses Wissens war nicht der Staat, sondern die Öffentlichkeit an sich. Es könnte scheinen, als sei Wikipedia die heutige *Encyclopédie*, aber es fehlt etwas: das Wissen, das ignoriert wird und aus dem öffentlichen Raum verbannt ist, weil es genau die Art und Weise betrifft, in der staatliche Mechanismen und Agenturen uns alle kontrollieren und regulieren. Das Ziel von WikiLeaks sollte darin bestehen, uns allen dieses Wissen mit einem einfachen Klick zur Verfügung zu stellen. Assange ist der zeitgenössische D'Alembert, der Herausgeber dieser neuen *Encyclopédie*, der wahren Enzyklopädie des 21. Jahrhunderts. Warum?

Unser informationeller Gemeinschaftsbesitz trat jüngst als ein Hauptbereich des Klassenkampfs in zweien seiner Aspekte zutage: dem ökonomischen im engeren Sinne und dem soziopolitischen. Einerseits konfrontieren uns die neuen Medien mit der Sackgasse des »geistigen Eigentums«. Die Natur des World Wide Web selbst scheint kommunistisch zu sein und zum freien Datenfluss zu neigen – CDs und DVDs verschwinden nach und nach, Millionen von Menschen laden Musik und Videos einfach herunter, meist gratis. Aus diesem Grund ist das Wirtschaftsestablishment so engagiert in seinem Kampf, Formen von Privateigentum in diesem Fluss durchzusetzen, indem es Gesetze zum geistigen Eigentum erzwingt. Diese freie Zirkulation bringt selbstverständlich ihre eigenen Gefahren mit sich, wie Jaron Lanier aufgezeigt hat,[2] der eine Bedrohung in genau dem Merkmal des digitalen Raums sieht, das für gewöhnlich als seine größte soziale Errungenschaft gilt, nämlich der freien Zirkulation von Daten und Ideen: Die Offenheit selbst hat nichtkreative Provider (Google, Facebook) hervorgebracht, die eine fast monopolistische Macht ausüben, um den Datenfluss zu regulieren, während die Individuen, die die Inhalte schaffen, in der Anonymität des Netzes untergehen. Laniers Lösung ist eine massive Rückkehr zum Privateigentum: Alles, was im Web zirkuliert, persönliche Daten eingeschlossen (welche Seiten ich beispielsweise besuche oder welche Bücher ich auf Amazon anschaue), sollte als verwertbare Ware behandelt und bezahlt werden, und alles sollte außerdem klar einer individuellen menschlichen Quelle zugeordnet werden. Obwohl Lanier damit recht hat, dass die anonyme anarchische freie Zirkulation ihre eigenen machtvollen Netzwerke hervorbringt, sollte man seinen Lösungsvorschlag dennoch in Frage stellen: Ist die globale Privatisierung/Kommodifizierung wirklich der einzige Weg, der uns weiterbringt? Gibt es keine anderen Formen globaler Regulierung?

Einerseits haben die digitalen Medien (besonders mit dem fast universellen Zugang zum Internet und den Mobiltelefonen) neue Wege für Millionen normale Menschen eröffnet, Netzwerke zu schaffen und ihre gemeinschaftlichen Aktivitäten zu koordinieren, während es zugleich staatlichen Instanzen und privaten Unternehmen traumhafte Möglichkeiten bietet, unser öffentliches und privates Verhalten zu verfolgen. In genau diesen Kampf hat sich WikiLeaks in so explosiver Weise eingemischt. Für Jacques Lacan ist das Axiom der psychoanalytischen Ethik: »Kompromittiere nicht dein Begehren.« Ist dieses Axiom nicht auch eine zutreffende Bezeichnung für die Handlungen der Whistleblower? Diese kompromisslose Haltung ist eine beständige Mahnung, dass wir in unserem täglichen Leben immer mehr zu Pavianen werden – warum haben Paviane große, unbehaarte rote Hintern? Der Hauptgrund scheint darin zu liegen, dass die Hinterteile der Weibchen schwellen, so dass die Männchen erkennen, dass sie paarungsbereit sind. Das Präsentieren des Rumpfes dient auch als Zeichen der Unterwerfung, womit implizit ausgedrückt wird: »Ich weiß, dass du stärker bist als ich, kämpfen wir also nicht mehr.« Die Paviane mit röteren und weniger behaarten Hinterteilen ziehen mehr Partner an und haben mehr Nachkommen, und wiederum werden diese Nachkommen bevorzugt, weil sie rötere, weniger behaarte Hinterteile haben als die übrigen. Sieht der Kampf um ideologische Harmonie nicht auch so aus? Individuen stellen ihre haarlosen, hervorstehenden Hinterteile zur Schau und bieten sich der Penetration durch ideologische Botschaften an. Es gibt keinen Grund für die gewaltsame Durchsetzung; das Opfer stellt sich freiwillig zur Verfügung – wie deutlich wurde, als kürzlich die massive digitale Kontrolle unseres Lebens ans Licht kam.

Aus diesem Grund ist es nicht angemessen, WikiLeaks als antiamerikanisches Phänomen zu betrachten. Denn wie passt Obamas Handeln in die Konstellation, die durch die Enthüllungen von WikiLeaks entstanden ist? Während die Republikaner Obama als gefährlichen Linken bezeichnen, der das amerikanische Volk spaltet und eine Bedrohung für den amerikanischen Lebensstil darstellt, stellen ihn einige

Linke als »schlimmer als Bush« dar in seinem Verfolgen einer imperialistischen Außenpolitik. Als Obama 2009 den Friedensnobelpreis erhielt, wussten wir alle, dass er ihn nicht wegen seiner Leistungen erhalten hatte, sondern dass es eine Geste der Hoffnung war, ein verzweifelter Versuch, zusätzlichen Druck auf ihn auszuüben, sein Wahlversprechen einzuhalten und als Anti-Bush zu wirken. Man sollte die Idee aufgreifen, Chelsea Manning den Friedensnobelpreis zu geben, und sie als gerechtfertigte Reaktion auf die Tatsache verstehen, dass Obama es versäumt hat, die an ihn gerichteten Erwartungen zu erfüllen. Als Zeichen dieser Enttäuschung kann die Art und Weise gelten, in der Obama 2012 wiedergewählt wurde. Jean-Claude Milner schlug kürzlich den Begriff der »stabilisierenden Klasse« vor: nicht die herrschende Klasse, sondern eine breite Klasse derjenigen, die, selbst wenn sie nach Veränderungen rufen, es nur tun, um damit Veränderungen zu erzwingen, die das System effizienter machen und damit sicherstellen, dass sich nichts verändern wird.[3] Dies ist der Schlüssel zur Interpretation der Wahlergebnisse in den heutigen entwickelten Ländern des Westens: Wer war erfolgreich darin, diese Klasse zu überzeugen? Weit davon entfernt, als wirklicher Reformer wahrgenommen zu werden, gelang es Obama, sie zu überzeugen, und aus diesem Grund wurde er wiedergewählt. Die Mehrheit, die für ihn gestimmt hat, wurde von den radikalen von Republikanern und religiösen Fundamentalisten geforderten Veränderungen abgeschreckt.

Wir erinnern uns alle an Obamas Lächeln voller Hoffnung und Vertrauen, als er mehrfach das Motto seiner ersten Kampagne wiederholte, »Yes, we can!«: Wir können den Zynismus der Bush-Ära abschütteln und den Amerikanern Gerechtigkeit und Wohlstand bringen, wir können

Amerika wieder zum Land der Hoffnungen und Träume machen. Nun, da die USA die verdeckten Operationen fortsetzt, Drohnen einsetzt und die Kontrolle und das Geheimdienstnetzwerk ausweitet, Alliierte ausspioniert, haben einige Gegner ein leicht abgewandeltes Motto in Umlauf gebracht: »Yes, we scan!« Vielleicht wäre eine treffendere Version die eines spöttisch lächelnden Obama gewesen, der den Protestierenden »Yes, we can!« erwidert auf ihre Rufe: »Du kannst keine Drohnen zum Töten benutzen!« »Du kannst nicht ernsthaft deine Alliierten ausspionieren wollen!«

Eine solch simple Personalisierung verfehlt den springenden Punkt: Die Bedrohung unserer Freiheit, die von den Whistleblowern enthüllt wurde, hat tiefere systemische Wurzeln. Edward Snowden sollte nicht nur deshalb in Schutz genommen werden, weil seine Taten die USA erzürnt und bloßgestellt haben – was er enthüllt hat, ist etwas, das nicht nur die USA, sondern auch andere große (und nicht so große) Mächte tun (von China bis Russland, von Deutschland bis Israel). Seine Taten stellen damit eine faktische Begründung für unsere Befürchtungen zur Verfügung, wie wir überwacht und kontrolliert werden – ihre Lehre ist global und reicht weit über die üblichen USA-Prügel hinaus. Wir haben von Snowden (oder von Manning) nichts gelernt, was wir nicht schon längst geahnt hätten – aber es ist das eine, etwas allgemein zu wissen, und etwas anderes, konkrete Informationen zu bekommen. Es ist ein wenig so, als wüsste man, dass der Partner sich anderweitig vergnügt. Man kann das abstrakte Wissen hinnehmen, aber es wird schmerzhaft, wenn man die pikanten Details erfährt und sich ein Bild davon macht, was er getan hat …

Manchmal erfahren wir solche pikanten Details aus kleineren, marginalen Ländern, die Sicherheitsmaßnahmen in sehr viel offenerer und direkterer Weise vorantreiben. Im Sommer 2012 beschloss das ungarische Parlament beispielsweise ein neues nationales Sicherheitsgesetz, das

> den engsten Regierungskreis befähigt, Leute auszuspionieren, die wichtige öffentliche Funktionen innehaben. Unter diesem Gesetz müssen sich viele Regierungsbeamte damit einverstanden erklären, sich in aufdringlichster Weise observieren zu lassen (Abhören der Telefone, verwanzte Wohnungen, Lesen von E-Mails) für bis zu zwei Monate jedes Jahr, ohne dass sie allerdings wüssten, an welchen 60 Tagen sie überwacht werden. Vielleicht werden sie sich vorstellen, dass sie dauerhaft unter Beobachtung stehen. Vielleicht geht es genau darum. Mehr als 20 Jahre nachdem Ungarn die in George Orwells Roman *1984* imaginierte Welt verlassen hat, ist der Überwachungsstaat zurück.
> Wenn die Fidesz-Regierung unter Präsident Viktor Orbán etwas findet, das ihr nicht gefällt – und es gibt keine rechtliche Grenze des potentiell Anstößigen –, können die Überwachten entlassen werden. Die Leute an der Spitze der Regierung werden großzügig von der Überwachung ausgenommen – aber dieses Gesetz trifft ihre Stellvertreter, Angestellten und den gesamten Sicherheitsapparat, einige Richter, Staatsanwälte, Diplomaten, Armeeoffiziere sowie eine Reihe »unabhängiger« Offiziere, die eigentlich nicht unter der Kontrolle von Orbáns Regierung stehen.[4]

Und hier die Rechtfertigung der ungarischen Regierung für diese Maßnahmen:

> Die Beamten der ungarischen Regierung werden sagen, dass sie nichts Neues tun. Andere Länder, so werden sie sagen, haben Mittel und Wege, herauszufinden, ob hohe Beamte

mit Staatsgeheimnissen ein falsches Spiel spielen oder ob die Leute, die öffentliches Vertrauen genießen, korrupt sind. Die US-Regierung wurde jüngst dabei entlarvt, wie sie jedermanns Telefonate und E-Mails gespeichert hat, was kann also kritikwürdig am Vorgehen der ungarischen Regierung sein?[5]

Wenn man mit solchen Fakten konfrontiert wird, sollte sich dann jeder rechtschaffene Amerikaner nicht wie ein Pavian fühlen, der plötzlich von der Scham übermannt wird, weil er seinen (oder ihren) roten Hintern zur Schau gestellt hat? 1843 behauptete der junge Karl Marx, das deutsche *Ancien Régime* »bildet sich nur noch ein, an sich selbst zu glauben, und verlangt von der Welt dieselbe Einbildung«.[6] In einer solchen Situation wird das Bloßstellen der Mächtigen eine Waffe – oder, wie Marx erklärt, »man muß den wirklichen Druck noch drückender machen, indem man ihm das Bewußtsein des Drucks hinzufügt, die Schmach noch schmachvoller, indem man sie publiziert.«[7] Genau das ist unsere heutige Situation: Wir stehen dem schamlosen Zynismus der existierenden globalen Ordnung gegenüber, deren Handlungsträger sich nur vorstellen, dass sie an ihre Ideen von Demokratie, Menschenrechten usw. glauben, und dank WikiLeaks wird die Scham (unsere Scham, weil wir diese Macht über uns zulassen) noch schamvoller, weil sie öffentlich wird. Wofür wir uns schämen sollten, ist der weltweite Prozess gradueller Verengung des öffentlichen Gebrauchs der Vernunft. Wenn Paulus sagt, dass es vom christlichen Standpunkt aus keine Männer und Frauen, keine Juden und Griechen gibt, behauptet er, dass ethnische Wurzeln, nationale Identität oder Geschlecht keine *Kategorien der Wahrheit* sind. Oder, in kantischen Begriffen ausgedrückt, wenn wir über unsere ethnischen Wurzeln nachdenken, sind wir einem *privaten Gebrauch der Vernunft* verhaftet, begrenzt von kontingenten dogmatischen Voraussetzungen, das heißt, wir handeln als »unreife« Individuen, nicht als freie menschliche Wesen, die an die Universalität der Vernunft glauben. Der öffentliche Raum der »Weltbürgergesellschaft« bezeichnet das Paradox der universellen Singularität, eines singulären Subjekts, das in einer Art Kurzschluss die Vermittlung des Partikularen überspringt und direkt am Universellen teilhat. Das ist es, was Kant in seiner berühmten Passage in »Was ist Aufklärung?« meint, wenn er »öffentlich« als Gegenteil von »privat« setzt: »Privat« meint nicht die individuellen Bindungen im Gegensatz zu den gemeinschaftlichen Bindungen, sondern die gemeinschaftlich-institutionelle Ordnung seiner partikularen Identifikation, während »öffentlich« die transnationale Universalität der Ausübung der eigenen Vernunft bedeutet. Wir sehen, wo Kant mit unserem liberalen Gemeinsinn bricht: Der Bereich des Staats selbst ist in seiner eigenen Weise »privat«, in dem kantischen Sinne des »privaten Gebrauchs der Vernunft« in staatlichen Verwaltungs- und Ideologie-Apparaten, während Individuen, die über allgemeine Gegenstände nachdenken, Vernunft in »öffentlicher« Weise gebrauchen.

Die Kant'sche Unterscheidung ist im Fall des Internet und anderer neuer Medien, die zwischen ihrem freien »öffentlichen Gebrauch« und der wachsenden »privaten« Kontrolle hin- und hergerissen sind, besonders relevant. Unser Kampf sollte sich auf die Bedrohung der transnationalen öffentlichen Sphäre konzentrieren, wie der jüngste Trend, den Cyberspace in »Clouds« zu organisieren: Auf diese Weise werden Details von den Konsumenten abstrahiert, die keine Expertise mehr in der technologischen Infrastruktur,

»in der Cloud«, brauchen, die ihre Aktivitäten unterstützt, und über die sie keine Kontrolle mehr haben. Zwei Worte sind hier aufschlussreich: abstrahiert und Kontrolle – um eine Cloud zu verwalten, muss es ein Überwachungssystem geben, das ihr Funktionieren kontrolliert, und dieses System ist den Nutzern qua Definition verborgen. Das Paradox liegt hier darin, dass, je mehr das kleine Gerät in meiner Hand (Smartphone, iPod) personalisiert, vereinfacht und »transparent« in seinem Gebrauch wird, das gesamte System sich desto mehr auf die Arbeit verlassen muss, die anderswo verrichtet wird, in einem ausgedehnten Maschinenkreislauf, der die Erfahrungen des Nutzers koordiniert. Je mehr unsere Erfahrung nichtentfremdet, spontan und transparent ist, desto mehr wird sie vom unsichtbaren Netzwerk staatlicher Institutionen und privater Unternehmen reguliert und kontrolliert, die ihre eigene geheime Agenda verfolgen.

Was die allumfassende Kontrolle unseres Lebens so gefährlich macht, ist nicht, dass wir unsere Privatsphäre verlieren und alle unsere Geheimnisse dem Blick des »big brother« ausgesetzt sind. Es gibt keine staatliche Institution, die eine derartige Kontrolle ausüben könnte – nicht weil sie nicht genug wissen, sondern weil sie zu viel wissen. Die schiere Menge der Datensätze ist zu groß, und trotz aller ausgefeilten Programme verdächtige Nachrichten zu entdecken, sind die Computer, die so viele Details registrieren, zu dumm, sie richtig zu interpretieren und auszuwerten, was zu lächerlichen Fehlern führt und unbeteiligte Zuschauer zu potentiellen Terroristen macht. Das macht die staatliche Kontrolle unserer Kommunikation so gefährlich. Ohne den Grund zu kennen, ohne etwas Illegales getan zu haben, können wir uns plötzlich auf einer Liste Terrorverdächtiger wiederfinden. Das erinnert an die legendäre Antwort eines Hearst-Zeitungsredakteurs auf Hearsts Frage, warum er nicht seinen wohlverdienten Urlaub nehmen wolle: »Ich habe Angst, dass es, wenn ich gehe, Chaos geben und alles zusammenbrechen wird – aber noch größere Angst habe ich davor, zu entdecken, dass alles seinen normalen Gang gehen wird, wenn ich weg bin – der Beweis dafür, dass ich eigentlich nicht gebraucht werde!« Etwas Ähnliches lässt sich über die staatliche Kontrolle über unsere Kommunikation sagen. Wir sollten fürchten, keine Geheimnisse mehr zu haben, dass staatliche Institutionen alles wissen, aber wir sollten noch mehr fürchten, dass sie daran scheitern könnten.

Whistleblower spielen eine Schlüsselrolle in der Aufrechterhaltung der »öffentlichen Vernunft«. Assange, Manning, Snowden sind die neuen Helden, beispielhafte Fälle für die neue Ethik, die zu unserer neuen digitalen Ära passt. Sie sind nicht einfach nur Whistleblower, die die illegalen Praktiken privater Unternehmen (Banken, Tabak- und Ölkonzerne usw.) oder öffentlicher Behörden ans Licht bringen; sie denunzieren diese öffentlichen Behörden selbst, wie sie mit der Ausübung »privater Vernunft« befasst sind. Wir brauchen mehr Mannings und Snowdens, auch in China und Russland, überall. Staaten wie China und Russland sind natürlich viel repressiver als die USA – man stelle sich vor, was jemandem wie Manning vor einem russischen oder chinesischen Gericht passiert wäre (es hätte vermutlich keine öffentliche Verhandlung gegeben; ein chinesischer Manning wäre einfach verschwunden). Wir sollten die USA dennoch nicht für weich halten: Es stimmt zwar, dass die USA Gefangene nicht so brutal wie China oder Russland behandeln – aufgrund ihrer technischen Überlegenheit brauchen sie keinen offen brutalen Ansatz (den sie nur zu bereitwillig anwenden, wenn sie es für nötig halten). In diesem Sinne sind die USA sogar gefährlicher als China, insofern als ihre Kontrollmaßnahmen nicht als solche wahrgenommen werden, während chinesische Brutalität offen ersichtlich ist. Das bedeutet, dass, während in einem Land wie China für jedermann die Grenzen der Freiheit klar sichtbar sind – es gibt darüber keine Illusionen, der Staat ist ein offen repressiver Mechanismus –, die formalen Freiheiten in den USA offiziell garantiert sind, so dass die meisten Menschen ihr Leben als frei empfinden und nicht einmal bemerken, in welchem Ausmaß sie von staatlichen Mechanismen kontrolliert werden. Man kann sich gut vorstellen, wie viel sich über uns herausfinden lässt, indem man unsere Bankdaten, unsere Bücherkäufe auf Amazon, unsere E-Mails überwacht usw. Whistleblower tun etwas viel Wichtigeres, als nur das Offensichtliche festzustellen, indem sie die offen repressiven Regime denunzieren: Sie machen die Unfreiheit öffentlich, die genau der Situation zugrunde liegt, in der wir uns als frei empfinden.

Dieses Merkmal ist nicht auf den digitalen Raum beschränkt. Es durchdringt die gesamte Form von Subjektivität, die die »permissive« liberale Gesellschaft auszeichnet. Da die Wahlfreiheit zu einem übergeordneten Wert erhoben wurde, können soziale Kontrolle und Beherrschung nicht mehr als Übertretung der subjektiven Freiheit erscheinen; sie muss als ebenjene Selbstwahrnehmung der Individuen als frei erscheinen (und von ihr aufrechterhalten werden). Diese Unfreiheit tritt häufig in der Gestalt ihres Gegenteils auf: Wenn uns die allgemeine Krankenversicherungspflicht vorenthalten wird, wird uns angeblich eine neue Wahlfreiheit gegeben (unseren Versicherungsanbieter selbst zu wählen), wenn wir uns nicht mehr auf eine dauerhafte Arbeitsstelle verlassen können und alle paar Jahre oder sogar alle paar Wochen einen neuen prekären Job suchen müssen, heißt es, wir hätten die Chance, uns neu zu erfinden und unser unbekanntes schöpferisches Potential zu entdecken; wenn wir für die Bildung unserer Kinder zahlen müssen, sagt man, wir würden nun »Selbstunternehmer« und wie Kapitalisten handeln, die frei wählen können, wie sie die Ressourcen investieren, die sie besitzen (oder geliehen haben) – in Bildung, Gesundheit, Reisen. Durch die andauernde Bombardierung mit solchen auferlegten »freien Entscheidungen«, durch den Zwang, Entscheidungen zu treffen, für die wir nicht qualifiziert sind (oder über die wir nicht genügend Informationen besitzen), erleben wir unsere Freiheit zunehmend als Last, die eine unerträgliche Angst auslöst. Unfähig, als isolierte Individuen aus diesem Teufelskreis allein auszubrechen, denn je freier wir handeln, desto versklavter wir durch das System sind, müssen wir aus diesem dogmatischen Schlummer falscher Freiheit durch den Anstoß einer Herrenfigur aufgeweckt werden.

Im Mai 2002 wurde berichtet, dass Wissenschaftler an der New York University einen Computerchip, der einfache Signale übertrug, direkt an das Hirn einer Ratte angeschlossen hatten, was ihnen erlaubte, die Bewegungen der Ratte mittels eines Lenkmechanismus zu kontrollieren (wie bei einem ferngesteuerten Auto). Zum ersten Mal war damit der »Wille« eines lebendigen Tiers, seine »spontanen« Entscheidungen über seine Bewegungen, von einer externen Maschine übernommen worden. Die große philosophische Frage ist hier natürlich, wie die unglückliche Ratte diese von außen gesteuerten Bewegungen »empfunden« hat: Hat sie sie weiterhin als »spontan« empfunden (in anderen Worten, war sie sich vollkommen unbewusst, dass die Bewegungen gelenkt worden waren?), oder bemerkte sie, dass etwas nicht stimmte? Und vielleicht liegt darin der Unterschied zwischen chinesischen Bürgern und uns, freien Bürgern der westlichen liberalen Länder: Die chinesischen menschlichen Ratten sind sich wenigstens bewusst, dass sie kontrolliert werden, während wir die dummen Ratten sind, die herumlaufen, ohne zu bemerken, wie unsere Bewegungen überwacht werden.

Entscheidend ist, dass die neue Enzyklopädie um Wiki-Leaks herum eine unabhängige internationale Basis erhält, so dass das erniedrigende Spiel, einen großen Staat gegen einen anderen auszuspielen (wie Snowden, der in Russland Zuflucht suchen musste), auf ein Minimum reduziert wird. Unser Grundsatz sollte sein, dass Snowden und Pussy Riot Teil desselben Kampfes sind – wir brauchen eine neue Internationale, ein internationales Netzwerk, um den Schutz der Whistleblower zu organisieren und ihre Botschaft zu verbreiten. Die Liste wächst bereits: Manning, Assange, Snowden ... und Utku Kalı, ein türkischer Gefreiter der Militärpolizei, der den Geheimdienstbericht durchsickern ließ, mit dem klarwurde, dass das Massaker in Reyhanlı, an der türkisch-syrischen Grenze (eine Explosion, die mehr als 170 Menschen am 17. Mai 2013 tötete, während die offizielle Zahl 53 lautete) von der radikalislamistischen Gruppe al-Nusra organisiert worden war. Direkt nach der Explosion machte die türkische Regierung Assads Regime in Syrien dafür verantwortlich, aber der Leak zeigte, dass die türkische Regierung bereits im Vorfeld davon wusste und nichts tat, um es zu verhindern – oder vielleicht sogar diese

Operation unter »falscher Flagge« leitete. Utku Kalı wurde sofort verhaftet und sitzt nun im Gefängnis, angeklagt, militärische Geheimnisse weitergegeben zu haben.[8] Solche Leaks geben einen Einblick in das, was hinter den Kulissen heute tatsächlich in Syrien vor sich geht.

Whistleblower sind unsere Helden, weil sie beweisen, dass, wenn sie – die Mächtigen – es tun können, wir es auch tun können. Wir hören heute oft, dass die Demokratie nur von der Graswurzelebene in lokalen Gemeinschaften aus erneuert werden kann, da die staatlichen Mechanismen zu verknöchert und unsensibel gegenüber den drängenden Bedürfnissen der Leute sind; allerdings rufen die Probleme, mit denen wir uns heute konfrontiert sehen, auch nach globalen Organisationen und Aktionsformen – der gute alte Nationalstaat ist gleichzeitig zu groß und zu klein. Die ideale Gegenkraft zum Staat wäre ein direktes Kurzschließen zwischen beiden Ebenen: lokale zivilgesellschaftliche Organisationen, die transnationale Netzwerke bilden. Das Problem ist dabei natürlich, dass die Protestierenden, die die Netzwerke bilden, eine klare Minderheit darstellen. Die Reaktion der großen Mehrheit auf Snowdens Enthüllungen, über die breit in den Medien berichtet wurde, lässt sich am besten zusammenfassen in den denkwürdigen Worten des letzten Liedes aus Altmans *Nashville*, gesungen von Barbara Harris: »Du kannst sagen, ich sei nicht frei, aber es kümmert mich nicht.« (»You may say I ain't free, but it don't worry me.«)

Vampire vs. Zombies

Der Kampf um die Kontrolle des Cyberspace ist im Grunde eine Klassenfrage, was beweist, dass der Klassenkampf lebendig und wohlauf ist. Als Präsident Obama beschuldigt wurde, den »Klassenkampf« in die Politik zu tragen, protzte Warren Buffet: »Es gibt vielleicht Klassenkampf, aber es ist meine Klasse, die Reichen, die Krieg führt, und wir gewinnen.«[9] Wenn Klassenkampf noch immer ein Anathema im öffentlichen amerikanischen Diskurs ist, so kehrt dieses Thema mit voller Kraft in Hollywood zurück. Man muss nicht lange nach Klassenkampf suchen – ob es uns gefällt oder nicht, wir finden ihn schnell und unverhofft. Denken wir an postapokalyptische Blockbuster (oder sogar Videospiele) wie Neill Blomkamps *Elysium* (2013), im Jahr 2154 angesiedelt, in dem die Reichen in einer gigantischen Raumstation leben, während der Rest der Bevölkerung auf einer zerstörten Erde lebt, die wie ein riesiges lateinamerikanisches Armenviertel aussieht.[10] Dieser Film ist der bislang letzte in einer Serie, die mit John Boormans *Zardoz* (1974) beginnt, der eine postapokalyptische Erde im Jahr 2293 zeigt, mehrheitlich bewohnt von den »Brutalen«, normalen Menschen, die unter elenden, gewalttätigen Bedingungen leben. Sie werden von den »Ewigen« beherrscht, die eine privilegierte Gruppe von Brutalen, genannt »Kämpfer Zardoz'« (im Original »Exterminators«), als ihre Kriegerklasse benutzen, um die normalen Brutalen unter Kontrolle zu halten. Die Kämpfer Zardoz' beten den Gott Zardoz an, einen großen, fliegenden, hohlen Steinkopf, dessen Botschaft lautet: »Waffen sind gut, der Penis ist schlecht. Der Penis verschießt Samen und bringt neues Leben hervor, um die Erde mit der Plage der Menschen zu vergiften wie früher einmal, aber die Waffen töten und reinigen die Erde von dem Schmutz der Brutalen. Macht weiter ... und tötet!« Die Zardoz-Gottheit versorgt die Kämpfer mit Waffen, während diese sie mit Getreide versorgen, um die Ewigen zu ernähren, die in Vortex leben, einer abgesonderten Gemeinschaft zivilisierter Menschen, beschützt von einem unsichtbaren Kraftfeld. Die unsterblichen Ewigen führen ein angenehmes, aber bedrückendes Leben, und wie vorherzusehen endet der Film mit der Zerstörung des Schutzschilds, so dass die Ewigen Sex und Sterblichkeit wiederentdecken.[11]

Diese Filme spielen in Gesellschaften, die radikal an Klassengrenzen entlang geteilt sind, in einer sehr spezifischen Weise – die Peter Sloterdijk in seinem *Im Weltinnenraum des Kapitals* beschrieben hat, einer schamlosen Bejahung der großen Erzählung unserer globalkapitalistischen Moderne.[12] Sloterdijk erklärt, dass das Weltsystem in der Endphase der Globalisierung seine Entwicklung vervollständigt hat und als kapitalistisches System alle Lebensbedingungen bestimmt. Das erste Zeichen dieser Entwicklung war der Kristallpalast in London, der Ort der ersten Weltausstellung von 1851: Er fing die unvermeidliche Exklusivität der Globalisierung als Erbauung und Ausdehnung eines Weltinnenraums ein, dessen Grenzen unsichtbar, aber von außen unüberwindlich sind und der von eineinhalb Milliarden Globalisierungsgewinnern bewohnt wird. Dreimal so viele stehen draußen vor der Tür. Infolgedessen ist »der Weltinnenraum [...] keine Agora und keine Verkaufsmesse unter offenem Himmel, sondern ein Treibhaus, das alles vormals Äußere nach innen gezogen hat«.[13] Dieses Innere, auf kapitalistischen Überschuss gebaut, bestimmt alles: »Die Haupttatsache der Neuzeit ist nicht, daß die Erde um die Sonne, sondern daß das Geld um die Erde läuft.«[14] Nach dem Prozess, der die Welt in den Globus verwandelt hat, konnte »sich das soziale Leben [...] nur in einem erweiterten Interieur, in einem hausartig geordneten und künstlich klimatisierten Binnenraum, abspielen [...]«.[15] Da kultureller Kapitalismus herrscht, sind alle weltformenden Aufstände eingeschlossen: »Unter solchen Bedingungen könnten keine historischen Ereignisse mehr eintreten, allenfalls Haushaltsunfälle.«[16]

Am 1. Dezember 2013 starben mindestens 13 Menschen, als eine chinesische Textilfabrik in einem Industriegebiet der italienischen Stadt Prato, zehn Kilometer von Florenz entfernt, niederbrannte und die Arbeiter in ihren auf dem Grundstück improvisierten Unterkünften tötete.[17] Der Unfall ereignete sich im Industriegebiet Macrolotto, das für seine große Anzahl von Textilfabriken bekannt ist. Riberto Pistonina, ein örtlicher Gewerkschaftsfunktionär, kommentierte: »Niemand kann sagen, dass er davon überrascht wurde, denn jeder weiß seit Jahren, dass in dem Gebiet zwischen Florenz und Prato Hunderte, wenn nicht Tausende Menschen unter sklavenähnlichen Bedingungen leben und arbeiten.«[18] Allein Prato hat fast 15 000 legal gemeldete Einwanderer (bei einer Gesamtbevölkerung von ca. 200 000) sowie mehr als 4000 Firmen in chinesischem Besitz. Man nimmt an, dass Tausende chinesischer Einwanderer illegal in der Stadt leben und bis zu 16 Stunden pro Tag für ein Netzwerk von Großhändlern und Werkstätten arbeiten, die billige Kleidung produzieren. Wir müssen also nicht auf das elende Leben am Rand der globalen Kuppel schauen, weit weg in den Vorstädten von Schanghai (oder wenigstens Dubai und Katar) und scheinheilig China kritisieren. Foxconn hat an dieser Stelle recht: In unserem eigenen Haus sehen wir es einfach nicht (oder genauer: Wir tun, als sähen wir es nicht).

Sloterdijk weist ganz richtig darauf hin, dass die kapitalistische Globalisierung nicht nur für Offenheit und Eroberung steht, sondern auch für einen in sich geschlossenen Globus, der das Innere vom Äußeren trennt. Die beiden Aspekte sind untrennbar: Die globale Reichweite des Kapitalismus gründet auf der Art und Weise, in der er eine radikale Klassentrennung über den gesamten Globus einführt und damit diejenigen, die von der Sphäre geschützt werden, von denjenigen außerhalb ihres Schutzes trennt.

Ein noch überraschenderes Beispiel des Klassenkampfs in Hollywood liefern die beiden Filme über Abraham Lincoln, die 2012 herauskamen: Spielbergs großer liberaler »hochwertiger« Wohlfühlfilm *Lincoln* und sein offensichtlich lächerlicher armer Cousin *Abraham Lincoln: Vampirjäger*. Wie ein Rezensent kommentiert hat, »wäscht Spielberg Lincoln genauso rein, wie Martin Luther King von unserer politischen Kultur reingewaschen worden ist, die Heilung und Einheit auf Kosten von Wahrheit und Gerechtigkeit betont«.[19] Unmittelbar vor dem Sieg im Bürgerkrieg gelingt es Lincoln, das Gesetz zur Abschaffung der Sklaverei durchzusetzen, durch »schlaue Juristerei, Klüngel und persönlichen Willen. Die Handlung konzentriert sich auf die regierenden Eliten und zeichnet Lincoln als den perfekten Insider.«[20] In scharfem Kontrast dazu zeigt *Abraham Lincoln: Vampirjäger*, »wie revolutionäre Veränderung durch die Militanz und Mobilisierung der Ausgegrenzten und Unterdrückten erreicht wird«.[21] Lincoln, dessen Mutter von Vampiren getötet wird, entdeckt, dass die Vampire auch hinter den konföderierten Sezessionisten stehen. Der Anführer der Vampire macht einen Handel mit Jefferson Davis: Die

Vampire werden der Konföderierten-Armee helfen, wenn der Süden den Vampiren regelmäßig schwarze Sklaven als Blutquelle für ihre Ernährung liefert. Als Lincoln dies herausfindet, benutzt er die Silberreserven der USA, um Silberkugeln für die Armee daraus gießen zu lassen, und sichert sich so den Sieg des Nordens in Gettysburg. Lächerlich? Ganz sicher. Aber diese Lächerlichkeit ist in sich ein Symptom ideologischer Repression oder mehr noch von psychotischer Verwerfung: Was aus dem Symbolischen ausgeschlossen wird, kehrt im Realen als Halluzination wieder, und was hier ausgeschlossen wird, ist der Klassenkampf in all seiner Brutalität. Man könnte die Hypothese formulieren, dass Horrorfilme die Klassenunterschiede im Gewand des Unterschieds zwischen Vampiren und Zombies fassen. Vampire sind wohlerzogen, exquisit und aristokratisch, und sie leben unter normalen Menschen, während Zombies ungeschickt, schwerfällig, schmutzig sind und von außen angreifen, wie ein primitiver Aufruhr der Ausgeschlossenen. Die Gleichung zwischen Zombies und der Arbeiterklasse wurde explizit in *White Zombie* (1932, Regie: Victor Halperin) in Szene gesetzt, dem ersten abendfüllenden Film über Zombies bevor der Hays Code, der direkte Verweise auf brutale Kapitalisten und den Arbeiterkampf verbot, die Hollywood-Filmproduktion zu regulieren begann. In diesem Film gibt es keine Vampire, aber bezeichnenderweise wird der Bösewicht, der die Zombies kontrolliert, von Béla Lugosi gespielt, der ein Jahr zuvor als Dracula berühmt geworden war. *White Zombie* spielt auf einer Plantage in Haiti, dem Schauplatz des berühmtesten Sklavenaufstands. Lugosi empfängt einen anderen Plantagenbesitzer und zeigt ihm seine Zuckerfabrik, wo die Arbeiter ebenfalls Zombies sind und sich, wie Lugosi sich zu erklären beeilt, nicht über lange

Arbeitszeiten beschweren, keine Gewerkschaften fordern, nie streiken, sondern einfach immer weiterarbeiten. So ein Film war nur vor der Einführung des Hays Code möglich.

Erst vor diesem Hintergrund des Klassenkampfs können wir die zugrundeliegende Logik von konfligierenden politischen Positionen erkennen. Alain Badiou[22] unterscheidet zwischen vier zeitgenössischen soziopolitischen Hauptorientierungen, und es ist einfach zu erkennen, wie sie wiederum ein Greimas'sches semiotisches Viereck bilden: zwischen (1) dem reinen liberalen globalen Kapitalismus; (2) seiner weicheren Wohlfahrtsstaatsversion (wir akzeptieren Kapitalismus, aber unter der Bedingung, dass er reguliert wird, um Krankenversicherung, Bildung, Solidarität mit den Armen usw. abzusichern); (3) direktem fundamentalistischem Antikapitalismus; (4) radikalen emanzipatorischen Bewegungen. Diese vier Positionen können entlang dreier Achsen angeordnet werden: Prokapitalismus (1-2) vs. Antikapitalismus (3-4); politische Rechte (1-3) vs. politische Linke (2-4); rein (1-4) vs. unrein (2-3), wobei »Reinheit« eine konsistente Position bezeichnet, die alle Konsequenzen aus ihrer grundlegenden (kapitalistischen oder antikapitalistischen) Prämisse zieht, während »unrein« einen Kompromiss bezeichnet (z.B. steht wohlfahrtsstaatliche Sozialdemokratie für kontrollierten, regulierten Kapitalismus, vielleicht vermischt mit Motiven universeller Solidarität und Gerechtigkeit). Möglicherweise gibt es noch zwei weitere Positionen: (5) autoritären Kapitalismus (wie den asiatischen Werte-Kapitalismus in Singapur und China); (6) was von der alten totalitären kommunistischen Linken übrig ist (Kuba, die Roten Khmer in Kambodscha, Nordkorea, maoistische Rebellen in Indien und Nepal). (5) ist rechts, prokapitalistisch und unrein; (6) ist links, antikapitalistisch und rein.

Einige Positionen spiegeln sich gegenseitig, beispielsweise stehen (5) und (2) in einem eindeutig spiegelbildlichen Verhältnis zueinander: Entlang der Achse rechts vs. links stehen sie einander gegenüber und versuchen, den Exzess des reinen liberalen Kapitalismus zu regulieren, die erste mit traditionellen Werten und einem autoritären Staat, die zweite mit den Instrumenten des Wohlfahrtsstaats. In ähnlicher Weise spiegeln sich (3) und (6) entlang der Achse rechts vs. links: Beide bemühen sich um einen Ausstieg aus dem kapitalistischen Universum, indem sie die Reorganisation des sozialen Lebens anstreben im Sinne eines »totalitären« Projekts einer »geschlossenen« Gesellschaft. Und schließlich spiegeln sich auch (1) und (4) an derselben Achse, indem beide jeweils die beiden Pole des grundlegenden soziopolitischen Antagonismus verkörpern: globaler Kapitalismus vs. seine emanzipatorische Überwindung. Der wesentliche Punkt besteht natürlich darin, (6) von (4) und (5) von (3) zu unterscheiden. Im Falle von (5), dem autoritären Kapitalismus, und (3), dem direkten reaktionären Antikapitalismus, scheint der Unterschied klar, aber de facto neigt er dazu, zu verschwinden. Alle »fundamentalistischen« religiösen Regime, wie antikapitalistisch ihre Rhetorik auch sein mag, tendieren dazu, einen Weg zu finden, sich nicht nur an den globalen Kapitalismus zu gewöhnen, sondern sich auch selbst perfekt in ihn zu integrieren (man denke an Saudi-Arabien). Im Fall (4) vs. (6) geschieht das Gegenteil: Sowohl das Regime der Roten Khmer wie eine authentische radikalemanzipatorische Bewegung sind rein, links und antikapitalistisch, aber es gibt einen viel radikaleren Unterschied als überall sonst, der sie trennt.

Um diesen Unterschied wahrzunehmen, ist es entscheidend, den Unterschied zwischen Aussagen zu erkennen, die ähnlich oder sogar identisch klingen. Beispielsweise ist ein roter Faden in den gerade sich ereignenden populären Revolten, vor allem in Spanien, die Ablehnung der gesamten, sowohl der rechten wie der linken »politischen Elite«. Sie werden alle als korrupt und abgehoben von den tatsächlichen Bedürfnissen der normalen Bürger zurückgewiesen. Eine solche Aussage kann allerdings zwei radikal gegensätzliche Positionen umfassen: einerseits die populistisch-moralistische Ablehnung der gesamten politischen Klasse (»sie sind alle gleich, die Politik ist eine Hure«), die regelmäßig den Ruf nach einem neuen Herrn und Meister in sich birgt, der das Nest der Korruption säubern und Ehrlichkeit einführen wird; andererseits etwas vollkommen anderes, ein wirkliches Aussteigen aus dem binären Gegensatz, der die Umrisse des hegemonialen politischen Raums definiert (Republikaner vs. Demokraten, Konservative vs. Labour). In diesem zweiten Fall besagt die zugrundeliegende Logik nicht »Sie sind alle gleich«, sondern »Natürlich ist unser Hauptfeind die kapitalistische Rechte, aber wir lehnen auch die Erpressung durch die etablierten Linken ab, die uns auffordern, sie als einzigen Weg zu unterstützen, die Rechten zu stoppen«. Diese zweite Position ist die des »Weder–noch«: Wir wollen X nicht, aber wir wollen auch nicht seine inhärente Negation, sein Gegenteil, das innerhalb desselben Felds verbleibt. Das bedeutet nicht »Sie sind alle gleich« (im Lacan'schen Sinn der Paradoxe von Nicht-alles, dem auf die Ausnahme gegründeten allem). »Sie sind alle gleich« bedeutet, dass wir die Ausnahme wollen, einen direkten/ehrlichen Politiker, frei von der gewöhnlichen korrupten Politik, gleich ob rechts oder links. Im Fall des »Weder–noch« ergibt sich allerdings aus der Negation der Rechten die (etablierte) Linke, aber die Negation der Linken ergibt nicht wieder Rechte, sondern eher eine Nicht-Linke, die linker ist als die (etablierte) Linke selbst.

Die Naivität des Zynikers

Um unseren Weg aus diesem Schlamassel zu finden, müssen wir aus unseren ideologischen Zwängen ausbrechen – aber wie? Ist dies heute noch eine mögliche Option, wenn der Zynismus der Mächtigen oft so direkt und offen zutage tritt, dass es anscheinend keinen Bedarf nach Ideologiekritik gibt? Warum sollten wir Zeit vergeuden und uns in mühsamen »symptomatischen Interpretationen« verlieren, um die Lücken und Repressionen im öffentlichen Diskurs der Mächtigen zu erkennen, wenn dieser Diskurs mehr oder weniger offen und schamlos seine partikularen Interessen einräumt? Nichtsdestoweniger gibt es eine Reihe von Problemen mit dieser These. Ein solcher Begriff einer zynischen Gesellschaft, in der die Mächtigen ungeschönt zugeben, was sie tun, ist keinesfalls ausreichend. Genau dann, wenn sie offen und »realistisch« zugeben, dass sich in letzter Instanz alles um Macht, Geld oder Einfluss dreht, machen sie einen großen Fehler; ihr illusionsloser Realismus ist genau die Form ihrer Blindheit. Was sie verhängnisvollerweise unterschätzen, ist die Wirksamkeit von Illusionen, die ihre gnadenlosen Machtspiele und Finanzspekulationen strukturieren und stützen. Zu Beginn von Hitlers Regierung waren es die großkapitalistischen Zyniker, die sich sagten: »Erlauben wir Hitler, die Macht zu übernehmen, dann werden wir die Linken los, und hinterher werden wir ihn wieder los.« Die Finanzkrise von 2008 wurde von den zynischen Bankern ausgelöst, die nach dem »Gier ist gut«-Prinzip handelten, nicht von blinden Idealisten. Darin liegt die Beschränkung von Sloterdijks alter Formel der zynischen Vernunft: »Sie wissen, was sie tun, aber sie tun es, weil Sachzwänge und Selbsterhaltungstriebe auf kurze Sicht dieselbe Sprache sprechen und ihnen sagen, es müsse sein.«[23] Sie sind den in der brutalen realistischen Einstellung enthaltenen Illusionen gegenüber blind. Erinnern wir uns an Marx' brillante Analyse, wie während der französischen Revolution von 1848 die konservativ-republikanische Ordnungspartei als Koalition zweier Zweige des Royalismus (Orléanisten und Legitimisten) im »namenlosen Reich der Republik«[24] fungierte. Die Parlamentsabgeordneten der Ordnungspartei betrachteten ihren Republikanismus als Spott: In den Parlamentsdebatten machten sie andauernd die Republik lächerlich, um klarzumachen, dass ihr wahres Ziel darin bestand, die Monarchie wieder einzuführen. Ihnen war nicht bewusst, dass sie in Bezug auf den gesellschaftlichen Einfluss ihrer Herrschaft einem Irrtum aufsaßen. Tatsächlich etablierten sie die Bedingungen der bürgerlichen republikanischen Ordnung, die sie so sehr verachteten (beispielsweise indem sie die Sicherheit von Privatbesitz garantierten). Es ist also nicht so, dass sie Royalisten waren, die nur eine republikanische Maske trugen: Obwohl sie sich selbst so sahen, war genau ihre »innere« royalistische Überzeugung die trügerische Maske, die ihre tatsächliche gesellschaftliche Rolle maskierte. Kurz, anstatt die verborgene Wahrheit ihres öffentlichen Republikanismus zu sein, war ihr ehrlicher Royalismus die phantasmatische Stütze ihres eigentlichen Republikanismus. Wie Marx es ausdrückte, täuschten die Royalisten sich selbst

> nicht minder über die Tatsache ihrer vereinigten Herrschaft. Sie begriffen nicht, daß, wenn jede ihrer Fraktionen, für sich getrennt betrachtet, royalistisch war, das Produkt ihrer chemischen Verbindung notwendig *republikanisch* sein mußte, daß die weiße und die blaue Monarchie sich neutralisieren mußten in der trikoloren Republik. Gezwungen durch den Gegensatz zu dem revolutionären Proletariat und den mehr und mehr um dasselbe als Zentrum sich hindrängenden Übergangsklassen, ihre vereinte Kraft aufzubieten und die Organisation dieser vereinten Kraft zu konservieren, mußte jede der Fraktionen der Ordnungspartei, den Restaurations- und Überhebungsgelüsten der andern gegenüber, die gemeinsame Herrschaft, d. h. die *republikanische Form* der Bourgeoisherrschaft geltend machen. So finden wir diese Royalisten im Anfang an eine unmittelbare Restauration glaubend, später die republikanische Form konservierend mit Wutschaum, mit tödlichen Invektiven gegen sie auf den Lippen, schließlich gestehen, daß sie sich nur in der Republik vertragen können und die Restauration aufs Unbestimmte vertagen. Der Genuß der vereinigten Herrschaft selbst stärkte jede der beiden Fraktionen und machte sie noch unfähiger und unwilliger, sich der anderen unterzuordnen, d. h. die Monarchie zu restaurieren.[25]

Marx beschreibt hier einen präzisen Fall pervertierter Libido-Ökonomie: Es gibt ein Ziel (die Restauration der Monarchie), das die Mitglieder der Gruppe als ihr wahres Ziel empfinden, das aber aus taktischen Gründen öffentlich verleugnet werden muss; das Vergnügen entsteht allerdings nicht aus den vielfältigen Weisen, sich über die Ideologie lustig zu machen, der sie öffentlich folgen müssen (Wut und Schmähungen gegen den Republikanismus), sondern aus dem unbestimmten Aufschub der Umsetzung ihres offiziellen Ziels (das ihnen erlaubt, geschlossen zu herrschen). Stellen wir uns folgendes Szenario vor: Ich bin privat unglücklich verheiratet, betrüge meine Frau die ganze Zeit und erkläre ihr meine Absicht, sie zugunsten meiner Geliebten zu verlassen, die ich wirklich liebe. Und während ich kleine Freuden aus den Schmähungen meiner Frau ziehe, entsteht das Genießen, das mich antreibt, aus dem unbestimmten Aufschub, meine Frau tatsächlich zu verlassen. Um wieder zur Politik zurückzukommen: Waren nicht die amerikanischen Republikaner während Ronald Reagans Regierung der Ordnungspartei sehr ähnlich? Ihre Orléanisten waren die neotechnologischen liberalen Kapitalisten, und ihre Legitimisten die gegen das Establishment gerichteten Populisten (die sich später in die Tea-Party-Bewegung verwandelten) – sie hassten einander, aber sie wussten, dass sie nur zusammen herrschen konnten, so dass jeder von ihnen die Maßnahmen, die ihnen wirklich wichtig waren, endlos aufschob (wie das Abtreibungsverbot). Dies ist die Formel heutiger zynischer Politik: Die Betrogenen sind in Wirklichkeit die Zyniker selbst, die sich nicht bewusst sind, dass ihre Wahrheit in dem liegt, was sie verhöhnen, und nicht in ihren verborgenen Glaubenssätzen. Zynismus an sich ist eine perverse Haltung: Sie verschiebt auf ihre anderen (nichtzynischen) Betrogenen ihre eigene Spaltung. Aus diesem Grund ist perverses Handeln, wie Freud hervorgehoben hat, keine offene Zurschaustellung des Unbewussten, sondern seine größte Vernebelung.

An Henry Kissinger, dem zynischen Realpolitiker par excellence, ist eines besonders auffällig: wie vollkommen falsch er mit allen seinen Voraussagen lag. Als den Westen 1991 die Nachrichten über den Militärputsch gegen Gorbatschow erreichten, erkannte er das neue Regime (das drei Tage später schmachvoll zusammenbrach) sofort als Tatsache an. Kurz, als sozialistische Regime bereits lebende

Tote waren, zählte er auf einen haltbaren Pakt mit ihnen. Dieses Beispiel zeigt perfekt die Grenzen des Zynismus: Zyniker sind Lacans *les non-dupes qui errent* (die Nicht-Genarrten, die irren); was sie nicht erkennen, ist die symbolische Wirksamkeit von Illusionen, die Art und Weise, in der Illusionen die Handlungen regeln, die die soziale Realität hervorbringen. Die Position des Zynismus ist die der Weisheit – der paradigmatische Zyniker erzählt einem privat, in vertraulich gedämpftem Ton: »Verstehst du nicht, dass sich alles um Geld/Macht/Sex dreht, dass alle höheren Prinzipien nur leere, wertlose Phrasen sind?« In diesem Sinne glauben Philosophen tatsächlich an die Macht der Ideen, sie glauben, dass Ideen die Welt regieren, und Zyniker tun vollkommen recht daran, sie dieser Sünde zu bezichtigen – was Zyniker aber nicht sehen, ist ihre eigene Naivität, die Naivität ihrer zynischen Weisheit. Die Philosophen sind die eigentlichen Realisten: Sie sind sich wohlbewusst, dass die zynische Position unmöglich und inkonsistent ist, dass Zyniker tatsächlich dem Prinzip folgen, das sie öffentlich verspotten. Stalin war ein wahrhafter Zyniker – aber aus genau diesem Grund glaubte er ehrlich an den Kommunismus.

Die allgemeine theoretische Einsicht, die dieser Blindheit des Zynismus zugrunde liegt, ist, dass eine Ideologiekritik eine Theorie konstruierter Ignoranz enthalten muss. So wie Wissen ist auch Ignoranz ein soziales Konstrukt in seinen »fifty shades«, von einfacher unmittelbarer Ignoranz, bei der wir nicht wissen, dass wir nicht wissen, bis zum höflichen Ignorieren dessen, was wir sehr wohl wissen, über alle Zwischenebenen, besonders des institutionellen Unbewussten.[26] Denken wir an die liberale Vereinnahmung Martin Luther Kings, ein beispielhafter Fall von Ent-Lernen. Henry Louis Taylor bemerkte kürzlich:

> Jeder, selbst das kleinste Kind, kennt Martin Luther King und kann sagen, dass sein berühmtester Moment die »I have a dream«-Rede war. Niemand weiß aber mehr als diesen einen Satz. Wir wissen nur, dass dieser Mann einen Traum hatte. Wir wissen nicht, worin sein Traum bestand.[27]

Es war ein ziemlich langer Weg für King zu den Massen, die ihm im März 1963 beim Marsch auf Washington zujubelten, wo er als der »moralische Führer unserer Nation« präsentiert wurde: Indem er sich Themen jenseits der Rassentrennung angenommen hatte, hatte er viel von seiner öffentlichen Unterstützung verloren, und man fing an, ihn als Paria zu sehen. Wie Harvard Sitkoff ausdrückte, nahm er sich der Themen Armut und Militarismus an, weil er sie für wesentlich hielt, »Gleichheit zu etwas Realem zu machen, nicht nur ethnische Verbrüderung, sondern tatsächliche Gleichheit«.[28] In Badious Begriffen formuliert, folgte King dem »Axiom der Gleichheit« weit über das Thema der Rassentrennung hinaus: Er war zum Zeitpunkt seines Todes mit Fragen von Armut und Krieg befasst. Er hatte sich gegen den Vietnamkrieg ausgesprochen und befand sich in Memphis zur Unterstützung der streikenden Müllarbeiter, als er im April 1968 getötet wurde. »King zu folgen bedeutete, dem unpopulären Weg, nicht dem populären, zu folgen.«[29] Kurz gesagt, King zu einer moralischen Ikone zu erheben beinhaltete eine systematische Auslöschung dessen, was über ihn bekannt war.

Ein weiterer Fall systematischen Ent-Lernens betrifft die Psychoanalyse: wie Gerard Wajcman richtig beobachtet hat, wird Freuds grundlegende Einsicht in die kindliche Sexualität in unseren permissiven Zeiten, in denen alle sexuellen Tabus und Unterdrückungen gebrochen werden und so die Psychoanalyse obsolet zu machen scheinen, seltsam ignoriert:

> Das einzige verbleibende Verbot, der eine heilige Wert in unserer Gesellschaft, der zu überdauern scheint, hat mit Kindern zu tun. Es ist verboten, ein Haar ihrer kleinen blonden Köpfe zu berühren, als ob Kinder die engelhafte Reinheit wiederentdeckt hätten, über die Freud einigen Zweifel gebracht hatte. Und es ist zweifellos die teuflische Figur Freuds, die wir heute verdammen, weil wir ihn als denjenigen sehen, der ganz einfach unsere jungfräuliche Kindheit verdorben hat, indem er die Beziehung zwischen Kindheit und Sexualität aufdeckte. In einer Zeit, in der Sexualität an jeder Straßenecke zur Schau gestellt wird, ist das Bild des unschuldigen Kindes mit voller Kraft zurückgekehrt.[30]

Man könnte endlos ähnliche Fälle aufzählen – es genüge an dieser Stelle, sich das systematische Ent-Lernen der Tatsachen über ein kolonisiertes Volk ins Gedächtnis zu rufen, das von den Kolonialherren aufgezwungen wird. Dieses Ent-Lernen betrifft nicht nur die Fakten, sondern mehr noch den ideologischen Raum, der die Koordinaten unseres Verständnisses der »Primitiven« zur Verfügung stellt. (Als beispielsweise frühe Ethnologen einen Stamm fanden, dessen Totem ein Vogel war, schrieben sie den Stammesmitgliedern automatisch den lächerlichen Glauben zu, sie stammten von diesem Vogel ab.) Aber die grundlegendste Ignoranz liegt im Gesetz: Es betrifft seine eigene obszöne Kehrseite.

Am 3. Dezember 2013 berichtete die israelische Zeitung *Haaretz*, dass ultraorthodoxe Anstandspatrouillen Brillen mit speziellen Aufsätzen zum Verschwommen-Sehen verkauften: Die Brillen ermöglichten eine klare Sicht auf einige Meter, so dass die Fortbewegung nicht eingeschränkt war, aber alles darüber hinaus wurde verschwommen – einschließlich der Frauen.[31] An dieser Linie entlang kann man sich aggressive Zionisten vorstellen, die Brillen verkaufen, die Palästinenser und ihre Bauten verschwimmen lassen, so dass man das Gelobte Land so sieht, wie es hätte sein sollen.

Die obszöne Kehrseite des Gesetzes

Der Legende nach fuhr Alfred Hitchcock einmal durch eine kleine Schweizer Stadt, als er plötzlich mit dem Finger auf etwas zeigte, das er durch die Fensterscheibe sah, und sagte: »Das ist die schrecklichste Szene, die ich je gesehen habe!« Ein Freund, der neben ihm saß, schaute in die Richtung des Fingers und war überrascht: Er sah nichts Ungewöhnliches, nur einen Priester, der, während er mit einem Jungen sprach, seine Hand auf den Arm des Jungen gelegt hatte. Hitchcock hielt an, kurbelte die Scheibe herunter und rief: »Lauf, Junge, rette dein Leben!« Während man diese Anekdote als Demonstration von Hitchcocks exzentrischem und publikumswirksamem Auftreten halten kann, führt es uns zugleich in das »Herz der Finsternis« der katholischen Kirche – wie genau?

Klären wir diese Frage anhand einer Reihe von Beispielen aus verschiedenen Bereichen. In einer Episode aus Monty Pythons *Der Sinn des Lebens* fragt ein Lehrer seine Schüler, wie man die Vagina erregt. Gefangen in ihrer Ignoranz, blicken die Schüler betreten zu Boden und stammeln Halbsätze, während der Lehrer sie dafür zurechtweist, dass sie das Thema nicht zu Hause geübt haben. Mit Hilfe seiner

Frau führt er daraufhin die Penetration des Penis in die Vagina vor. Gelangweilt wirft ein Schüler einen flüchtigen Blick durchs Fenster, und der Lehrer fragt ihn sarkastisch: »Könntest du uns wohl verraten, was da draußen so interessant ist?« Diese Szene ist so unheimlich, weil sie glasklar die Art und Weise in Szene setzt, in der sexuelle Lust von einem Imperativ des Über-Ichs gestützt wird: Sie kommt nicht spontan, sondern ist eine Pflicht.

Der Anfang der Sequenz macht diesen Punkt noch klarer. Die Schüler warten auf den Lehrer, langweilen sich auf ihren Bänken, gähnen und gucken in die Luft. Als der Schüler an der Tür ruft: »Der Lehrer kommt!«, brechen die Schüler in wildes Schreien aus, werfen Papier herum, rütteln an den Tischen usw. – all die Dinge, die man von Schülern erwartet, während der Lehrer abwesend ist, so dass der Lehrer bei seinem Eintreffen ärgerlich sein und mit ihnen schimpfen kann: »Hört auf mit dem Zirkus! Ruhe!« Die Szene macht deutlich, dass sich der »transgressive« Aufruhr, der den Lehrer verärgert, tatsächlich gegen ihn richtet – es handelt sich nicht um spontanes Vergnügen, sondern um etwas speziell für den Lehrer Aufgeführtes. Gilt nicht auch für die meisten Formen des Vergnügens, dass es sich nicht um spontane Ausbrüche handelt, sondern um etwas durch Nachahmung Gelerntes, eine erworbene Vorliebe? Denken wir an die erste Erfahrung des Rauchens oder Trinkens: Fast gesetzmäßig ist es ein etwas älterer Freund, der einem geheimnisvoll sagt, dass Erwachsene das tun, und dann eine Zigarette oder einen Drink anbietet. Die erste Reaktion ist, wie zu erwarten, Abscheu, man hustet, spuckt es aus und ruft: »Das soll gut sein?« Dann lernt man nach und nach, es zu genießen, und wird möglicherweise sogar abhängig. (Selbst Coca-Cola funktioniert so: Wenn man sie zum ersten Mal probiert, erkennt man sofort, warum sie mit ihrem bitteren Geschmack zuerst als Medizin eingeführt wurde.) Wenn man einfach unmittelbaren Genuss will, lässt man sich eher nicht auf Tabak und Alkohol ein – ein guter Fruchtsaft oder Kakao sind viel besser. Gilt das nicht letztlich auch für Sex? Ein unmittelbarer Lustgewinn liegt eher in der rhythmischen Selbstbefriedigung und mit Sicherheit nicht in der komplexen Anstrengung einer vollständigen Kopulation, die – wiederum – erlernt werden muss.

Eine ähnliche Lehre lässt sich aus dem Fluchen ziehen. Es könnte scheinen, dass man, wenn man inmitten eines höflichen Gesprächs wirklich wütend wird und sich nicht mehr zurückhalten kann, in wildes Fluchen ausbricht … aber ist das wirklich so? Ich pflege mit (einigen) guten Freunden ein Ritual: In den ersten Minuten des Wiedersehens ergehen wir uns in einem formelhaften Austausch von wüsten und geschmacklosen Beschimpfungen (alles, was man sich von »Fick deine Mutter in den Arsch« bis »Du sollst in deiner eigenen Scheiße ersticken« usw. ausdenken kann); wenn wir genug haben, signalisieren wir mit einem kurzen Kopfnicken, dass das langweilige, aber unvermeidliche Begrüßungsritual vorbei ist, erleichtert, dass wir unsere Pflicht erledigt haben, entspannen wir uns und fangen ein normales, höfliches Gespräch an als die freundlichen und rücksichtsvollen Personen, die wir eigentlich sind. Noch einmal: Die Lehre besteht darin, dass Vergnügungen spontan sein können, die exzessiven Freudenausbrüche aber nie spontan sind – sie müssen auf die harte Tour erlernt werden.

Wir könnten diese Lehre auch auf Fälle kollektiver Gewalt übertragen wie Gruppenvergewaltigungen und Morde. Eine der beängstigenden Wirkungen der Ungleichzeitigkeit verschiedener Ebenen von gesellschaftlichem Leben ist die Zunahme von Gewalt gegen Frauen – nicht einfach beliebige Gewalt, sondern systemische Gewalt, die einen spezifischen sozialen Kontext hat, einem Muster folgt und eine klare Botschaft übermittelt. Wir waren zu Recht über die Gruppenvergewaltigungen in Indien erschüttert, trotzdem war das weltweite Echo auf diese Fälle verdächtig. Wie Arundhati Roy hervorhob, lag der Grund für diesen einhelligen Ausbruch moralischer Verurteilung darin, dass die Vergewaltiger arm waren. Vielleicht wäre es also empfehlenswert, unsere Wahrnehmung zu erweitern und andere, ähnliche Phänomene einzubeziehen. Die Serienmorde an Frauen in Ciudad Juárez an der mexikanisch-texanischen Grenze sind nicht einfach private Pathologien, sondern ritualisierte Handlungen, Teil der Subkultur lokaler Gangs (erst Gruppenvergewaltigung, dann Folter bis zum Tod, einschließlich des Abschneidens der Brustwarzen mit Scheren), die sich gegen alleinstehende junge Frauen richten, die in neuen Montagefabriken arbeiten – ein klarer Fall von Macho-Reaktion gegen die neue Klasse unabhängig arbeitender Frauen.[32] Noch unerwarteter sind die Serienvergewaltigungen und Morde an Aborigine-Frauen im Westen Kanadas, in der Nähe eines Reservats bei Vancouver, die Kanadas Behauptung, ein Modell eines toleranten Wohlfahrtsstaats zu sein, Lügen strafen: Eine Gruppe weißer Männer entführt, vergewaltigt und tötet die Frauen, legt die verstümmelten Leichen im Territorium des Reservats ab, so dass sie unter die Rechtsprechung der Stammespolizei fällt, die wiederum vollkommen unvorbereitet ist, mit solchen Fällen umzugehen. Wenn die kanadischen Behörden kontaktiert werden, beschränken sie ihre Untersuchung meist auf die indigene Bevölkerung, um das Verbrechen als Fall örtlicher familiärer Gewalt im Zusammenhang mit Drogen und Alkohol darzustellen.[33] In all diesen Fällen provozieren die aus der schnellen Industrialisierung und Modernisierung entstandenen sozialen Verwerfungen die brutale Reaktion von Männern, die diese Entwicklung als bedrohlich empfinden. Das entscheidende Merkmal all dieser Fälle ist, dass der Gewaltakt kein spontaner Ausbruch roher, brutaler Energie ist, der die Ketten zivilisierter Bräuche sprengt, sondern erlernt, von außen auferlegt, ritualisiert und Teil der symbolischen Substanz einer Gemeinschaft ist. Was für die Augen des »unschuldigen« öffentlichen Blicks unterdrückt bleibt, ist nicht die grausame Brutalität der Handlung, sondern genau ihr »kultureller«, ritualisierter Charakter des symbolischen Brauchs.

Dieselbe pervertierte sozialrituelle Logik liegt den Pädophilie-Fällen zugrunde, die die katholische Kirche andauernd erschüttern: Wenn die Kirchenvertreter darauf bestehen, dass diese Fälle, so bedauerlich sie sein mögen, ein internes Problem seien, und sich sträuben, mit der Polizei in ihren Ermittlungen zusammenzuarbeiten, haben sie in gewisser Weise recht. Die Pädophilie der katholischen Priester ist nichts, was nur diejenigen betrifft, die aus privaten Gründen zufällig Priester geworden sind ohne Verbindung zur katholischen Kirche als Institution; es ist ein Phänomen, das die katholische Kirche als solche betrifft, das in ihre Funktionsweise als soziosymbolische Organisation eingeschrieben ist. Es betrifft nicht das »private« Unbewusste von Individuen, sondern das »Unbewusste« der Institution selbst. Es ist nicht etwas, das geschieht, weil die Organisation sich an die pathologische Realität des libidinösen Lebens anpassen muss, um zu überleben, sondern etwas, das die Institution selbst benötigt, um sich zu reproduzieren. Man kann sich sehr gut einen nichtpädophilen Priester vorstellen, der nach Jahren des Dienstes in Pädophilie verwickelt wird, weil die Logik der Institution selbst ihn dazu verführt. Ein solches institutionelles Unbewusstes bezeichnet die obszöne uneingestandene Kehrseite, die, eben weil sie uneingestanden ist, die öffentliche Institution stützt. (In der Armee besteht die Kehrseite in obszönen sexualisierten Ritualen, die den Gruppenzusammenhalt stützen.) In anderen Worten geht es nicht einfach darum, dass die Kirche aus Konformismus versucht, ihre peinlichen pädophilen Skandale zu vertuschen; indem sie sich verteidigt, verteidigt die Kirche ihr innerstes obszönes Geheimnis. Das bedeutet, dass die Identifikation mit diesem Geheimnis ein wesentlicher Bestandteil ebenjener Identität eines christlichen Priesters ist: Wenn ein Priester ernsthaft (nicht nur rhetorisch) diese Skandale öffentlich macht, schließt er sich damit selbst aus der Kirchengemeinschaft aus. Er ist nicht mehr »einer von uns« (in genau der Weise, wie ein Bürger, der im Süden der USA in den 1920er Jahren den Ku-Klux-Klan anzeigte, sich selbst aus seiner Gemeinschaft ausschloss, das heißt ihre grundlegende Solidarität verriet).[34]

Strukturell ähnliche Fälle sind überall in der Art und Weise zu finden, in der Autorität wirkt. Während der langen Regierungszeit Kemal Atatürks, des »Vaters« der modernen Türkei, vom Ende des Ersten Weltkriegs bis zu seinem Tod in den 1930er Jahren, gab es anhaltende Gerüchte unter den Türken, dass er, in Kontrast zu seinem offiziellen Bild als asketischer, Tag und Nacht arbeitender Führer, ein großer Playboy war, der mit den Frauen seiner Mitstreiter schlief. Die Informierten behaupten allerdings, dass der wirkliche Atatürk mindestens seit Mitte der 1920er Jahre ein impotenter Alkoholiker war, der nur gelegentlich in der Lage war, mit sehr kleinen Jungen seinen Spaß zu haben – das Gerücht über seine seriellen Verführungen war ein sorgsam verbreiteter offizieller Mythos. Interessant daran ist, dass das Gerücht, wenn auch offiziell bestritten (man lief sogar Gefahr, schwer bestraft zu werden, wenn man zu viel über Atatürks Promiskuität sprach), von genau den Behörden diskret propagiert wurde, die unnachgiebig diejenigen bestraften, die Atatürks offizielles Bild beschmutzten, indem sie Geschichten über seine erotischen Abenteuer verbreiteten, und das spielte eine entscheidende Rolle in der Aufrechterhaltung seiner Aura. Man kann sich leicht eine peinliche Situation in der Türkei der 1930er Jahre vorstellen: In einer öffentlichen Versammlung greift ein offizieller kemalistischer Sprecher diejenigen an, die schmutzige Gerüchte über die Promiskuität des Führers verbreiten; ein unbekannter Mann im Publikum steht auf und pflichtet dem Sprecher bei, indem er betont, dass jeder weiß, wie vollkommen falsch die Gerüchte über Atatürks sexuelle Leistungsfähigkeit sind. Obwohl er nur bestätigt, was der offizielle Sprecher behauptet, bestreitet er dadurch die obszöne Gegenseite der offiziellen Ideologie. Das heißt, als der offizielle Sprecher die Gerüchte über Atatürk bestritt, wusste jedermann, dass dies nur pro forma geschah und eigentlich ihre Wahrheit als etwas bestätigte, über das man in der Öffentlichkeit nicht sprechen darf.[35]

Um zur katholischen Kirche zurückzukommen: Im Sommer 2012 ereignete sich in Slowenien eine fast klinisch reine Darbietung der Obszönität der katholischen Kirche. Sie involvierte zwei Akteure, den konservativen Kardinal Franc Rode, einen Slowenen mit dem höchsten Rang innerhalb der Kirchennomenklatura, und Alojz Uran, den Erzbischof, der vom Vatikan zuerst abgesetzt wurde und dann sogar

Slowenien verlassen musste, bis gewisse Anschuldigungen gegen ihn geklärt waren. Da Uran sehr beliebt unter den Katholiken war, gelangten Gerüchte darüber in Umlauf, welches Vergehen wohl seine außerordentlich harte Strafe gerechtfertigt haben könnte. Nach etwa einer Woche peinlichen Schweigens sagten die Kirchenvertreter zähneknirschend, dass Uran im Verdacht stünde, Vater eines unehelichen Kindes zu sein – eine Erklärung, die aus einer Reihe von Gründen auf allgemeinen Zweifel stieß. Zum einen waren Gerüchte über Urans Vaterschaft seit Jahrzehnten in Umlauf, warum also hatte die Kirche nicht früher Maßnahmen ergriffen, als Uran zum Erzbischof von Slowenien ernannt worden war? Zum anderen hatte Uran selbst öffentlich geäußert, er sei bereit, sich einem DNA-Test zu unterziehen, um zu beweisen, dass er nicht der Vater war. Aber schließlich und endlich ist wohl bekannt, dass in der slowenischen Kirche seit Jahren ein Kampf zwischen Konservativen (unter ihnen Rode) und Gemäßigten (darunter Uran) tobte. Was immer die Wahrheit ist, die Öffentlichkeit war jedenfalls schockiert von dem doppelten Standard, den die katholische Nomenklatura demonstrierte: Während Uran gezwungen wurde, Slowenien zu verlassen, lediglich aufgrund des *Verdachts*, er könnte Vater eines Kindes sein, war die Kirche in unzähligen Pädophilie-Fällen ungleich nachsichtiger – diese Fälle wurden nie der Polizei gemeldet, der schuldige Priester wurde nie bestraft, sondern nur in einen anderen Teil Sloweniens versetzt, die Eltern der missbrauchten Kinder wurden unter Druck gesetzt, die Dinge nicht an die große Glocke zu hängen, usw.[36]

Was alles noch schlimmer machte, war der offene, zynische »Realismus«, den Kardinal Rode an den Tag legte: In einem Radiointerview sagte er, »das ist statistisch ein irrelevantes Problem – einer oder höchstens zwei von hundert Priestern hat eine Art Affäre gehabt.«[37] Was die Aufmerksamkeit des Publikums sofort weckte, war der Ausdruck »eine Art Affäre«, als Euphemismus für Pädophilie: Das brutale Verbrechen, Kinder zu vergewaltigen, wurde als normale Demonstration von abenteuerlustiger »Lebhaftigkeit« dargestellt (ein weiterer von Rode verwendeter Begriff), und wie Rode in einem anderen Interview witzelte: »Im Verlauf von vierzig Jahren sollte man einige kleinere Sünden erwarten, oder nicht?«[38] Dies ist katholische Obszönität in Reinform: keine Solidarität mit den Opfern (Kindern), und unter der Haltung aufrechter Moral findet sich die kaum verhohlene Solidarität mit den Tätern im Namen eines zynischen Realismus (so ist das Leben, auch Priester können abenteuerlustig und lebhaft sein …). Am Ende scheinen die einzigen wirklichen Opfer allein die Kirche und die Täter selbst zu sein, die sich einer unfairen Medienkampagne ausgesetzt sehen. Diese Grenzen werden deutlich gezogen: Pädophilie ist unsere Angelegenheit, unser eigenes schmutziges Geheimnis und wird, in dieser Weise normalisiert, die geheime Grundlage unserer Normalität, während die Vaterschaft eine echte Übertretung ist, die schroff zurückgewiesen werden muss – oder wie G.K. Chesterton es vor hundert Jahren in seiner *Orthodoxie* ausdrückte (der vollen Konsequenzen seines Wortes natürlich nicht bewusst):

> Zwar zieht sich um das Christentum herum ein strenger Schutzwall aus Verzichtsmoral und Geistlichkeit; aber innerhalb dieses unmenschlichen Schutzwalls findet man das uralte Leben der Menschen, dort hüpfen sie wie Kinder und trinken Wein wie Männer; denn das Christentum ist der einzige Rahmen für heidnische Freiheit.[39]

Die perverse Schlussfolgerung ist hier unvermeidlich: Willst du den heidnischen Traum eines angenehmen Lebens genießen, ohne den Preis melancholischer Trauer zu bezahlen? Wähle das Christentum! Wir können Spuren dieses Paradoxes in der Figur des katholischen Priesters (oder der Nonne) als höchstem Träger sexueller Weisheit finden. Denken wir an die vermutlich kraftvollste Szene aus *Meine Lieder, meine Träume* [Originaltitel: *The Sound of Music*]: Nachdem Maria aus der Familie von Trapp zurück in ihr Kloster geflohen ist, weil sie nicht in der Lage ist, mit ihrer sexuellen Anziehung zu Baron von Trapp umzugehen, findet sie keinen Frieden, weil sie sich noch immer nach dem Baron sehnt. Die Schwester Oberin bestellt sie ein und rät ihr, zur Familie von Trapp zurückzukehren und ihre Beziehung zum Baron zu klären. Sie trifft diese Aussage in einem verrückten Lied mit dem Titel »Climb Every Mountain!«, dessen überraschendes Motiv ist: Tu es! Riskiere es und versuche alles, wonach dein Herz sich sehnt! Erlaube keinen kleinlichen Überlegungen, sich dir in den Weg zu stellen! Die unheimliche Macht dieser Szene liegt in der unerwarteten Zurschaustellung des Spektakels des Begehrens, das die Szene wahrhaft *peinlich* macht: Genau die Person, von der man eine Predigt über Enthaltsamkeit und Verzicht erwarten würde, erweist sich als Agent der Treue zum eigenen Begehren. Heutzutage, wo allenthalben Pädophilie-Fälle ans Licht kommen, kann man sich leicht eine neue Version der Szene aus *Meine Lieder, meine Träume* vorstellen: Ein junger Priester kommt zum Abt, beklagt sich, dass er sich immer noch zu Jungen hingezogen fühlt, und bittet um weitere Bestrafung.

Dies ist der innere Widerspruch im Herzen der kirchlichen Identität, der sie zur größten antichristlichen Kraft macht. Der Legende zufolge nahm Napoleon 1804, als sich der Papst ihm näherte, um ihm die Kaiserkrone aufzusetzen, diese aus der Hand und setzte sie sich selbst auf den Kopf. Der Papst witzelte: »Ich weiß, dass es Ihr Ziel ist, das Christentum zu zerstören. Aber glauben Sie mir, Sie werden daran scheitern – die Kirche versucht dies seit 2000 Jahren und hat es noch nicht erreicht …« Mit Leuten wie Kardinal Rode aus Slowenien können wir sehen, wie hart die Kirche noch immer daran arbeitet, und es gibt keinen Grund, sich an dieser traurigen Tatsache zu erfreuen – das christliche Erbe ist zu kostbar und relevanter denn je. In *Beiträge zum Begriff der Kultur* bemerkte T. S. Eliot, dass es Momente gibt, in denen die einzige Wahl zwischen Häresie und Unglaube besteht, in denen die einzige Weise, eine Religion am Leben zu halten, die ist, eine sektiererische Abspaltung von ihrem Hauptkörper zu praktizieren. Genau das muss heute getan werden.

Über-Ich oder das verbotene Verbot

Diese innere Inkonsistenz der ideologisch-rechtlichen Ordnung ist nicht auf kirchliche Institutionen begrenzt – einer der auffälligsten Fälle ist heute China. Wie reagieren offizielle kommunistische Theoretiker, wenn sie mit einem allzu deutlichen Widerspruch konfrontiert werden: eine kommunistische Partei, die sich selbst noch in marxistischen Begriffen legitimiert, aber auf die grundlegende marxistische Prämisse verzichtet, die der Selbstorganisation der Arbeiter als revolutionäre Kraft, um den Kapitalismus zu stürzen? Man kann den Eindruck kaum vermeiden, dass hier alle Mittel der legendären chinesischen Höflichkeit mobilisiert werden; es wird als unhöflich erachtet, solche Fragen direkt zu stellen (oder auf ihnen zu bestehen). Der Rückgriff auf Höflichkeit ist notwendig, weil es die einzige Möglichkeit ist, das zu verbinden, was sich nicht verbinden lässt: den Marxismus als offizielle Ideologie durchzusetzen, während das offene Verbot seiner grundlegenden Axiome den Zusammenbruch des gesamten ideologischen Gebäudes nach sich ziehen und es damit bedeutungslos machen würde. Das Ergebnis ist, dass zwar manche Dinge eindeutig verboten sind, dieses Verbot aber öffentlich nicht deutlich ausgesprochen werden darf, sondern selbst verboten ist. Es ist nicht nur verboten, die Frage nach der Selbstorganisation der Arbeiter gegen die kapitalistische Ausbeutung als zentrale Lehre des Marxismus zu stellen, sondern auch, öffentlich zu behaupten, dass es verboten sei, diese Frage zu stellen.[40] In dieser Weise verletzen wir das, was Kant die »transzendentale Formel des öffentlichen Rechts« genannt hat: »Alle auf das Recht anderer Menschen bezogene Handlungen, deren Maxime sich nicht mit der Publizität verträgt, sind unrecht.« Ein geheimes Gesetz, das den Subjekten unbekannt ist, würde den willkürlichen Despotismus derjenigen legitimieren, die ihn ausüben – vergleichen wir mit dieser Formel den Titel einer neueren Reportage über China: »Selbst was geheim ist, ist ein Geheimnis in China.«[41] Lästige Intellektuelle, die über politische Unterdrückung, ökologische Katastrophen und ländliche Armut berichten, kommen wegen Geheimnisverrats für Jahre ins Gefängnis. Der Haken ist, dass viele der Gesetze und Regulierungen, die das Regime des Staatsgeheimnisses ausmachen, selbst geheim sind, so dass es für die Individuen schwierig ist zu wissen, wie und wann sie eine Übertretung begehen – und

Snowdens Enthüllungen haben deutlich gemacht, wie sehr die Behörden, die die geheimen Pläne der Terroristen überwachen, auf chinesische Art funktionieren.

Eine solche selbstbezügliche Verdoppelung des verbietenden Gesetzes, das selbst verboten wird, verwandelt es in ein traumatisches Reales, was uns wieder zum Über-Ich zurückführt – dem Freud'schen Namen für ein Gesetz, das als Real-Unmögliches fungiert. In der Gerichtssaal-Szene von *Der Kaufmann von Venedig* befiehlt Portia, als Balthazar verkleidet, Shylock, den Gerichtssaal nicht zu verlassen, nachdem er den Streit um das Pfund Fleisch verloren hat: »Wart', Jude, Das Recht hat andern Anspruch noch an dich.«[42] Welches Gesetz? Das obszöne Gesetz des Über-Ichs, die Gegenseite der Gnade (rechtlich gesehen Unsinn) – du wolltest es (ein Pfund Fleisch), du *musst* es also bekommen! Es gibt hier einen ironischen Verweis auf Paulus' Behauptung, dass Christen keine äußere Beschneidung brauchen, sondern eine Beschneidung des Herzens – und es ist, als würde *Der Kaufmann von Venedig* dies im wahrsten Sinne des Wortes tun, indem er Shylock zwingt, sein Pfund Fleisch als Beschneidung des Herzens zu bekommen.[43] Der Druck des Über-Ichs wird hier mit einem zusätzlichen Dreh ausgeübt: Du wolltest es, jetzt musst du es haben, du kannst es nicht ablehnen.

Aber wenden wir uns einem zeitgenössischen Beispiel dieses obszönen Zwiespalts legaler Macht zu: der Sackgasse der Anti-Raucher-Kampagnen. Im August 2012 wurde berichtet, dass die Tabakfirmen in Australien ab dem folgenden Dezember nicht mehr ihre speziellen Farben, Markendesigns und Logos auf die Zigarettenschachteln drucken dürfen. Um das Rauchen so unglamourös wie möglich zu machen, sollten die Schachteln in einheitlich tristem

Olivgrün gestaltet sein mit aufgedruckten Gesundheitswarnungen und Bildern von krebszerfressenen Mündern, erblindeten Augen und kränklichen Kindern.[44] Was wir hier erleben, ist eine Art von *Selbst-Aufhebung* [dt. im Original] der Warenform: kein Logo, keine »Warenästhetik«, die uns dazu verführen könnte, das Produkt zu kaufen. Im Gegenteil, die Schachtel lenkt die Aufmerksamkeit gestalterisch gezielt auf die Tatsache, dass das Produkt gesundheitsschädlich ist, und liefert Gründe, es nicht zu kaufen. Die Anti-Waren-Darbietung einer Ware ist nicht an sich eine Neuheit – sie gilt auch für den Reiz »kultureller« Produkte wie Gemälde oder Musik, die nicht »im engeren Sinne eine Ware sind; es ist nur zu kaufen wert, wenn die Vortäuschung erfolgreich aufrechterhalten werden kann, dass es keine Ware ist«.[45] Der Antagonismus zwischen Ware und Nicht-Ware funktioniert hier als genaues Gegenteil der logofreien Zigaretten: Die Verfügung des Über-Ichs lautet »Du solltest bereit sein, einen exorbitanten Preis für diese Ware zu bezahlen, gerade weil sie viel mehr ist als eine Ware!« Im Fall der Zigaretten ohne Logo bekommen wir den reinen Gebrauchswert, seiner Logoform entledigt (in ähnlicher Weise können wir Zucker, Kaffee, Süßigkeiten ohne Logo in den Discountsupermärkten kaufen); im Fall eines Gemäldes »hebt« das Logo selbst den Gebrauchswert »auf«, das heißt, wie Marx angemerkt hat, der Preis scheint den Wert zu bestimmen.

Aber enthebt uns dieser direkte »pragmatische Widerspruch« tatsächlich dem Logo-Fetischismus? Liefert er nicht eher ein weiteres Beispiel der fetischistischen Spaltung, die in dem wohlbekannten Satz *je sais très bien, mais quand même* … zum Ausdruck kommt? Vor etwa zehn Jahren gab es in Deutschland ein Werbeplakat für Marlboro-Zigaretten: Ihr üblicher Cowboy zeigte mit dem Finger auf die obligatorische Warnung »Rauchen gefährdet Ihre Gesundheit« mit den hinzugefügten Worten »Jetzt erst recht!«. Die Bedeutung ist klar: Da du jetzt weißt, wie gefährlich es ist zu rauchen, hast du nun eine Chance, deinen Mut zu beweisen, indem du weiterrauchst! Die erwartete Antwort würde so lauten: »Ich weiß sehr wohl um die Gefahren des Rauchens, aber ich bin kein Feigling, sondern ein echter Mann und deshalb bereit, das Risiko auf mich zu nehmen und meiner Hingabe an das Rauchen treu zu bleiben.« Erst in dieser Weise wird Rauchen tatsächlich eine Form des Konsums: »Ich bin bereit, Zigaretten zu konsumieren ›jenseits des Lustprinzips‹, jenseits kleinlicher Nützlichkeitserwägungen in Bezug auf meine Gesundheit.« Und ist diese Dimension tödlichen exzessiven Genießens nicht in jeder Werbung und jedem Reiz einer Ware am Werk? Sind nicht alle Nützlichkeitserwägungen (dieses Essen ist gesund, es wurde biologisch produziert und fair gehandelt und so weiter) nur eine trügerische Oberfläche, die eine tiefer liegende Verfügung des Über-Ichs enthält: »Genieße! Genieße bis zum Ende, ungeachtet der Folgen!«? Die australische »negative« Verpackung wird somit die Verfügung des Über-Ichs zum Vorschein bringen, die die ganze Zeit schon da war – wird ein Raucher, wenn er diese »negativ« verpackten Zigaretten kauft, unter dieser negativen Nachricht nicht die leise, aber umso präsentere und dringlichere Stimme des Über-Ichs hören? Diese Stimme wird seine Frage beantworten: »Wenn all diese Gefahren des Rauchens wahr sind – und ich akzeptiere, dass sie wahr sind –, warum kaufe ich dann immer noch die Schachtel?«

Dieselbe Aufforderung des Über-Ichs liegt in umgekehrter Form einem anderen Höhepunkt der Anti-Raucher-Kampagne zugrunde, der klar seine moralistische Schärfe zur

Schau stellt: der Welle von Verboten, die auf E-Zigaretten abzielen. Vor zwei Jahren unterzeichnete Michael Bloomberg, damals Bürgermeister von New York, ein Gesetz zum Verbot von elektrischen Zigaretten überall dort, wo auch das Rauchen konventioneller Zigaretten verboten ist; dann folgten die US-amerikanischen Fluggesellschaften, und Restaurantbesitzer neigen ebenfalls zum Verbot und so weiter. Aber warum, wenn E-Zigaretten lediglich geruchlosen Wasserdampf ausstoßen? Das grundlegende Argument ist, dass man mit dem Rauchen von E-Zigaretten seine Abhängigkeit exponiert, ebenso wie einen schwachen Willen (man ist nicht stark genug, der Versuchung des Rauchens zu widerstehen), und dies könnte ein schlechter Einfluss auf andere sein oder sie zumindest ärgern. Kurz, man wird nicht aus gesundheitlichen Gründen bestraft, für die Wirkungen dessen, was man tut, sondern einfach dafür, dass man eine Haltung oder Einstellung zeigt, ohne dass das für jemanden bedrohlich wäre. Die Verdrehung des Über-Ichs liegt hier in der Tatsache, dass ich schuldig bin, selbst wenn ich unschuldig bin, weil ich auf falsche Weise unschuldig bin (indem ich mein Verlangen zu rauchen eingestehe, maskiert unter genau der Bemühung, nicht zu rauchen).

Was ist nun also das Über-Ich? *Ne čakaj na maj* [Warte nicht auf den Mai], ein populärer slowenischer Film von 1957, ist einer der ersten der Nachkriegszeit, die das Recht der jungen Generation geltend machten, das Leben zu genießen und Spaß zu haben – eine überraschend raffinierte romantische Komödie, annähernd so gut wie Ernst Lubitschs Meisterwerke. Er erzählt die Geschichte zweier Studenten, die leidenschaftlich ineinander verliebt sind; sie, Vesna, ist die Tochter eines strengen Mathematiklehrers, eines Witwers, der mit seiner unverheirateten Schwester zusammenlebt, einer alten Jungfer, die noch nie Sex hatte. Vesnas Freund Samo ist Amateurpilot von Sportflugzeugen. In vereinfachter Form zusammengefasst, geht die Handlung so: Als die beiden mit einer Gruppe von Freunden Skifahren gehen, bittet Vesnas Vater, der wegen der Gefahren einer Urlaubsreise entfernt von der Familie in Sorge ist, seine Schwester, Vesna zu begleiten und ein Auge auf sie zu haben. Obwohl als Anstandsdame vorgesehen, ist es am Ende natürlich die alte Frau, die die beiden Liebenden zusammenbringt. Nach einigen Missverständnissen, die zu Eifersucht führen, findet sich das Paar alleine wieder, tauscht aber nur einige Küsse aus – Vesna lässt sich auf keinen richtigen Sex ein, weil sie eine Beziehung fürs Leben will, nicht nur eine kurze Affäre. Als sie nach Hause zurückkehren und Vesna ihrem Vater erzählt, dass sie heiraten möchte, verbietet der Vater strikt die Heirat, bis sie ihr Studium abgeschlossen hat. Vesna heckt schließlich einen Plan aus: Sie legt falsche Spuren, die darauf hindeuten, dass sie bereits schwanger ist (sie »vergisst« ein Buch über Schwangerschaft auf ihrem Bett und tut so, als leide sie unter Übelkeit), und flüchtet dann mit Samo. Als ihr Vater und die Nachbarn die Nachricht erfahren, zerreißen sich alle die Mäuler, wie promiskuitiv die junge Generation sei und dass sie keinen moralischen Kompass habe. Allmählich gewöhnen sich Vater und Tante an die Vorstellung und bereiten sich auf Vesnas und Samos Hochzeit und das Baby vor und kaufen eine Wiege und Kinderkleidung. Als aber alle vor dem Haus versammelt stehen, kommen Vesna und Samo unerwartet zurück und erklären ihnen, dass es keine Schwangerschaft gibt, da sie die Gelegenheit nicht für unerlaubte sexuelle Vergnügungen genutzt haben. Die Nachbarn reagieren wieder kritisch, wobei der größte Moralist unter ihnen äußert:

»Seht ihr, der Junge hat noch nicht mal die Gelegenheit genutzt! Ich wusste die ganze Zeit, dass er zu nichts nutze ist.« Sogar Vesnas Vater ist enttäuscht und greift Samos Mutter an: »Was für einen Sohn haben Sie großgezogen, der noch nicht einmal meine Tochter schwängern kann! Er ist sie nicht wert.« Die Liebenden flüchten wieder; als sie alleine im Flugzeug sitzen, hoch über der Stadt, flüstert Vesna Samo etwas ins Ohr, das wir nicht hören können, die beiden lachen und umarmen sich, und hier endet der Film ... Man kann erraten, was sie ihm ins Ohr flüstert – etwas wie »Jetzt können wir es tun!«

Vesnas Strategie, eine Schwangerschaft vorzutäuschen, ist komplex: Das Ziel ist nicht nur, ihre Familie dazu zu bewegen, ihre Heirat zu akzeptieren, indem sie sie mit einem (falschen) *fait accompli* konfrontiert; sie betrifft auch (und sogar vorrangig) die innere psychische Ökonomie der Beziehung des Paares, wie sie zum Vollzug des Sexualakts kommen. Es ist offensichtlich, dass Vesna nicht den Weg der einfachen Übertretung der von ihrem Vater auferlegten Norm gehen will; sie ist nicht bereit, die volle Verantwortung für den (Sexual-)Akt unter Herausforderung des großen Anderen (in diesem Fall der väterlichen Autorität) zu übernehmen. Sie will den Sex nicht nur erlaubt haben, sondern, noch perverser, von genau der Autorität dazu gezwungen werden, deren Funktion im Verbieten liegt, und aus diesem Grund tut sie das Gegenteil dessen, was junge Leute normalerweise tun: Anstatt den Anschein von Keuschheit aufrechtzuerhalten und Sex im Verborgenen (vor den Blicken des großen Anderen) zu haben, erzeugt sie den (falschen) Anschein, sich verbotenem Sex hingegeben zu haben, während sie sich in Wirklichkeit ihre Keuschheit weiter erhält. Die Prämisse ist, dass wir keine Scheinheiligen sind, die vorgeben, rein und keusch zu sein, sich aber insgeheim sexueller Lust hingeben; im Gegenteil, wir sind Scheinheilige, die vorgeben, sich verbotenen Lüsten hinzugeben, während wir insgeheim die Keuschheit vorziehen. Der falsche Anschein verbotener Lust erzeugt obszöne Erwartungen, die enttäuscht werden, wenn dieser Anschein als falsch entlarvt wird – und an diesem Punkt kann sie endlich Sex unter der Ägide des großen Anderen der väterlichen Autorität haben, indem sie seiner obszönen Verfügung gehorcht. Diese Strategie zeigt die Zweideutigkeit der väterlichen Autorität. Sie zwingt die Autorität, offen ihre obszöne Kehrseite zur Schau zu stellen. Zugleich beweist sie, dass ein erfolgreicher Sexualakt nicht nur eine Frage intimer Leidenschaften ist, sondern durch den großen Anderen einer symbolischen Autorität vermittelt werden muss.

Die veränderte Reaktion der klatschsüchtigen Nachbarn liefert ein perfektes Beispiel für die Funktionsweise des Über-Ichs: Es übt Druck aus, um sexuelle Zwänge zu schaffen und sexuellen Kontakt zu verhindern; dennoch lautet die wahre Anordnung unter dem oberflächlichen Anschein: »Tu es, genieße! Du sollst genau das tun, was ich dir zu tun verbiete!« In anderen Worten ist man schuldig, wenn man das Verbot übertritt, aber noch schuldiger, wenn man ihm Folge leistet (was das Paradox des Über-Ichs erklärt: Je mehr man ihm gehorcht, desto schuldiger ist man). Freud treibt die grundlegende Zweideutigkeit, die für die Über-Ich-Wirkung konstitutiv ist, auf die Spitze – wenn man die moralischen Standards verletzt, ist man schuldig, wenn man die Gelegenheit, sie zu verletzen, nicht ergreift, ist man noch schuldiger: »Das Über-Ich scheint zu sagen: Du bist in jedem Fall schuldig.«[46]

Diese konstitutive Schuld gilt für eine andere Umkehrung des gesunden Menschenverstands, die das *Strafbedürfnis* [dt. im Original] betrifft, die seltsame Befriedigung, die man durch schmerzhafte Bestrafung erlangt: Es ist nicht das Verbrechen, das das Schuldgefühl und die Strafe verursacht; es ist das Bedürfnis, bestraft zu werden, das das Schuldgefühl und kriminelle Absichten (und gelegentlich Handlungen) hervorbringt. Woher kommt dann dieses grundlegende Strafbedürfnis? Anstatt es direkt in einer Art ursprünglichem Masochismus zu begründen, der nach Lust-in-der-Strafe strebt, entwirft Freud ein komplexeres Szenario, das die grundlegende Matrix der Sozialisation betrifft, das Eintreten in die Rechtsordnung. Es ist nicht nur so, dass die Rechtsordnung – in pseudohegelianischer Weise – gelegentliche Übertretungen (Verbrechen) benötigt, um ihre Autorität durch die Bestrafung der Täter geltend zu machen – wir alle, selbst diejenigen, die nie ein Verbrechen begangen haben, konstituieren uns dadurch als rechtliche Subjekte, dass wir als potentielle Kriminelle betrachtet werden. Freud hat dieses Szenario in einer bekannten Analyse von Dostojewskis *Die Brüder Karamasow* ausgeführt, in der einige Brüder verdächtigt werden, ihren Vater getötet zu haben, ein obszöner *père-jouisseur*.

> Es ist ja gleichgültig, wer die Tat wirklich ausgeführt hat, für die Psychologie kommt es nur darauf an, wer sie in seinem Gefühl gewollt und, als sie geschehen, willkommen geheißen hat, und darum sind bis auf die Kontrastfigur des Aljoscha alle Brüder gleich schuldig, der triebhafte Genußmensch, der skeptische Zyniker und der epileptische Verbrecher. In den *Brüdern Karamasoff* findet sich eine für Dostojewski höchst bezeichnende Szene. Der Staretz hat im Gespräch mit Dmitri erkannt, daß er die Bereitschaft zum Vatermord in sich trägt, und wirft sich vor ihm nieder. Das kann nicht Ausdruck der

Bewunderung sein, es muß heißen, daß der Heilige die Versuchung, den Mörder zu verachten oder zu verabscheuen, von sich weist und sich darum vor ihm demütigt. Dostojewskis Sympathie für den Verbrecher ist in der Tat schrankenlos, sie geht weit über das Mitleid hinaus, auf das der Unglückliche Anspruch hat, erinnert an die heilige Scheu, mit der das Altertum den Epileptiker und den Geistesgestörten betrachtet hat. Der Verbrecher ist ihm fast wie ein Erlöser, der die Schuld auf sich genommen hat, die sonst die anderen hätten tragen müssen. Man braucht nicht mehr zu morden, nachdem er bereits gemordet hat, aber man muß ihm dafür dankbar sein, sonst hätte man selbst morden müssen.[47]

Insoweit als das ursprüngliche Verbrechen (der Mord am obszönen *Ur-Vater* [dt. im Original]) konstitutiv für den durch das Gesetz zusammengehaltenen gesellschaftlichen Körper ist, lautet die Definition eines *unschuldigen* Subjekts des Gesetzes: *jemand, der niemanden mehr töten muss, weil jemand anders – der »heilige Mörder« – dies bereits für ihn getan hat* und damit den Wunsch des Unschuldigen ausgeführt hat. Wir werden demnach in eine Rechtsordnung durch Verbrechen und Schuld eingeführt: Das Subjekt des Gesetzes ist qua Definition ein potentieller Verbrecher. Diese geteilte Schuld, die die Universalität des rechtlichen Bürgers konstituiert, führt uns zurück zur reflexiven Verdoppelung des (rechtlichen) Verbots. Das Gesetz verbietet nicht nur, es ist selbst verboten:

[Das Gesetz] ist das Verbot/ene: dies bedeutet nicht, daß es verbietet, sondern daß es selbst verboten ist, ein verbotener Ort [...]. Man kann nicht bis zu ihm gelangen, und um eine *Beziehung (rapport)* durch die Achtung zu ihm zu haben, *muß man gerade keine, darf man keine* Beziehung zu ihm haben, *muß man*

> *die relatio unterbrechen.* Man darf nur mit seinen Vertretern, seinen Beispielen, seinen Wächtern *in Beziehung treten (entrer en relation).* Und diese sind ebenso Unterbrecher wie Boten. Man darf nicht wissen, wer es ist, was es ist, wo und wie es sich zeigt, von wo es kommt und von wo es spricht.[48]

Warum nicht? Weil das Gesetz, wenn man es kennte, seine Berechtigung verlieren würde: Seine Begründung in einem Akt illegaler Gewalt würde offenbar. (Aus diesem Grund verbot Kant, die Ursprünge rechtlicher Ordnung in Frage zu stellen.) Was verboten bleiben muss, ist die kriminelle Kehrseite des Gesetzes, die »mythische Gewalt« (Benjamin) seiner Einsetzung, die Gewalt, die die Herrschaft des Gesetzes fortlaufend stützt. Dieses Verbot (Unterdrückung) funktioniert, indem es den Druck auf das Subjekt verlagert: Das Subjekt muss als a priori (formal) schuldig wahrgenommen werden, so dass die Schuld (obszöne Gewalt) des großen Anderen, des Gesetzes selbst, unsichtbar bleibt. Um zu funktionieren, muss diese Verlagerung allerdings zwei Formen annehmen: zum einen die des schuldigen Subjekts, das tatsächlich das Verbrechen begangen hat, und zum anderen die der Unbeteiligten, die davon profitieren, da die kriminelle Handlung sie von der Notwendigkeit befreit hat, selbst zu töten: »Ich nehme das Verbrechen auf mich, damit der große Andere (das Gesetz) rein und makellos bleibt.«

Der für gewöhnlich mit der Lacan'schen Psychoanalyse in Verbindung gebrachte Begriff des Opfers meint eine Geste, die die Verleugnung der Ohnmacht des großen Anderen aufführt. In seiner grundlegendsten Weise bietet das Subjekt sein Opfer nicht an, um davon selbst zu profitieren, sondern um die Lücke im Anderen zu füllen, um den Anschein von Allmacht oder zumindest von Konsistenz des Anderen aufrechtzuerhalten. Im Film *Beau Geste* (1939) stiehlt Gary Cooper, der älteste von drei Brüdern, die mit ihrer gutmütigen Tante zusammenleben, eine prachtvolle Diamantenkette, den Stolz der Familie, in einem Akt von anscheinend exzessiver, undankbarer Grausamkeit. Er verschwindet damit, wissend, dass sein Ruf damit ruiniert ist und dass er für immer als der schändliche Betrüger seiner Wohltäterin verschrien sein wird. Warum also tut er es? Am Ende des Films erfahren wir, dass er es getan hat, um die peinliche Enthüllung zu verhindern, dass die Kette eine Fälschung war: Hinter dem Rücken ihrer Verwandten hatte die Tante einige Zeit zuvor die Kette an einen reichen Maharadscha verkaufen müssen, um die Familie vor dem Bankrott zu retten, und sie durch ein wertloses Imitat ersetzt. Unmittelbar vor dem »Diebstahl« hat er erfahren, dass ein entfernter Onkel, der Mitbesitzer der Kette ist, diese gewinnbringend verkaufen will; wäre die Kette verkauft worden, wäre die Fälschung zweifellos entdeckt worden. Folglich ist der einzige Weg, die Ehre der Tante (und damit der Familie) zu retten, einen Diebstahl vorzutäuschen. Das ist die eigentliche Täuschung am Verbrechen des Diebstahls: die Tatsache zu verschleiern, dass es *nichts zu stehlen gibt*. In dieser Weise wird der konstitutive Mangel des Anderen verborgen (d. h., die Illusion wird aufrechterhalten, dass der Andere das besessen hat, was ihm gestohlen wurde). Wenn man in der Liebe etwas hergibt, was man nicht besitzt, stiehlt man bei einem Verbrechen aus Liebe vom geliebten Anderen etwas, das dieser nicht besitzt. Darauf spielt die *beau geste* aus dem Titel des Films an. Und darin liegt die Bedeutung des Opfers: Man opfert sich selbst (seine Ehre und Zukunft), um den Schein der Ehre des Anderen aufrechtzuerhalten, um den geliebten Anderen vor der Schande zu bewahren.

Darüber hinaus gibt es noch die virtuelle Schuld der Unbeteiligten, der Gemeinschaft, die von einem (notwendigen) Verbrechen profitiert. Das Freud'sche Paradox »Je unschuldiger man ist, desto schuldiger ist man« gilt für sie: Je unschuldiger sie am eigentlichen Verbrechen sind, desto schuldiger sind sie, weil sie seine Früchte genießen, ohne den Preis dafür zu zahlen. Der Druck des Über-Ichs kommt hier ins Spiel, der aus dieser Schuld in sehr spezifischer Weise Kapital schlägt: Der Druck des Über-Ichs unterdrückt nicht die Individualität des Subjekts, seine Wirkung liegt nicht darin, das Subjekt in eine Menge zu versenken, in der seine oder ihre Individualität sich auflöst; im Gegenteil, der Druck des Über-Ichs *individualisiert* das Subjekt oder – um Balibars wunderbare Umkehrung von Althussers klassischer Formulierung zu zitieren: *das Über-Ich ruft die Subjekte als Individuen an.* Das Über-Ich wendet sich an mich als einzigartiges Individuum und konfrontiert mich mit Schuld und Verantwortung: »Flüchte nicht in Allgemeinheiten, greife nicht auf objektive Umstände zurück, schaue tief in dein Herz und frage dich, wo du in Bezug auf deine Pflichten versagt hast.« Aus diesem Grund lässt der Druck des Über-Ichs Angst aufkommen: In den Augen des Über-Ichs bin ich allein, es gibt keinen großen Anderen, hinter dem ich mich verstecken kann, und ich bin »schuldig im Sinne der Anklage«, weil mich genau die Position des Angeklagten formal schuldig macht – wenn ich auf meine Unschuld plädiere, lade ich zusätzliche Schuld auf mich für das Abstreiten der Schuld.

Eine Reihe von Situationen, die die heutige Gesellschaft charakterisieren, geben ein perfektes Beispiel für diese Art von Über-Ich-Individualisierung: Ökologie, politische Korrektheit und Armut. Der vorherrschende ökologische Diskurs, der uns als a priori schuldig adressiert, in der Schuld von Mutter Natur stehend, unter dem andauernden Druck der ökologischen Über-Ich-Wirkung, spricht uns als Individuen an: Was hast du heute getan, um deine Schulden an die Natur zurückzuzahlen? Hast du alle deine Zeitungen in den richtigen Mülleimer geworfen? Und alle Bierflaschen und Coladosen? Hast du das Auto genommen, wo du das Fahrrad oder den Nahverkehr hättest benutzen können? Hast du die Klimaanlage angeschaltet, anstatt einfach das Fenster zu öffnen?[49] Die ideologischen Einsätze solcher Individualisierungen sind leicht zu erkennen: Ich verliere mich in meiner eigenen Selbstbespiegelung, anstatt viel nützlichere globale Fragen über unsere gesamte industrialisierte Zivilisation zu stellen.

Dasselbe gilt für die endlose politisch korrekte Selbstanalyse: War mein Blick auf die Flugbegleiterin zu aufdringlich oder anzüglich? Habe ich möglicherweise einen sexistischen Unterton verwendet, als ich sie angesprochen habe? Das Vergnügen, sogar Schauder, den solche Selbsterforschung bereitet, liegt auf der Hand – erinnern wir uns daran, wie sich selbstkritische Reue mit Freude vermischt, wenn wir entdecken, dass ein unschuldiger Witz gar nicht so unschuldig war, dass er einen rassistischen Unterton hatte. Erinnern wir uns in Bezug auf Barmherzigkeit, wie wir unablässig mit Nachrichten bombardiert werden, die uns Schuldgefühle machen sollen für unser bequemes Leben, während Kinder in Somalia hungern oder unnötig an leicht zu heilenden Krankheiten sterben – Nachrichten, die zugleich einen einfachen Ausweg anbieten (»Sie *können* etwas tun! Spenden Sie 10 € im Monat, und Sie machen ein schwarzes Waisenkind glücklich!«). Auch hier ist der ideologische Unterbau leicht zu erkennen. Lazzaratos Begriff des »verschuldeten Menschen« stellt die allgemeine Struktur solcher Subjektivität zur Verfügung, für die der Druck des Über-Ichs, verschuldet zu sein, konstitutiv ist – um Descartes zu paraphrasieren: Ich bin in der Schuld, deshalb existiere ich als in die soziale Ordnung integriertes Subjekt.

Gilt dasselbe nicht auch für die pathologische Angst einiger westlicher Linksliberaler, dass sie sich der Islamophobie schuldig machen? Jede Kritik am Islam wird als Ausdruck westlicher Islamophobie denunziert: Salman Rushdie dafür, dass er Muslime unnötig provoziert, und wird damit (zumindest zum Teil) für die Fatwa verantwortlich gemacht, die ihn zum Tod verurteilte, und so weiter. Das Ergebnis solcher Einstellungen ist das, was wir in diesen Fällen erwarten können: Je mehr westliche Linksliberale ihrer Schuld nachforschen, desto mehr werden sie von muslimischen Fundamentalisten dafür angeklagt, Scheinheilige zu sein, die ihren Hass auf den Islam zu verbergen suchen. Auch diese Konstellation reproduziert perfekt das Paradox des Über-Ichs: Je mehr man den Forderungen des Anderen gehorcht, desto schuldiger ist man. Es scheint, als wäre der Druck umso stärker, je toleranter man dem Islam gegenübersteht. Dies beinhaltet, dass terroristische Fundamentalisten, gleich ob Christen oder Muslime, keine echten Fundamentalisten im eigentlichen Wortsinn sind – ihnen fehlt das leicht erkennbare Merkmal aller wahren Fundamentalisten von den tibetischen Buddhisten bis zu den Amish in den USA: die Abwesenheit von Verbitterung und Neid, die große Gleichgültigkeit gegenüber der Lebensweise der Ungläubigen. Wenn heutige sogenannte Fundamentalisten tatsächlich glauben, dass sie ihren Weg zur Wahrheit gefunden haben, warum sollten sie sich dann von Ungläubigen bedroht fühlen, warum sollten sie sie beneiden? Wenn ein Buddhist auf einen westlichen Hedonisten trifft, verurteilt er ihn nicht. Er bemerkt nur wohlwollend, dass das Streben nach Glück des Hedonisten aussichtslos ist. Im Unterschied zu wahren Fundamentalisten sind die terroristischen Pseudofundamentalisten zutiefst verärgert und fasziniert vom sündhaften Leben der Ungläubigen. Man spürt, dass sie, indem sie gegen den sündigen Anderen kämpfen, gegen ihre eigene Versuchung ankämpfen. Die leidenschaftliche Intensität eines fundamentalistischen Mobs bezeugt den Mangel an wahrer Überzeugung; tief in ihrem Inneren mangelt es auch terroristischen Fundamentalisten an wahrer Überzeugung – ihre gewalttätigen Ausbrüche sind ein Beweis dafür. Wie fragil muss der Glaube eines Muslims sein, wenn er sich beispielsweise von einer dummen Karikatur in einer dänischen Zeitung mit geringer Auflage bedroht fühlt? Der fundamentalistische Terror gründet sich *nicht* auf die Überzeugung des Terroristen, überlegen zu sein, und dem Wunsch, seine kulturell-religiöse Identität vor dem Angriff der globalen Konsumzivilisation zu schützen. Das Problem mit den Fundamentalisten ist nicht, dass wir sie für uns unterlegen halten, sondern vielmehr, dass sie *sich selbst* insgeheim für unterlegen halten. Aus diesem Grund machen unsere herablassenden, politisch korrekten Beteuerungen, dass wir uns nicht für überlegen halten, sie nur noch wütender und befeuern ihren Groll. Das Problem ist nicht die kulturelle Differenz (ihr Bemühen, ihre Identität zu bewahren), sondern genau das Gegenteil: die Tatsache, dass die Fundamentalisten bereits so wie wir sind, dass sie insgeheim bereits unsere Standards internalisiert haben und sich selbst daran messen. Paradoxerweise fehlt den Fundamentalisten genau die Dosis wahrer »rassistischer« Überzeugung von ihrer eigenen Überlegenheit.

Der Mechanismus der Massenbildung, den Freud detailliert beschreibt, sollte als Reaktion auf diesen Individualisierungsdruck des Über-Ichs verstanden werden: Die Handlungen der Masse sind eine Art »Rückkehr des Verdrängten«, der mythischen Gewalt, und die Auflösung der Individualität der Mitglieder löst zugleich die Angst und die Schuld auf, die sie als isolierte Individuen betroffen hat. In diesem Sinne kann man sagen, dass die Handlungen der Masse das Freud'sche Über-Ich-Paradox umkehren: Wenn wir als Masse Gewalttaten begehen (wie Pogrome), *sind wir umso schuldiger, je unschuldiger wir sind* – je brutaler die Gewalt, desto stärker brechen wir aus dem Kreislauf des Über-Ichs aus.

Wir könnten hinzufügen: Je mehr wir in unserer christlich-kapitalistischen obszönen Spiritualität gefangen sind, desto mehr handeln wir wie egoistische Tiere. Wladimir Solojow, der russisch-orthodoxe Kritiker des Kommunismus, brachte die Spannung des atheistischen Sozialismus, der zwischen darwinistischem Materialismus und einer Ethik von hohem Mitgefühl gefangen ist, mit folgendem *non sequitur* zum Ausdruck: »Der Mensch hat sich aus dem Affen entwickelt – deshalb ist es unsere Pflicht, einander zu lieben.«[50] Aber existiert tatsächlich eine Lücke zwischen beiden Aussagen? Ist eine rücksichtslose »Survival of the Fittest«-Ethik, die die Schwachen zum Tod verdammt, tatsächlich das immanente Ergebnis des darwinistischen Materialismus? Was, wenn das scheinbare *non sequitur* des atheistischen Sozialisten einfach nur das ideologische *non sequitur* unserer christlich-kapitalistischen Gesellschaften umkehrt? Die christlich-kapitalistische Ideologie erzählt uns im Grunde: »Der Mensch ist eine Schöpfung Gottes mit einer unsterblichen Seele – deshalb sollten wir uns dem menschlich-tierischen utilitaristischen Streben nach Vergnügen hingeben.«

3 Prognosis – *Un faut-filet, peut-être?*

Nietzsche schrieb über *Hamlet*: »was muss ein Mensch gelitten haben, um dergestalt es nöthig zu haben, Hanswurst zu sein! – Versteht man den Hamlet? Nicht der Zweifel, die Gewissheit ist das, was wahnsinnig macht.«[1] In dieser Passage sind zwei verschiedene Aussagen miteinander kombiniert: zum einen Nietzsches Version der alten Weisheit über die Verzweiflung, die sich hinter einer Clownsmaske verbirgt – Hamlet muss enorm gelitten haben, wenn er sich dazu gezwungen sieht, einen verrückten Clown zu spielen; zum anderen der Grund seines Leidens und seines Wahnsinns, der nicht im Zweifel, sondern in der Gewissheit darüber liegt, wer seinen Vater getötet hat. Seine Zweifel, seine Suche nach dem letzten Beweis für Claudius' Schuld, sind eine Flucht aus seiner Gewissheit. Eine weitere Art von Flucht aus der unerträglichen Gewissheit kann die Leidenschaft für das Erzählen von Witzen sein, die geschmacklos erscheinen könnten. Ein bosnischer Kulturwissenschaftler machte die überraschende Entdeckung, dass Dutzende von Witzen über das serbische Massaker unter Leuten kursieren, deren Verwandte in Srebrenica umkamen. Hier ein Beispiel (das sich auf die in Jugoslawien übliche Frage des Metzgers beim Fleischkaufen bezieht: »Mit oder ohne Knochen?«, weil die Knochen oft für die Suppe verwendet werden): »Ich möchte ein Stück Land in der Nähe von Srebrenica kaufen, um mir ein Haus zu bauen – kennen Sie die Preise?« »Die Preise variieren, je nachdem, welche Art von Land Sie wollen – mit oder ohne Knochen.« Weit davon entfernt, einen geschmacklosen Mangel an Respekt auszudrücken, sind solche Witze der einzige Weg, mit einer unerträglich traumatischen Realität fertig zu werden; sie geben unsere hilflose Verwirrung recht treffend wieder und strafen alles pathetische Mitleid mit den Opfern als eigentlich geschmacklose Blasphemie Lügen.

Betrachten wir Paul Robesons Neufassung seines legendären »Ol' Man River«, ein Modell für einfaches und wirksames kritisch-ideologisches Eingreifen. In der Originalversion aus dem Hollywood-Musical *Show Boat* (1936) wird der Fluss (der Mississippi) als Verkörperung des rätselhaften und gleichgültigen Schicksals dargestellt, ein weiser alter Mann, der »etwas wissen muss, aber nichts sagt«, einfach weiterfließt und sein stilles Wissen für sich behält. In der neuen Version[2] ist der Fluss kein Träger einer anonymen, unergründlichen kollektiven Weisheit mehr, sondern vielmehr der Träger kollektiver *Dummheit*, passiver Toleranz von sinnlosem Leiden, und die Antwort des Opfers darauf sollte souveränes Lachen sein. Hier die letzten Zeilen des Originalliedes:

> … du wirst ein bisschen betrunken und du landest im Gefängnis.
> Aber ich werde erschöpft und überdrüssig, es zu versuchen,
> ich bin des Lebens müde und habe Angst vorm Sterben.
> Aber der Fluss, der alte Mann, fließt einfach weiter.[3]

Und hier die veränderte Version:

… du zeigst ein bisschen Schneid und landest im
  Gefängnis.
Aber ich lache anstatt zu weinen,
ich muss weiterkämpfen, bis ich sterbe.
Und der Fluss, der alte Mann, fließt einfach weiter.[4]

Eine radikalere Strategie der Flucht aus der unerträglichen Realität ist die der »De-Realisierung«. In seiner Analyse der großen Schützengrabenschlachten im Ersten Weltkrieg wie die von Ypres und Somme, wo Tausende starben, um ein paar Meter Land zu erobern, betont Paul Fussell, wie die höllische Natur des Geschehens die Beteiligten ihre Situation als theatralisch erleben ließ: Es war unmöglich für sie zu glauben, dass sie in einer solch mörderischen Unternehmung persönlich, als »sie selbst« teilnahmen. Die ganze Sache war zu grotesk, pervers, grausam und absurd, als dass sie sie als Teil ihres »wirklichen Lebens« hätten wahrnehmen können. In anderen Worten, die Erfahrung des Krieges als Theatervorstellung erlaubte den Beteiligten, vor der Realität des Geschehens zu fliehen. Das ermöglichte ihnen, den Befehlen zu folgen und ihre militärischen Pflichten ausüben, ohne es als Teil ihres »wirklichen Selbst« betrachten zu müssen. Auf diese Weise mussten sie ihre innerste Überzeugung nicht über Bord werfen, dass die Welt noch immer ein Ort der Vernunft und kein Irrenhaus war.[5]

Es ist ein Gemeinplatz, dass der Große Krieg einen enormen Schock verursachte, eine Begegnung mit dem Realen, die das Ende einer ganzen Zivilisation bezeichnet hat. Obwohl alle ihn erwartet hatten, waren die Leute dennoch überrascht, als der Krieg tatsächlich ausbrach, und (eine noch rätselhaftere Tatsache) diese Überraschung wurde schnell wieder re-normalisiert, als der Krieg eine neue

Lebensweise wurde. Wie wurde diese Re-Normalisierung erreicht? Wie nicht anders zu erwarten, geschah es durch den massiven Gebrauch alter ideologischer Mythen und Erzählungen, die den Krieg als Teil des normalen Flusses der Dinge erscheinen ließen: Das Niemandsland zwischen den Schützengräben voller Minen, Krater und Verwüstung wurde zu einer neuen Version des Brachlands des Gralsmythos.[6] Die Mobilisierung alter Mythen und Legenden ist der endgültige Beweis für die traumatische Neuartigkeit des Großen Kriegs: Gerade weil etwas Unerhörtes stattgefunden hatte, mussten alle alten Mythen eingesetzt werden, um diese Neuheit zu erklären. Natürlich sind solche Mythen meist eher paranoische phantastische Erzählungen als symbolische Narrative im eigentlichen Sinn. Um Lacan zu paraphrasieren: Was zu traumatisch ist, um in das Symbolische integriert zu werden, kehrt im Realen als paranoische Konstruktion oder Halluzination wieder. Es ist nicht verwunderlich, dass der Große Krieg eine wahre Explosion von interpretativer Paranoia auslöste – sein Problem war das gleiche wie im Stalinismus: Wie konnte man die peinlichen Fehler dieses vermeintlichen besten aller Systeme erklären? Die stalinistische Antwort war, überall konterrevolutionäre Verschwörungen und Verräter zu sehen, ähnlich wie die Antwort von Reginald Grants *S.O.S.*, einer während des Ersten Weltkriegs veröffentlichten unübertroffenen Sammlung von Lügen, Legenden und Mythen, die alle äußerst ernst genommen wurden. Grants Problem war ein sehr simples: Er konnte nicht glauben, dass die Deutschen schlau genug waren, feindliche Ziele für ihre Artillerie durch die Analyse von Klang und Licht des feindlichen Feuers zu lokalisieren. Deshalb dachte er, die belgischen Felder hinter den britischen Stellungen müssten voller verräterischer Bauern sein, die den Deutschen die Positionen der britischen Kanonen anzeigten. Ihm zufolge taten sie es auf verschiedene Weise: Windmühlen, die sich plötzlich entgegen der Windrichtung zu drehen begannen,[7] die Zeiger der Kirchturmuhren, die eine falsche Zeit anzeigten, Hausfrauen, die Wäsche zum Trocknen vor ihren Häusern aufhängten, wobei die Farben ihrer Wäsche (zwei weiße Hemden, dann ein schwarzes ...) ein verschlüsseltes Signal sendeten.

Das Problem besteht darin, diese falsche (ideologische) Paranoia von der grundlegenden paranoischen Haltung, die ein irreduzibler Bestandteil jeder Ideologiekritik ist, zu unterscheiden. An einem Strand eines Landes am Mittelmeer zeigte man mir einen Fischer, der ein Netz reparierte; während meine Gastgeber mir traditionelle Handarbeit zeigen wollten, die auf alten Erfahrungen und Weisheiten beruht, bestand meine unmittelbare Reaktion auf diese Darbietung in Paranoia: Was, wenn das Spektakel, das sich meinen Augen darbot, eine inszenierte Authentizität war, um Touristen zu beeindrucken, so wie das Zubereiten frischer Speisen in den Geschäften oder andere Momente dieser Art falscher Transparenz im Produktionsprozess? Was, wenn ich dem Netz zu nah käme und ein kleines Etikett mit der Aufschrift »Made in China« sähe und bemerkte, dass der »authentische« Fischer Arbeitshandgriffe nur imitierte? Oder besser noch, wenn wir die Szene als Detail eines Hitchcock-Films imaginierten: Der Fischer ist ein ausländischer Agent und webt das Netz in einer speziell codierten Weise, so dass ein anderer Agent darin eine geheime (terroristische) Nachricht entziffern kann?

Die brillanteste halluzinatorische Legende des Großen Kriegs war das hartnäckige Gerücht, dass Banden halbwahnsinniger Deserteure irgendwo im Niemandsland zwischen den Schützengräben der Frontlinien lebten, in einer desolaten Brache von karger, versengter Erde voller verwesender Leichen, Bombenkrater, verlassener Schützengräben, Höhlen und Tunnel. Diese Banden setzten sich angeblich aus Angehörigen aller involvierten Armeen und Nationen zusammen – Deutsche, Franzosen, Briten, Australier, Polen, Kroaten, Belgier, Italiener –, und sie alle lebten friedlich und freundschaftlich zusammen, wichen einer möglichen Entdeckung aus und halfen einander. In Lumpen gekleidet, mit langen Bärten, ließen sie sich niemals blicken, nur von Zeit zu Zeit hörte jemand ihre verrückten Schreie und Lieder. Sie kamen nur nachts nach einer Schlacht aus ihrer Unterwelt, um nach den Habseligkeiten der Leichen zu suchen und Wasser und Nahrung zu sammeln. Das Schöne an dieser Legende ist, dass sie eine alternative Gemeinschaft beschreibt, die »Nein!« sagt zum Wahnsinn des Schlachtfelds: eine Gruppe, in der Mitglieder der sich bekämpfenden Nationen friedlich zusammenleben und deren gemeinsamer Feind der Krieg selbst ist. Während sie wie ein Abbild des Kriegs in seiner wahnsinnigsten Ausprägung erscheinen mögen – Ausgestoßene, die ein wildes Leben führen –, sind sie zugleich seine Selbstverneinung, eine Insel des Friedens zwischen den Frontlinien und der Inbegriff einer universellen Verbrüderung, die ebendiese Linien ignoriert. Indem sie die offiziellen Teilungslinien zwischen »uns« und »ihnen« ignorieren, stehen sie für die wirkliche Trennung, die einzige, die zählt, nämlich die Verneinung des gesamten Raums der imperialistischen Kriegsführung. Sie sind das dritte Element, das den Gegensatz zwischen »uns« und »ihnen«, unserem Feind, unterläuft – kurz, sie sind die wahren Leninisten in dieser Situation, indem sie Lenins Ablehnung wiederholen, sich in patriotische Inbrunst hineinziehen zu lassen.

Das ist heute mehr denn je unsere Aufgabe: die wahre Trennlinie in der Menge zweitrangiger Kämpfe zu erkennen. Hier sind zwei extreme Beispiele solcher falscher Trennlinien.

Der ideologische Kampf in Peru zu Zeiten des Aufstands des Leuchtenden Pfads (1980–1992) zeigte den toten Punkt auf, an dem sich das Land in politischer Hinsicht befand. Einerseits war »die kollektive Identität des Leuchtenden Pfads pädagogisch«:[8] Selbst ihre brutalste Gewalt »folgte der Absicht, die Leute über die Revolution und den Staat über sein drohendes Verhängnis zu unterrichten«.[9] Diese Unterrichtung war äußerst autoritär und wurde von jenen ausgeübt, die glaubten, die Wahrheit zu besitzen, und für sich das Recht auf absolute Macht beanspruchten. Andererseits war die Gegenstrategie der Regierung noch verhängnisvoller: eine Strategie reiner politischer Demobilisierung und Demoralisierung. Die Presse, die vom Staat kontrolliert und/oder manipuliert wurde, förderte aktiv das, was Analytiker das »gemeine Welt-Syndrom« nannten. Die Regierung förderte die Verbreitung der *prensa chicha*, der Klatsch-Presse, die sich auf Prominenten-Tratsch und Verbrechen spezialisierte, Fernseh-Talkshows, die sich auf »reale Fälle« von Drogenabhängigkeit, familiäre Gewalt, Ehebruch usw. konzentrierten. Das Ziel dieser Strategie war es, die Menschen »durch Angst gesellschaftlich zu lähmen und die öffentliche Sphäre zu atomisieren«[10] – die Botschaft lautete, dass die Welt ein gefährlicher Ort sei, in dem man nur für sich selbst sorgen könne, da es keinerlei Hoffnung auf Solidarität gebe, nur Neid auf die Reichen und Berühmten und das Vergnügen an ihren Sorgen. Selten in der modernen Geschichte ist der ideologische Raum eines Landes so sauber getrennt gewesen in »totalitäre« Pädagogik, die Individuen in eine politische, gemeinschaftliche und totale Selbstaufgabe hineinzieht, und atomisierten Egoismus, der solidarisches Engagement verhindert, während traditioneller Liberalismus auf einen schrumpfenden Nebenschauplatz reduziert wird. Obwohl die Trennung rein und radikal ist, gibt es darin keinen Platz für authentische emanzipatorische Politik.

Ein weiterer falscher Kampf betrifft den Status des Antisemitismus und Zionismus heute. Für einige promuslimische Linke ist der Zionismus der beispielhafte Fall für heutigen neokolonialen Rassismus, weshalb der palästinensische Kampf gegen Israel als Paradigma für alle anderen antirassistischen und antiimperialistischen Kämpfe herhält. In strenger Umkehrung ist für einige Zionisten der Antisemitismus (der für sie in jeder Kritik des Zionismus lauert) der beispielhafte Fall von heutigem Rassismus, so dass in beiden Fällen Zionismus (oder Antisemitismus) die spezifische Form von Rassismus ist, die alle anderen färbt. Die wahre Probe auf Antirassismus besteht heutzutage im Kampf gegen Antisemitismus (oder Zionismus), das heißt, wenn man diesen Kampf nicht vollständig unterstützt, wird man von denjenigen beschuldigt, die insgeheim das rassistische Spiel spielen (und in einer weiteren Steigerung wird jeder kritische Kommentar über den Islam mit »Islamophobie« gleichgesetzt). Während über die zutiefst problematische Natur der Gleichsetzung von jeglicher Kritik am israelischen Staat mit Antisemitismus genug geschrieben worden ist, sollten wir auch die Erhöhung des Zionismus zum neoimperialistischen Rassismus schlechthin problematisieren. Israel-Kritiker sind häufig der Ansicht, dass wir den Zionismus auf diese Weise verstehen sollten und die zionistische Unterdrückung der Palästinenser als paradigmatischen Fall heutiger imperialistischer Unterdrückung. Wenn man sie fragt, warum Israel diese Ausnahmeposition innehaben sollte, während es doch gewiss viele Fälle weit größerer brutaler Unterdrückung auf der Welt gebe, lautet die Standardantwort, dass diese Erhöhung das Ergebnis des derzeitigen Kampfs um Hegemonie ist, den niemand kontrollieren kann – die Juden wurden auserwählt, dieser beispielhafte Fall zu sein, und wir müssen dieser Logik folgen. Das erscheint mir zutiefst problematisch. Wenn eine spezifische ethnische Gruppe als Symbol (oder Personifizierung) einer universellen negativen Haltung »erwählt« wird, ist dies niemals eine neutrale Operation, sondern eine Wahl innerhalb eines wohlabgegrenzten Raums ideologischer Tradition. Die Juden wurden bereits zweimal in ihrer Geschichte ausgewählt, erst von Gott selbst zum »auserwählten Volk« (in ihrer religiösen Sicht), dann zur Zielscheibe von Antisemitismus als die Personifizierung moralischer Verderbtheit, so dass jede weitere »Wahl« vor dem Hintergrund dieser vorangegangenen Wahlen gelesen werden muss.[11] Wenn der jüdische Staat, der zweifelsohne ethisch und politisch zutiefst problematische Dinge tut, als Emblem dessen »ausgewählt« wird, was in dieser Welt schlecht läuft, dann kann der Überschuss libidinöser Energie, der uns dazu befähigt, ihn in ein universelles Symbol zu verwandeln, nur aus der (antisemitischen) Vergangenheit stammen. Und was an dieser »Wahl« falsch ist, ist wiederum die Verleugnung des Klassenkampfs.

Alessandro Russo[12] hat gezeigt, wie die radikale Linke der 1960er Jahre durch das Schwanken zwischen »Meta-Klassismus« (das Annehmen einer Position oberhalb der Klassentrennung: das Reden über die Masse, das Volk, die Einheit aller progressiven oder patriotischen Kräfte unter Ausschluss allein der Verräter)[13] und »Hyper-Klassismus« (Konzentration auf einen Teil der Arbeiterklasse als privilegierter revolutionärer Akteur: das »Kognitariat«, das »Prekariat«, illegale Einwanderer) bestimmt worden ist. Offensichtlich kann man heute dasselbe Schwanken in Antonio Negris Werk diagnostizieren: Multitude vs. Empire *und* Arbeiter vs. Kapital. Aber hat das erste Paar irgendetwas mit dem Kapital zu tun? Manchmal identifiziert Negri implizit die beiden Paare und spricht über (kapitalistische) Regierungsführung vs. (proletarische) Multitude; manchmal macht er in der »deterritorialisierenden« Funktion des heutigen äußerst dynamischen Kapitalismus (bis zu Finanzspekulationen) die Dimension der Multitude aus und kommt zu dem Schluss, dass wir in dieser fortgeschrittensten Form des Kapitalismus »fast am Ziel« sind, fast im Kommunismus – wir müssen uns nur der kapitalistischen Form entledigen.

Hinter diesem Schwanken lauert ein entscheidendes Problem: das Problem der Definition dessen, was uns heute tatsächlich trennt, wenn es nicht mehr der traditionelle Klassenkonflikt ist (die Trennung zwischen Multitude und Regierungsführung ist nicht stark genug, um diese Rolle zu spielen). Was, wenn es immer noch der Klassenkampf ist, wir aber mit einem erweiterten Spektrum des Proletariats herausfinden, dass wir uns nicht mehr auf die traditionelle Arbeiterklasse konzentrieren, sondern alle jene mit einbeziehen sollten, die heute ausgebeutet werden: Arbeiter, die Arbeitslosen und nicht Vermittelbaren, das »Prekariat«, das »Kognitariat«, illegale Migranten, Slumbewohner, »Schurkenstaaten«, die aus dem »zivilisierten« Raum ausgeschlossen sind.[14] (Wir sollten alle daran denken, dass es bereits bei Marx einen subtilen untergründigen Unterschied zwischen der Arbeiterklasse und dem Proletariat gibt: Die

»Arbeiterklasse« ist letztlich eine empirische Kategorie, die einen Teil der Gesellschaft bezeichnet (Lohnarbeiter), während das Proletariat eine formalere Kategorie ist, die den »Anteil der Anteillosen« des gesellschaftlichen Körpers bezeichnet, den Punkt seiner symptomatischen Verdrehung oder, wie Marx formulierte, die Nicht-Vernunft innerhalb der Vernunft – der rationalen Struktur einer Gesellschaft.) Alain Badiou schlug aus diesem Grund kürzlich – halb ironisch, halb ernsthaft – vor,[15] man sollte heute nach dem »Hauptwiderspruch« *innerhalb* des Volks (der Klassen) selbst suchen, nicht zwischen Volk und Feinden des Volks oder zwischen Volk und Staat: Die ursprüngliche Tatsache ist eine Trennung/ein Antagonismus im Herzen dessen, was wir Volk nennen.

Tode auf dem Nil

Wie können wir also die falschen Trennungen aufbrechen, um zu den realen vorzustoßen (real im exakten Lacan'schen Sinn)? Nehmen wir den Fall Ägyptens. Als die ägyptische Armee im Sommer 2013 beschloss, den Stillstand zu beenden und den öffentlichen Raum von islamistischen Protestierern zu säubern und dabei Hunderte oder vielleicht Tausende tötete, hätte man sich nur vorstellen müssen, welchen Aufruhr es verursacht hätte, wenn sich dasselbe Blutbad in einem Land wie Iran ereignet hätte. Allerdings ist es dringend geboten, einen Schritt zurück zu treten und den Fokus auf die abwesende dritte Partei im damaligen Konflikt zu richten: Wo waren die Akteure der Proteste auf dem Tahrir-Platz zwei Jahre zuvor? Ist ihre Rolle nicht der

Rolle der Muslimbrüder während des Arabischen Frühlings 2011 seltsam ähnlich – die der überraschten, unbeteiligten Zuschauer? Im Juni 2013 setzte die ägyptische Armee, die zu den ersten Unterstützern der Protestler gehörte, die das Mubarak-Regime zwei Jahre zuvor gestürzt hatten, den demokratisch gewählten Präsidenten und seine Regierung ab. Die Protestierenden, die Mubarak zu Fall gebracht und Demokratie gefordert hatten, unterstützten passiv einen Militärputsch, der die Demokratie abschaffte. Was war los?

Die vorherrschende Interpretation, im Einklang mit der hegemonialen Ideologie, wurde u.a. von Fukuyama vorgebracht: Die Protestbewegung, die Mubarak gestürzt hatte, war vor allem ein Aufstand der gebildeten Mittelschicht, in dem die armen Arbeiter und Bauern auf die Rolle der (wohlgesinnten) Beobachter beschränkt waren. Sobald sich die Tore der Demokratie geöffnet hatten, gewannen die Muslimbrüder, deren gesellschaftliche Basis in der armen Mehrheit liegt, die Wahlen und bildeten eine von muslimischen Fundamentalisten beherrschte Regierung, so dass sich der ursprüngliche Kern der säkularen Protestierer verständlicherweise gegen sie wandte und bereit war, selbst einen Militärputsch zu billigen, um sie aufzuhalten. Eine solch vereinfachte Sicht ignoriert allerdings ein wesentliches Merkmal der Protestbewegungen: die Explosion heterogener Organisationen (von Studenten, Arbeiterinnen etc.), in deren Gestalt die Zivilgesellschaft ihre Interessen außerhalb des Rahmens von Staat und religiösen Institutionen zu artikulieren begann. Dieses breite Netzwerk neuer gesellschaftlicher Formen ist – mehr als der Sturz Mubaraks – der hauptsächliche Gewinn des Arabischen Frühlings. Es ist ein noch laufender Prozess, unabhängig von großen politischen Veränderungen wie dem Armeeputsch gegen die Regierung der Muslimbrüder; er reicht tiefer als die Kluft zwischen religiös und liberal.

Der Antagonismus zwischen Armee und Muslimbruderschaft ist deshalb nicht der äußerste Antagonismus der ägyptischen Gesellschaft. Weit davon entfernt, ein neutraler, wohlwollender Vermittler und Garant sozialer Stabilität zu sein, steht die Armee für und verkörpert ein gewisses soziales und politisches Programm – grob gesprochen: Integration in den globalen Markt, eine prowestliche politische Haltung und autoritärer Kapitalismus. Die Intervention der Armee wird benötigt, insofern als die Mehrheit nicht bereit ist, den Kapitalismus »demokratisch« zu akzeptieren. Im Unterschied zur säkularen Sicht der Armee bemüht sich die Muslimbruderschaft darum, eine fundamentalistisch-religiöse Herrschaft durchzusetzen. Beide ideologischen Sichtweisen schließen das aus, wofür die Protestierenden tatsächlich standen: universelle soziale und politische Emanzipation.

Die anhaltenden Ereignisse in Ägypten liefern ein weiteres Beispiel für die grundsätzliche Dynamik sozialer Revolten, die aus zwei hauptsächlichen Schritten besteht, wie sie durch Paare wie »1789/1793« (im Fall der Französischen Revolution) oder »Februar/Oktober« (im Fall der Russischen Revolution) bezeichnet werden. Der erste Schritt, den Badiou kürzlich die »Wiedergeburt der Geschichte« nannte, gipfelt in einem Aufstand des ganzen Volkes gegen die verhasste Machtfigur (Mubarak im Fall Ägyptens oder der Schah im Fall des Iran vor 30 Jahren). Menschen aller sozialer Schichten behaupten sich selbst als kollektives Subjekt gegen das Machtsystem, das schnell seine Legitimation verliert, und überall auf der Welt können wir auf unseren Fernsehbildschirmen diese magischen Momente ekstatischer Einheit verfolgen, in denen Hunderttausende sich tagelang auf öffentlichen Plätzen versammeln und schwören, nirgendwohin zu gehen, solange der Tyrann nicht zurücktritt. Solche Augenblicke stehen für die imaginäre Einheit in ihrer erhabensten Form: Alle Differenzen, alle Interessenkonflikte sind vergessen, weil die gesamte Gesellschaft vereint scheint in ihrer Opposition gegen den verhassten Tyrannen. In den späten 1980er Jahren geschah etwas Ähnliches in den in Auflösung begriffenen kommunistischen Regimes, als alle Gruppen sich in ihrer Zurückweisung der Kommunistischen Partei einig waren, wenn auch aus verschiedenen und letztlich unvereinbaren Gründen: Gläubige hassten sie für ihren Atheismus, säkulare Liberale für ihren ideologischen Dogmatismus, normale Arbeiter dafür, dass sie sie zu einem Leben in Armut zwangen, potentielle Kapitalisten für die Einschränkung von Privateigentum, Intellektuelle für den Mangel an individueller Freiheit, Nationalisten für den Verrat an den ethnischen Wurzeln im Namen eines proletarischen Internationalismus, Kosmopoliten für die geschlossenen Grenzen und den Mangel an intellektuellem Austausch mit anderen Ländern, die Jugend für die Ablehnung des Regimes gegenüber westlicher Popkultur, Künstler für die Einschränkungen des künstlerischen Ausdrucks und so weiter. Sobald sich die Regimes allerdings aufgelöst hatten, zerbrach diese imaginäre Einheit schnell, und neue (oder vielmehr alte, aber unterdrückte) Konflikte traten mit voller Kraft wieder zum Vorschein: religiöse Fundamentalisten und Nationalisten vs. säkulare Modernisierer, eine ethnische Gruppe gegen eine andere, fanatische Antikommunisten gegen vermeintliche Sympathisanten des alten Regimes. Diese Reihe von Antagonismen neigt dazu, sich entlang eines hauptsächlichen politischen Antagonismus zu kristallisieren, in den meisten Fällen entlang der Achse religiöse Traditionalisten vs. säkulare prowestliche, multikulturelle, liberaldemokratische Kapitalisten, obwohl der Inhalt dieses vorherrschenden Antagonismus variieren kann (in der Türkei sind die Islamisten eher für die Inklusion der Türkei in den globalen Kapitalismus als die säkular-nationalistischen Kemalisten; Exkommunisten können mit säkularen »Progressiven« verbündet sein, wie in Ungarn oder Polen, oder mit religiösen Nationalisten wie in Russland). Versuchen wir dieses Schlüsselmoment durch eine möglicherweise unerwartete Parallele mit der Paulus'schen Idee des Übergangs vom Recht zur Liebe zu klären. In beiden Fällen (im Recht wie in der Liebe) haben wir es mit Teilung zu tun, mit einem »geteilten Subjekt«: Der Modus der Teilung ist allerdings grundverschieden. Das Subjekt des Gesetzes ist »dezentriert« in dem Sinne, dass es in seinem selbstzerstörerischen Teufelskreis der Sünde und des Gesetzes gefangen ist, in dem der eine Pol sein Gegenteil hervorbringt. Paulus hat eine unübertroffene Beschreibung dieser Verwicklung in *Römer 7* geliefert:

> Denn wir wissen, daß das Gesetz geistlich ist, ich aber bin fleischlich, unter die Sünde verkauft. Denn ich weiß nicht, was ich tue. Denn ich tue nicht, was ich will: sondern was ich hasse, das tue ich. Wenn ich aber das tue, was ich nicht will, so gebe ich zu, daß das Gesetz gut ist. So tue nun nicht ich es, sondern die Sünde, die in mir wohnt. Denn ich weiß, daß in mir, das heißt in meinem Fleisch, nichts Gutes wohnt. Wollen habe ich wohl, aber das Gute vollbringen kann ich nicht. Denn das Gute, das ich will, das tue ich nicht; sondern das Böse, das ich nicht will, das tue ich. Wenn ich aber tue, was ich nicht will, so tue nicht ich es, sondern die Sünde, die in mir wohnt. So finde ich nun das Gesetz, daß mir, der ich

> das Gute tun will, das Böse anhängt. Denn ich habe Lust an Gottes Gesetz nach dem inwendigen Menschen. Ich sehe aber ein anderes Gesetz in meinen Gliedern, das widerstreitet dem Gesetz in meinem Gemüt und hält mich gefangen im Gesetz der Sünde, das in meinen Gliedern ist. Ich elender Mensch!

Ich bin folglich nicht einfach zwischen zwei Gegensätzen zerrissen, Gesetz und Sünde; das Problem liegt darin, dass ich sie nicht einmal klar auseinanderhalten kann: Ich will dem Gesetz folgen und ende in der Sünde. Dieser Teufelskreis wird weniger überwunden, als dass er durchbrochen wird. Man bricht aus ihm aus mit der Erfahrung der Liebe, genauer gesagt mit der Erfahrung der radikalen Kluft, die die Liebe vom Gesetz trennt. Darin liegt die radikale Differenz zwischen dem Paar Gesetz/Sünde und dem Paar Gesetz/Liebe. Die Kluft zwischen Gesetz und Sünde ist keine reale Differenz: Ihre Wahrheit liegt in ihrer gegenseitigen Implikation oder Verwirrung. Das Gesetz bringt Sünde hervor und ernährt sich von ihr. Erst im Paar Gesetz/Liebe erkennen wir eine reale Differenz: Diese beiden Momente sind radikal getrennt, sie sind nicht »vermittelt«, das eine ist nicht die Form seines Gegenteils. Es ist deshalb falsch zu fragen: »Sind wir also für alle Zeit zur Trennung von Gesetz und Liebe verdammt? Was ist mit der Synthese zwischen Gesetz und Liebe?« Die Trennung von Gesetz und Sünde unterscheidet sich radikal von der Trennung von Gesetz und Liebe: Anstatt eines Teufelskreises aus gegenseitiger Verstärkung erhalten wir eine Unterscheidung zwischen zwei verschiedenen Bereichen, die schlicht nicht auf derselben Ebene existieren. Aus diesem Grund hat die Liebe, sobald wir uns der Dimension der Liebe als von dem Gesetz radikal verschiedene bewusst werden, in gewisser Weise schon gewonnen, da dieser Unterschied nur vom Standpunkt der Liebe aus sichtbar ist.

Die Pointe dieses theologischen Exkurses sollte nun klar sein: Der endlose Kampf zwischen liberaler Permissivität und fundamentalistischer Intoleranz funktioniert in einer Art und Weise, die der Trennung von Gesetz und Sünde homolog ist – in beiden Fällen implizieren und verstärken sich die zwei Pole gegenseitig, ihr Antagonismus ist für unsere Notlage konstitutiv. Darüber hinaus ist die Unterscheidung zwischen Gesetz und Liebe homolog zur Unterscheidung zwischen der Totalität des existierenden globalen kapitalistischen Universums (dessen immanenter politischer Antagonismus der zwischen liberaler Demokratie und Fundamentalismus ist) und der radikalen (kommunistischen) Idee, daraus auszutreten.

Der Unterschied zwischen Liberalismus und radikaler Linker ist, dass obwohl sich beide auf dieselben drei Elemente beziehen (die liberale Mitte, die populistische Rechte und die radikale Linke), sie sich in einer anderen Topologie verorten: Für die liberale Mitte sind die radikale Linke wie Rechte die Formen desselben »totalitären« Überschusses, während für die Linke die einzig wahre Alternative die zwischen ihr selbst und dem liberalen Mainstream ist, wobei die populistische »radikale« Rechte nichts als ein Symptom der Unfähigkeit des Liberalismus ist, mit der linken Bedrohung umzugehen. Wenn wir heutige Politiker oder Ideologen hören, die uns eine Wahl zwischen liberaler Freiheit und fundamentalistischer Unterdrückung anbieten und triumphierend die (rein rhetorische) Frage stellen: »Wollt ihr, dass Frauen aus dem öffentlichen Leben ausgeschlossen und ihrer Grundrechte beraubt werden? Wollt ihr, dass jeder, der sich über Religion lustig macht, mit dem Tod bestraft wird?«, dann sollte uns die Selbstverständlichkeit der Antwort stutzig machen – wer könnte *das* schon wollen? Das Problem ist, dass ein solcher simplizistischer liberaler Universalismus seine Unschuld vor langer Zeit verloren hat. Aus diesem Grund ist für einen wahren Linken der Konflikt zwischen liberaler Permissivität und Fundamentalismus eigentlich ein *falscher* Konflikt – ein Teufelskreis aus zwei Polen, die sich gegenseitig hervorbringen und voraussetzen. Wir sollten einen hegelianischen Schritt zurück treten und den Maßstab selbst in Frage stellen, aus dem der Fundamentalismus in all seinem Horror hervortritt. Was Max Horkheimer über Faschismus und Kapitalismus in den 1930er Jahren sagte (diejenigen, die nicht kritisch über den Kapitalismus sprechen wollen, sollten auch über den Faschismus schweigen), kann auf den heutigen Fundamentalismus angewandt werden: Diejenigen, die nicht (kritisch) über liberale Demokratie und ihre noblen Grundsätze sprechen wollen, sollten auch über religiösen Fundamentalismus schweigen.

Wie sollen wir diese Umkehrung eines emanzipatorischen Schubs in fundamentalistischen Populismus verstehen? Als Reaktion auf die wohlbekannte Charakterisierung des Marxismus als »Islam des 20. Jahrhunderts«, der den abstrakten Fanatismus des Islam säkularisiert, schrieb Pierre-André Taguieff, der Islam erweise sich gerade als »Marxismus des 20. Jahrhunderts« und verlängere damit nach dem Zusammenbruch des Kommunismus dessen gewalttätigen Antikapitalismus.[16] Aber bestätigen nicht die jüngsten Launen des muslimischen Fundamentalismus Walter Benjamins alte Einsicht, dass »jeder Aufstieg des Faschismus das Zeugnis einer gescheiterten Revolution in sich trägt«? Der Aufstieg des Faschismus ist nicht nur das

Versagen der Linken, sondern auch der Beweis, dass es ein revolutionäres Potential gab, eine Unzufriedenheit, die die Linke nicht zu mobilisieren vermochte. Gilt nicht dasselbe für den heutigen sogenannten »Islamo-Faschismus«? Korreliert der Aufstieg des radikalen Islamismus nicht exakt mit dem Verschwinden der säkularen Linken in muslimischen Ländern? Wenn Afghanistan als äußerst islamisch-fundamentalistisches Land dargestellt wird, wer erinnert sich da noch daran, dass es vor vierzig Jahren ein Land mit einer starken säkularen Tradition und einer mächtigen Kommunistischen Partei war, die die Macht unabhängig von der Sowjetunion übernommen hatte?

Selbst im Fall eindeutig fundamentalistischer Bewegungen sollte man achtsam sein, nicht die soziale Komponente zu vernachlässigen. Die Taliban werden regelmäßig als fundamentalistische islamistische Gruppe präsentiert, die ihre Herrschaft mit Terror durchsetzt – als sie allerdings im Frühling 2009 das Swat-Tal in Pakistan eroberten, berichtete die *New York Times*, dass sie einen »Klassenaufstand ausheckten, der sich die tiefe Kluft zwischen einer kleinen Gruppe von wohlhabenden Grundbesitzern und ihren landlosen Pächtern zunutze macht«. Die ideologische Neigung des Artikels ist daran erkennbar, wie er über die Fähigkeit der Taliban spricht, »Klassentrennungen auszubeuten«, als läge die eigentliche Agenda der Taliban anderswo – im religiösen Fundamentalismus – und als schlügen sie lediglich einen Vorteil aus der Notlage der armen, landlosen Bauern. Dazu sollte man schlicht zwei Dinge hinzuaddieren: Erstens wird eine solche Unterscheidung zwischen der »wahren« Agenda und der instrumentellen Manipulation den Taliban von außen auferlegt – als erlebten die armen landlosen Bauern ihre Notlage nicht selbst in »fundamentalistisch«

religiösen Begriffen! Zweitens, wenn die Taliban Vorteil aus der Notlage der Bauern schlagen und damit »Alarm auslösen über die Risiken in Pakistan, das weiterhin zu großen Teilen feudal ist«, was hält dann die liberalen Demokraten in Pakistan wie auch die USA davon ab, »Vorteil zu schlagen« aus der Not und den Bauern zu helfen? Die traurige Implikation der Tatsache, dass diese offensichtliche Frage im Bericht der *New York Times* nicht gestellt wird, ist, dass die feudalen Kräfte in Pakistan der »natürliche Verbündete« der liberalen Demokratie sind.[17]

Das ist die eigentliche, unheilvolle Lehre aus dem ägyptischen Aufstand: Wenn gemäßigte liberale Kräfte die radikale Linke weiterhin ignorieren, werden sie eine unkontrollierbare fundamentalistische Welle auslösen. Damit das zentrale liberale Erbe überlebt, benötigen die Liberalen die brüderliche Hilfe der radikalen Linken. Obwohl (fast) alle diese demokratischen Ausbrüche voller Enthusiasmus unterstützten, gibt es einen versteckten Kampf um ihre Aneignung. Offizielle Kreise und die meisten westlichen Medien feiern sie als dasselbe wie die »prodemokratischen« Samtrevolutionen in Osteuropa: als Wunsch nach westlicher liberaler Demokratie, als Wunsch, wie der Westen zu werden. Aus diesem Grund kommt Unbehagen auf, wenn bemerkt wird, dass in diesen Protesten etwas anderes am Werk ist: die Forderung nach sozialer Gerechtigkeit. Dieser Kampf um Wiederaneignung ist nicht nur eine Frage der Interpretation, sondern hat entscheidende praktische Folgen. Wir sollten nicht zu fasziniert sein von den erhabenen Momenten nationaler Einheit. Denn die entscheidende Frage ist, was am Tag danach geschieht, wie dieser emanzipatorische Ausbruch in eine neue soziale Ordnung übersetzt wird. Wie erwähnt, haben wir in den letzten Jahrzehnten eine ganze Reihe von populären emanzipatorischen Ausbrüchen erlebt, die von der globalen kapitalistischen Ordnung wieder angeeignet wurden, entweder in ihrer liberalen Form (von Südafrika bis zu den Philippinen) oder in ihrer fundamentalistischen Form (Iran). Wir sollten nicht vergessen, dass keines der arabischen Länder, in denen sich die Volksaufstände ereignet haben, formal demokratisch ist: Sie waren alle mehr oder weniger autoritär, so dass die Forderung nach sozialer und wirtschaftlicher Gerechtigkeit spontan in die Forderung nach Demokratie integriert wurde, als ob Armut das Ergebnis der Gier und Korruption der Mächtigen wäre und es ausreichend wäre, diese loszuwerden. Das Ergebnis ist, dass wir zwar Demokratie bekommen, die Armut aber bleibt – was tun wir *dann*?

Das führt uns zurück zur grundlegenden Frage: War die ekstatische Einheit der Menschen auf dem Tahrir-Platz lediglich eine imaginäre Illusion, die in der Folge gnadenlos zerstört wurde? Bestätigen die Ereignisse in Ägypten nicht Hegels Behauptung, dass der Preis des Sieges einer politischen Bewegung in der Spaltung dieser Bewegung in antagonistische Fraktionen besteht? War die Einheit gegen Mubarak eine Fiktion, die den zugrundeliegenden Antagonismus zwischen prowestlichen säkularen Modernisierern (Mitgliedern der wachsenden Mittelschicht) und islamischen Fundamentalisten mit mehrheitlicher Unterstützung von den unteren Schichten verschleiert? In anderen Worten, nehmen wir einen Klassenkampf mit besonderem Dreh wahr?

Es ist richtig, dass es auf dem ersten Höhepunkt der Revolte eine Art imaginärer Einheit gibt, wenn alle Gruppen in der Ablehnung des Tyrannen vereint sind. In dieser Einheit steckt allerdings mehr als eine imaginäre ideologische

Illusion – jede radikale Revolte enthält per definitionem eine kommunistische Dimension, einen Traum von Solidarität und egalitärer Gerechtigkeit, die über die enge Sphäre der Politik hinaus in die Wirtschaft, das Privatleben und die Kultur hineinreicht und das gesamte gesellschaftliche Gefüge durchdringt. Hier ist eine eigentlich dialektische Bewegung der Umkehrungen am Werk. In der anfänglichen Revolte gibt es eine allumfassende Einheit des Volkes, dennoch trifft hier die Einheit bereits mit Teilung zusammen (die Teilung zwischen dem Volk und denjenigen, die noch für den Tyrannen arbeiten). Erst wenn der Tyrann gestürzt ist, beginnt die eigentliche Arbeit, die Arbeit für radikale soziale Veränderung. In dieser Zeit ist jeder formal für die Revolution, aber die Anstrengungen derjenigen, die eine »Revolution ohne Revolution« (Robespierre) wollen, zielen darauf, die Leute davon zu überzeugen, dass die Revolution vorüber ist, dass das Leben, sobald der Tyrann gefallen ist, wieder zur Normalität zurückkehren kann (dafür steht heute die Armee in Ägypten). Zu diesem Zeitpunkt, wenn jeder für die Revolution ist, muss man auf der strengen Teilung zwischen denen beharren, die wirklich eine Revolution wollen, und jenen, die eine »Revolution ohne Revolution« wollen. Um zu Martin Luther King zurückzukehren: In Badious Begriffen folgte King dem »Axiom der Gleichheit« weit über das Thema der Rassentrennung hinaus, und seine Bereitschaft, diesen Grundsatz zu verfolgen, macht aus ihm einen wahren Kämpfer für Emanzipation. Das meint Badiou mit der Aussage, dass eine wahre Idee etwas ist, das trennt, das es uns erlaubt, eine Trennlinie zu ziehen: In einer wahren Idee sind Universalität und Teilung die beiden Seiten derselben Medaille.

Der Kommunismus ist eine solche trennende Idee. In autoritären rechten Ländern werden alle, die (egal wie friedlich) für Demokratie, Freiheit, Gerechtigkeit und andere liberale Ziele kämpfen, als Kommunisten oder als leichtgläubige Ignoranten angeprangert, die von den Kommunisten, den größten Staatsfeinden, manipuliert wurden. Die grundlegende liberale Reaktion auf solche Anschuldigungen ist die Leugnung: »Nein, wir sind nur ehrliche Kämpfer für Freiheit und Demokratie, und da ihr (die Mächtigen) eigentlich gegen Freiheit und Demokratie seid, es aber nicht öffentlich zugebt, bezichtigt ihr uns unsinnigerweise des Kommunismus.« Was aber, wenn die Rechten, die die Freiheitskämpfer als heimliche Kommunisten bezeichnen, letztlich recht haben? Was, wenn in einer Situation intensiven emanzipatorischen Kampfes, in der die Opportunisten Angst vor der Explosion der Wut des Volkes haben und dazu neigen, einen Kompromiss mit der machthabenden Rechten auszuhandeln, die Kommunisten die Einzigen sind, die bedingungslos Freiheit und Gerechtigkeit gegen autoritäre Macht verteidigen? Nach der Zurückweisung solcher Anklagen (»Ich ein Kommunist? Sind Sie verrückt? Wir sind nur konsequente Liberale!«) kommt der Augenblick, in dem die einzig konsequente Reaktion darin besteht, die Beschuldigungen zu akzeptieren: »Ja, na und? Wir sind Kommunisten, ihr habt uns dazu gezwungen!« Darüber hinaus sollte man, wenn Kommunisten auf eine doppelzüngige Sprechweise zurückgreifen müssen unter Bedingungen, unter denen die direkte Selbstbezeichnung als »Kommunist« unmöglich (verboten) ist, solche Verschiebungen (»wahre Demokratie«, »Gerechtigkeit« usw. statt »Kommunismus«) weder fürchten noch als gefährlichen Kompromiss zurückweisen, der die wahren Kampflinien verwischt: Sie sind nützlich, weil sie das Feld unseres Kampfes ausweiten und es uns erlauben,

Kämpfe für Gerechtigkeit, Freiheit und Gleichheit zu vereinnahmen und zu dominieren.

Aus diesem Grund muss jede Revolution wiederholt werden. Erst nach der Auflösung der ersten enthusiastischen Einheit kann wahre Universalität formuliert werden, eine Universalität, die nicht mehr von imaginären Illusionen aufrechterhalten wird. Erst nachdem die anfängliche Einheit der Leute auseinanderbricht, beginnt die eigentliche Arbeit, die harte Arbeit, die alle Implikationen des Kampfes für eine egalitäre und gerechte Gesellschaft auf sich nimmt. Es genügt nicht, einfach den Tyrannen loszuwerden; die Gesellschaft, die den Tyrannen hervorgebracht hat, muss gründlich verändert werden. Nur diejenigen, die bereit sind, sich in dieser schwierigen Arbeit zu engagieren, bleiben dem radikalen Kern der anfänglichen enthusiastischen Einheit treu. Diese harte Arbeit der Treue ist der Prozess des Teilens, des Ziehens der Linie, die die Idee des Kommunismus von jenen imaginären Illusionen von Solidarität und Einheit trennt, die innerhalb der ideologischen Grenzen der existierenden Ordnung verbleiben. Eine solche geduldige Klärung ist die eigentliche revolutionäre Arbeit. Während für ihre Gegner eine solche Aktivität der Versuch ist, die Leute zu »manipulieren«, wohlmeinende Protestierende zur gefährlichen gewalttätigen Radikalisierung zu verführen und ihnen etwas aufzunötigen, was sie nie wollten, ist es für einen wahren Revolutionär nichts weiter als das Herausarbeiten der Konsequenzen und Implikationen des ursprünglichen ekstatischen Ereignisses: Wollt ihr echte Gerechtigkeit und Solidarität? Hier ist das, war ihr dafür tun müsst. Es ist daher nicht verwunderlich, dass die genuin revolutionären Momente so selten sind: Keine Teleologie garantiert sie; sie hängen davon ab, ob es ein politisches

Subjekt gibt, das einen (kontingenten, unvorhersehbaren) Anfang machen könnte.

Um auf Ägypten zurückzukommen: Wir sollten eine Parallele zwischen dem ägyptischen Aufstand und der gescheiterten Grünen Revolution ziehen, die 2011 im Iran stattfand. Die grüne Farbe, die die Unterstützer des unrechtmäßig unterlegenen Präsidentschaftskandidaten Mussawi trugen, die »Allahu-akbar«-Rufe, die von den Dächern Teherans erklangen, zeigten eindeutig, dass sie ihr Handeln als Wiederholung der Revolution Khomeinis von 1979 sahen, als Versuch, die spätere Korruption der Revolution rückgängig zu machen. Diese Rückkehr zu den Wurzeln war nicht nur programmatisch. Sie betraf mehr noch alle Handlungsmodi der Massen: die emphatische Einheit der Leute, ihre allumfassende Solidarität, die kreative Selbstorganisation, die Improvisation der Protestformen, die einzigartige Mischung aus Spontaneität und Disziplin, wie der beunruhigende Marsch von Tausenden in vollkommenem Schweigen. Wir hatten es mit einem wahren Volksaufstand enttäuschter Partisanen der Khomeini-Revolution zu tun: Mussawis Name stand für die authentische Auferstehung des populären Traums, der die Revolution trug. Die Khomeini-Revolution kann deshalb nicht einfach auf die Machtübernahme von islamistischen Hardlinern reduziert werden, denn sie war mehr als das. Ebenjene Tatsache, dass dieser Ausbruch unterdrückt werden musste, zeigt, dass die Revolution Khomeinis ein echtes politisches Ereignis war, eine momentane *Öffnung*, die unerhörte Kräfte sozialer Veränderung freisetzte, ein Augenblick, in dem alles möglich schien. Dann folgte die allmähliche *Schließung* mittels politischer Kontrolle durch das islamische Establishment.

Wie wir vor fast einem halben Jahrhundert zu sagen

pflegten, muss man kein Meteorologe sein, um zu wissen, wie der Wind in Ägypten weht: nach Iran. Selbst wenn die Armee siegt und die Situation stabilisiert, kann genau dieser Sieg einen Sturm ähnlich dem der Revolution Khomeinis auslösen, der in ein paar Jahren über Ägypten hinwegfegen wird – aber wird auch er von muslimischen Fundamentalisten übernommen? Was uns vor diesen Aussichten retten kann, ist allein die Einheit des Kampfes für Freiheit und Demokratie mit dem Kampf um soziale und wirtschaftliche Gerechtigkeit. Diese Einheit und nur diese Einheit ist das universelle Ziel.

Forderungen ... und mehr

In seinen frühen Schriften beschrieb Marx die deutsche Situation als eine, in der die Lösung der partikularen Probleme nur durch eine universelle Lösung erreichbar wäre: eine radikale globale Revolution. Darin liegt die prägnanteste Formel der Differenz zwischen einer Reform-Periode und einer revolutionären Periode: In Ersterer bleibt die globale Revolution ein Traum, der im besten Fall unsere Versuche trägt, lokale Veränderungen zu erreichen (und uns im schlechtesten Fall davon abhält, tatsächliche Veränderungen durchzusetzen), während eine revolutionäre Situation entsteht, wenn sich erweist, dass nur eine radikale globale Veränderung die partikularen Probleme zu lösen vermag. In diesem rein formalen Sinn war 1990 ein revolutionäres Jahr: Es wurde deutlich, dass die Teilreformen der kommunistischen Staaten nicht ausreichen würden, dass ein radikaler globaler Bruch nötig wäre, um selbst solche

Teilprobleme wie ausreichende Lebensmittelversorgung zu lösen.

Wo stehen wir also heute in Bezug auf diese Unterscheidung? Das grundlegende Dilemma ist ein einfaches und brutales: Sind die Proteste, die in letzten Jahren stattgefunden haben, das Zeichen einer globalen Krise, die sich allmählich, aber unausweichlich nähert, oder sind sie lediglich kleine Hindernisse, die in Grenzen gehalten werden oder gar durch präzise Eingriffe gelöst werden können, also rein lokale Sorgen in einer globalen Neuausrichtung auf eine progressive Epoche?

Das Unheimlichste und Unheilvollste an diesen Protesten ist, dass sie nicht nur oder nicht einmal hauptsächlich an den schwachen Punkten des Systems zum Ausbruch kommen, sondern an Orten, die bis vor kurzem als Erfolgsgeschichten wahrgenommen wurden. Ärger in der Hölle scheint verständlich – wir können verstehen, warum die Menschen in Griechenland oder Spanien protestieren; aber warum gibt es Ärger im Paradies, in wohlhabenden oder aufstrebenden Ländern wie der Türkei, Brasilien oder selbst Schweden (wo wir vor einer Weile Zeugen der gewalttätigen Proteste von Immigranten in den Vorstädten wurden)? Rückblickend können wir erkennen, dass der ursprüngliche »Ärger im Paradies« die Revolution Khomeinis im Iran war, einem Land, das sich offiziell auf der Überholspur in Richtung prowestlicher Modernisierung befand und der standhafteste Verbündete des Westens in der Region war. Vielleicht stimmt also etwas an unserem Begriff vom Paradies nicht.

Vor den jüngsten Protestwellen war die Türkei »heiß« – ein florierendes Modell liberaler Wirtschaft in Verbindung mit einem moderaten Islamismus mit menschlichem Antlitz, fit für Europa, ein willkommener Gegensatz zum

»europäischeren« Griechenland, das im alten ideologischen Morast verfangen war und zur wirtschaftlichen Selbstzerstörung neigte. Es ist richtig, dass es hier und da einige unheilvolle Zeichen gab (das andauernde Abstreiten des armenischen Holocaust, die Verhaftung und Anklage Hunderter Journalisten, die ungelöste Kurdenfrage, Rufe nach einem großtürkischen Staat, der die Tradition des Osmanischen Reichs wiederaufleben lassen würde und bei der Gelegenheit die Durchsetzung religiöser Rechtsprechung), aber sie wurden alle als kleine Flecken abgetan, die nicht das Gesamtbild verderben sollten. Das Letzte, was man in diesem Land erwarten konnte, waren großflächige Proteste – sie hätten schlicht nicht geschehen dürfen.

Dann geschah das Unvorhersehbare, und die Proteste auf dem Taksim-Platz brachen aus. Alle wussten, dass die geplante Verwandlung eines an den Platz angrenzenden Parks in ein Einkaufszentrum nicht der eigentliche Grund für die Proteste war und dass ein tiefer liegendes Unbehagen an Stärke gewann. Dasselbe gilt für die Proteste, die Mitte Juni 2013 in Brasilien ausbrachen: Sie wurden von einer geringen Erhöhung des Fahrpreises für den öffentlichen Nahverkehr ausgelöst, aber sie gingen noch weiter, als die Maßnahme schon längst wieder rückgängig gemacht worden war. Auch hier brachen die Proteste in einem Land aus, das sich – zumindest den Medien zufolge – inmitten eines Wirtschaftsbooms befand und größtes Vertrauen in seine Zukunft hatte. Ein weiterer rätselhafter Punkt war die Tatsache, dass die Proteste sofort von Dilma Rousseff unterstützt wurden, die sagte, sie sei darüber »hocherfreut« – was waren dann die eigentlichen Zielscheiben des Unbehagens der Protestierenden über Korruption und den Abbau öffentlicher Dienstleistungen?

Kurz, die »heiße« Türkei wurde plötzlich die »kalte« Türkei. Worum also ging es in den Protesten? Es ist wichtig, die Proteste nicht auf die Vorstellung der säkularen Zivilgesellschaft zu reduzieren, die sich gegen die von der schweigenden muslimischen Mehrheit unterstützte islamistische autoritäre Herrschaft wendet. Das Bild wird durch den antikapitalistischen Impuls der Proteste (Privatisierung öffentlichen Raums) komplizierter – die zentrale Achse der türkischen Proteste war die Verbindung zwischen autoritärem Islamismus und marktwirtschaftlicher Privatisierung des öffentlichen Raums. Diese Verbindung macht den Fall der Türkei so interessant und folgenreich: Die Protestierenden spürten intuitiv, dass Freiheit und religiöser Fundamentalismus sich nicht gegenseitig ausschließen, dass sie Hand in Hand gehen können – ein klares Zeichen dafür, dass die »ewige« Ehe zwischen Demokratie und Kapitalismus sich der Scheidung nähert.

Das Paradox ist, dass ein autoritäres Regime, eben weil es ihm an demokratischer Legitimation mangelt, manchmal verantwortungsvoller gegenüber seinen Staatsangehörigen sein kann als ein demokratisch gewähltes: Da es ihm an demokratischer Legitimität mangelt, muss es sich selbst legitimieren, indem es den Bürgern Dienste mit der impliziten Begründung zur Verfügung stellt: »Richtig, wir sind nicht demokratisch gewählt, aber genau deshalb, weil wir das Spiel des Heischens nach billiger Popularität nicht spielen müssen, können wir uns auf die wahren Bedürfnisse der Bürger konzentrieren.« Eine demokratisch gewählte Regierung kann im Gegenteil ihre Macht für die engen privaten Interessen seiner Mitglieder ausüben; sie verfügen bereits über die Legitimität durch Wahlen, weshalb sie keine weitere Legitimation benötigen und sich sicher genug fühlen, genau das zu tun, was sie wollen – zu jenen, die sich beschweren, können sie sagen: »Ihr habt uns gewählt, jetzt ist es zu spät.«

Man sollte hier jeden Essentialismus vermeiden: Es gibt kein einzelnes »reales« Ziel, das die Protestierenden verfolgen, etwas, worauf das allgemeine Gefühl des Unbehagens reduziert werden kann. Wir können nicht sagen, dass sich die Proteste wirklich gegen den globalen Kapitalismus, gegen religiösen Fundamentalismus richten und für bürgerliche Freiheit und Demokratie streiten. Die Mehrheit der Protestierenden ist sich nur eines vagen Gefühls von Unbehagen und Unzufriedenheit bewusst, das die einzelnen Forderungen trägt und vereint. Hegels Motto, dass die Geheimnisse der alten Ägypter auch für die Ägypter selbst ein Geheimnis gewesen seien, ist auch für die heutigen Ägypter ganz und gar zutreffend: Der Kampf um die Deutung der Proteste ist nicht nur ein »epistemologischer« Kampf, der Kampf von Journalisten und Theoretikern über den wahren Inhalt der Proteste, es ist auch ein »ontologischer« Kampf, ein Kampf, der das Ding selbst betrifft, ein Kampf, der sich im Herzen der Proteste selbst fortsetzt: Ist es nur ein Kampf gegen eine korrupte Stadtverwaltung? Ist es ein Kampf gegen autoritäre islamistische Herrschaft? Ist es ein Kampf gegen die Privatisierung von öffentlichem Raum? Das Ergebnis ist offen; es wird das Resultat der gerade stattfindenden politischen Prozesse sein.

Dasselbe gilt für die räumliche Dimension der Proteste. Schon 2011, als die Proteste überall in Europa und im Nahen Osten ausbrachen, bestanden viele Beobachter darauf, dass sie nicht als Teile derselben globalen Protestbewegung zu betrachten seien, dass jeder von ihnen auf eine spezifische Situation reagierte: In Ägypten verlangten die Protestierenden Freiheit und Demokratie, etwas, das die Gesellschaften der Occupy-Bewegung bereits hatten; selbst in muslimischen Ländern war der Arabische Frühling in Ägypten fundamental verschieden von der Grünen Revolution im Iran, denn Ersterer richtete sich gegen ein korruptes prowestliches autoritäres Regime, während Letztere sich gegen autoritären Islamismus richtete. Es ist leicht zu erkennen, wie eine Vereinzelung der Proteste den Verteidigern der bestehenden globalen Ordnung hilft: Es besteht keine Bedrohung der globalen Ordnung an sich, nur spezifische lokale Probleme.

Hier sollten wir allerdings den guten alten marxistischen Begriff der »Totalität« wiederaufleben lassen, in diesem Fall der Totalität des globalen Kapitalismus. Der globale Kapitalismus ist ein komplexer Prozess, der verschiedene Länder in unterschiedlicher Art und Weise betrifft, und was die Proteste in ihrer Vielfältigkeit eint, ist, dass sie alle Reaktionen gegen verschiedene Facetten der kapitalistischen Globalisierung sind. Die allgemeine Tendenz des heutigen globalen Kapitalismus geht in Richtung einer weiteren Ausdehnung der Herrschaft des Markts, in Verbindung mit fortschreitender Privatisierung des öffentlichen Raums, schrumpfender öffentlicher Leistungen (Gesundheit, Bildung, Kultur) und dem Aufstieg des Autoritarismus. Innerhalb dieses Kontexts protestieren die Griechen gegen die Herrschaft des internationalen Finanzkapitals und ihren eigenen korrupten und ineffizienten Staat, der immer weniger in der Lage ist, grundlegende soziale Dienstleistungen zur Verfügung zu stellen, die Türken gegen die Kommerzialisierung des öffentlichen Raums und religiösen Autoritarismus, die Ägypter protestierten gegen ein korruptes, autoritäres, vom Westen unterstütztes Regime, die Iraner gegen korrupten und ineffizienten religiösen Fundamentalismus und so weiter. Diese Proteste verbindet die Tatsache, dass keiner von ihnen auf ein einziges Problem reduziert werden kann: Sie befassen sich alle mit einer spezifischen Kombination von (mindestens) zwei Problemen, einem mehr oder weniger radikal wirtschaftlichen (von Korruption und Ineffizienz bis zu regelrechtem Antikapitalismus) und einem politisch-ideologischen (von Rufen nach Demokratie bis zu Forderungen nach der Abschaffung der gewöhnlichen Mehrparteien-Demokratie). Und gilt dasselbe nicht schon für die Occupy-Wallstreet-Bewegung? Jenseits der Fülle von (häufig wirren) Aussagen hat die Occupy-Bewegung zwei wesentliche Einsichten artikuliert: 1) die Unzufriedenheit mit dem Kapitalismus *als System* – das Problem ist das kapitalistische System als solches, nicht seine partikulare Korruption; 2) das Bewusstsein, dass die institutionalisierte Form repräsentativer Mehrparteien-Demokratie nicht ausreicht, um die kapitalistischen Exzesse zu bekämpfen, das heißt, dass die Demokratie neu erfunden werden muss.

Der globale Kapitalismus neigt dazu, den Gemeinbesitz auf *res nullius* zu reduzieren, was im römischen Recht etwas bezeichnet, das in Besitz genommen werden kann, auch ein Sklave (im Gegensatz zu einem Bürger), das aber noch nicht das rechtmäßige Objekt eines spezifischen Subjekts ist – diese Dinge werden als besitzerloses Eigentum betrachtet, »frei, besessen zu werden«. Der paradoxe Ausdruck »besitzerloses Eigentum« zeigt die ideologische Operation an, die dem Begriff von *res nullius* zugrunde liegt: Dinge, die noch nicht besessen werden, werden bereits potentiell besessen, als wäre das Besitz-Sein bereits in ihr Wesen eingeschrieben (genauso wie in der patriarchalischen Ideologie, in der eine unverheiratete Frau eine Art von »besitzlosem

Eigentum« darstellt, die darauf wartet, von einem Ehemann »besessen« zu werden). Im internationalen Recht wird *res nullius* als *terra nullius* bezeichnet: Ein Staat kann die Kontrolle über ein nicht beanspruchtes Territorium geltend machen, wenn einer seiner Bürger (häufig im Rahmen einer Forschungs- und/oder Militärexpedition) es betritt. Dieser Begriff hat erwartungsgemäß die Kolonisation gerechtfertigt: Bereits im frühen 16. Jahrhundert erklärte die Kirche weite Teile Amerikas und Afrikas zu *terra nullius*, indem sie die Auffassung vertrat, dass zwar indigene Völker in den eben entdeckten Territorien lebten, es aber das Recht der zivilisierten christlichen Nationen war, sie zu besetzen und gutem Gebrauch zuzuführen.

Dass der wahre Grund der Proteste der globale Kapitalismus ist, bedeutet natürlich nicht, dass die einzige Lösung darin besteht, ihn zu stürzen. Aber auch die Alternative, sich der spezifischen Probleme anzunehmen (»Die Menschen sterben jetzt in Ruanda, vergessen wir also den antikapitalistischen Kampf und verhindern wir die Massaker«) und geduldig auf eine radikale Veränderung zu warten, ist falsch, weil sie die Tatsache ignoriert, dass der globale Kapitalismus notwendig widersprüchlich ist: Marktfreiheit geht Hand in Hand mit den Subventionen der USA an ihre eigenen Landwirte, das Predigen der Demokratie geht Hand in Hand mit der Unterstützung Saudi-Arabiens. Diese Widersprüchlichkeit, diese Notwendigkeit, seine eigenen Regeln zu brechen, eröffnet einen Raum für echte politische Interventionen: Da die Widersprüchlichkeit notwendig ist, da das globale kapitalistische System seine eigenen Regeln brechen muss (freier Wettbewerb, Demokratie), stellt das Pochen auf Konsequenz, das heißt auf die Prinzipien des Systems selbst an solchen strategischen Punkten, an denen das System es sich nicht erlauben kann, seinen eigenen Regeln zu folgen, eine Herausforderung des gesamten Systems dar. In anderen Worten, die Kunst der Politik liegt darin, auf einer spezifischen Forderung zu bestehen, die, wenngleich vollkommen realistisch, dennoch den Kern der hegemonialen Ideologie durcheinanderbringt und einen viel radikaleren Wandel beinhaltet, denn es mag zwar realistisch und legitim, de facto aber unmöglich sein. Obamas allgemeine Krankenversicherung war ein solcher Fall: Obwohl es ein bescheidenes realistisches Vorhaben war, brachte es offensichtlich den Kern der amerikanischen Ideologie durcheinander. In der heutigen Türkei hat die einfache Forderung nach multikultureller Toleranz (die in Westeuropa fast geschlossen als selbstverständliches Prinzip gebilligt wird) explosives Potential. In Griechenland beinhaltet die vernünftige Forderung nach einem effizienteren und nicht korrupten Staatsapparat, sofern sie ernst gemeint ist, eine vollständige Erneuerung des Staats. Deshalb liegt kein analytischer Wert darin, den Neoliberalismus für unser spezielles Leid verantwortlich zu machen: Die heutige Weltordnung ist eine konkrete Totalität, innerhalb deren die spezifischen Situationen nach spezifischen Handlungen verlangen. Eine Maßnahme (beispielsweise die Verteidigung der Menschenrechte), die eine allgemeine liberale Platitude ist, kann zu explosiven Entwicklungen in einem spezifischen Kontext führen.

Das Motto etlicher radikaler Linker heute könnte lauten: »Wir müssen uns heraushalten. Dies ist eine postmoderne Idee, und sie lautet, dass ich mich aus dem Machtspiel herausziehen muss.«[18] Diese Haltung ist typisch für das zeitgenössische politische Denken in Frankreich, das sich auf den Staat und seine Apparate konzentriert: Der radikale emanzipatorische Kampf ist ein Kampf, der sich vom Staat fernhalten oder letztlich gegen ihn gerichtet sein sollte. (An dieser Stelle sollten wir Hegels Lehre des »absoluten Gegenstoßes« anwenden: Ebenjener Widerstand gegen den Staat konstituiert den Staat als Bezugspunkt.) Wir neigen hier dazu, die marxistische Einsicht zu vergessen, die heute gültiger denn je ist, dass der Hauptwiderspruch der heutigen Gesellschaft nicht der Widerstand gegen den Staat ist, sondern der »Klassenkampf« *innerhalb der Gesellschaft, mit Abstand zum Staat*. Kurz, der marxistische Standpunkt richtet sich nicht direkt gegen den Staat, sondern befasst sich vielmehr mit der Frage, wie die *Gesellschaft* verändert werden kann, so dass sie keinen Staat mehr benötigt.[19]

Selbst wenn also der emanzipatorische Kampf als Opposition gegen Staatsapparate beginnt, muss er sein Ziel ändern. Alain Badiou stellt eine neue, »affirmative« Dialektik der klassischen, dialektischen Logik der Negativität (was er als diese betrachtet) gegenüber, die aus ihrer eigenen Bewegung eine neue Positivität hervorbringt. Für ihn sollte der Anfangspunkt eines Emanzipationsprozesses nicht Negativität, Widerstand, Zerstörungswille sein, sondern eine neue affirmative Vision, die sich an einem Ereignis zeigt – wir lehnen die existierende Ordnung aus Treue zu diesem Ereignis ab, indem wir seine Konsequenzen hinausziehen. Ohne diese affirmative Geste endet der emanzipatorische Kampf notwendig damit, eine neue positive Ordnung durchzusetzen, die eine Imitation der alten ist und manchmal sogar ihre schlimmsten Merkmale radikalisiert. Aber man sollte diesem »affirmativen« Dialektikbegriff den Hegel'schen Begriff des dialektischen *Prozesses* entgegenhalten, der mit der affirmativen Vorstellung beginnt, nach der er strebt, aber in dessen Verlauf die Vorstellung selbst *eine tiefgehende Veränderung durchläuft* (nicht nur eine taktische Anpassung, sondern eine wesentliche Neudefinition), denn die Vorstellung selbst ist in den Prozess verwickelt und durch seine Aktualisierung (über)determiniert.[20] Nehmen wir beispielsweise eine aus der Forderung nach Gerechtigkeit entstandene Revolte: Sobald die Leute wahrhaft involviert sind, wird ihnen bewusst, dass viel mehr nötig ist als die ursprünglichen, begrenzten Forderungen, um wirkliche Gerechtigkeit zu erreichen (einige Gesetze aufzuheben). Das Problem liegt natürlich darin, zu wissen, was genau dieses »viel mehr« bedeutet. Die liberalpragmatische Vorstellung ist, dass man Probleme graduell lösen kann, eines nach dem anderen. John Caputo schrieb kürzlich:

> Ich wäre vollkommen zufrieden, wenn die linken Politiker in den USA fähig wären, das System zu reformieren, indem sie eine allgemeine Krankenversicherung einführen, den Reichtum mit einem überarbeiteten Steuersystem tatsächlich gerechter neu verteilen, die Wahlkampagnen-Finanzierung effektiv beschränken, allen Wählern das Wahlrecht geben, Migranten human behandeln und eine multilaterale Außenpolitik ausüben, die die amerikanische Macht in die internationale Gemeinschaft integriert, etc., d.h. Einfluss mit den Mitteln ernsthafter und weitreichender Reformen auf den Kapitalismus nehmen. […] Wenn sich Badiou und Žižek danach beschwerten, dass irgendein Monster mit dem Namen Kapital uns immer noch nachstellt, wäre ich geneigt, diesem Monster mit einem Gähnen entgegenzusehen.[21]

Mark Manopoulos hat diese Verteidigung des Kapitalismus maliziös »Caputolismus« genannt.[22] Das Problem liegt nicht in Caputos Schlussfolgerung: Wenn man all das im Kapitalismus erreichen kann, warum bleiben wir dann nicht dabei? Das Problem ist vielmehr die zugrundeliegende Prämisse, dass es *möglich* ist, all dies innerhalb der Koordinaten des gegenwärtigen globalen Kapitalismus zu erreichen. Was aber, wenn die spezifischen Dysfunktionen des Kapitalismus, die Caputo aufzählt, nicht nur zufällige Störungen sind, sondern strukturell notwendig? Was, wenn Caputos Traum ein Traum von Universalität ist (die universelle kapitalistische Ordnung) ohne ihre Symptome, ohne die kritischen Punkte, in denen die »verdrängte Wahrheit« sich artikuliert?

Die heutigen Proteste und Revolten werden von der Überlappung verschiedener Ebenen getragen, und dies macht sie so stark: Es wird für eine »normale« parlamentarische Demokratie gegen autoritäre Regime gekämpft; gegen Rassismus und Sexismus, vor allem gegen den Hass auf Immigranten und Flüchtlinge, für den Wohlfahrtsstaat und gegen den Neoliberalismus, gegen Korruption in Politik und Wirtschaft (Unternehmen, die beispielsweise die Umwelt zerstören) und für neue Formen der Demokratie, die über die Mehrparteienrituale hinausgehen. Das globale kapitalistische System als solches wird hinterfragt und die Idee einer nichtkapitalistischen Gesellschaft aufrechterhalten. Hier sind allerdings zwei Fallen zu vermeiden: falscher Radikalismus (»Worauf es ankommt, ist die Abschaffung des liberalparlamentarischen Kapitalismus, alle anderen Kämpfe sind zweitrangig«) ebenso wie falsche Stufenreformpolitik (»Wir kämpfen jetzt gegen die Militärdiktatur und für Demokratie, vergesst eure sozialistischen Träume, die kommen später dran – vielleicht«).

Die Situation ist folglich im eigentlichen Sinne *überdeterminiert*, und man sollte hier schamlos die alten maoistischen Unterscheidungen zwischen Haupt- und Nebenwidersprüchen (oder eher Antagonismen) mobilisieren, zwischen dem Antagonismus, der entscheidend in der abschließenden Analyse ist, und dem Antagonismus, der jetzt vorherrscht. Beispielsweise gibt es konkrete Situationen, in denen auf dem entscheidenden Antagonismus zu bestehen bedeutet, die Gelegenheit zu verpassen, etwas für den aktuellen Kampf zu bewirken. Nur eine Politik, die die Komplexität der Überdeterminierung vollständig zur Kenntnis nimmt, verdient den Namen politische *Strategie*. Wenn wir es mit einem bestimmten Kampf zu tun haben, ist die entscheidende Frage: Wie wird unsere Beteiligung oder Nichtbeteiligung daran andere Kämpfe beeinflussen? Die allgemeine Regel besagt, wenn eine Revolte gegen ein unterdrückerisches halbdemokratisches Regime beginnt, wie es 2011 im Nahen Osten der Fall war, ist es leicht, große Massen mit Slogans zu mobilisieren, die man nicht anders denn als Publikumsrenner bezeichnen kann – für Demokratie, gegen Korruption und so weiter. Aber dann nähern wir uns stufenweise schwierigeren Entscheidungen, und wenn unsere Revolte erfolgreich in ihrem direkten Ziel ist, bemerken wir, dass das, was uns wirklich gestört hat (unsere Unfreiheit, Demütigung, soziale Zersetzung, Mangel einer Aussicht auf ein würdiges Leben), in neuem Gewand weiter besteht. In Ägypten entledigten sich die Protestierenden des unterdrückerischen Mubarak-Regimes, aber die Korruption verschwand nicht, und die Aussicht auf ein würdiges Leben rückte sogar noch weiter weg. Nach dem Sturz eines autoritären Regimes können die letzten Spuren patriarchaler Sorge um die Armen wegfallen, so dass die neu gewonnene Freiheit de facto auf die Freiheit reduziert wird, die Form des eigenen Elends zu wählen – die Mehrheit bleibt nicht nur arm, sondern, um die Sache noch schlimmer zu machen, es wird ihnen gesagt, dass die Armut, weil sie nun frei sind, ihre eigene Schuld ist. In solch einer Notlage müssen wir uns eingestehen, dass im Ziel selbst eine Schwachstelle lag, dass dieses Ziel nicht spezifisch genug war – dass beispielsweise die gewöhnliche politische Demokratie auch genau als die Form der Unfreiheit dienen kann: Politische Freiheit kann leicht den rechtlichen Rahmen für ökonomische Sklaverei zur Verfügung stellen, in der die Unterprivilegierten sich selbst »frei« in die Knechtschaft verkaufen. Wir sind also dazu genötigt, mehr als nur politische Demokratie zu fordern: Wir brauchen eine Demokratisierung des gesellschaftlichen und wirtschaftlichen Lebens. Kurz, wir müssen zugeben, dass das, was wir zunächst als Hindernis verstanden haben, das noble Prinzip der demokratischen Freiheit umzusetzen, ein dem Prinzip selbst inhärentes Hindernis ist. Zu lernen, wie die Verdrehung eines Begriffs in seiner unvollständigen Umsetzung in der im Begriff selbst enthaltenen Verdrehung begründet liegt, ist ein wichtiger Schritt der politischen Bildung.

Die herrschende Ideologie mobilisiert ihr gesamtes Arsenal, um uns vom Erreichen dieser radikalen Einsicht abzuhalten. Unsere Regierenden sagen uns, dass die demokratische Freiheit ihre eigene Verantwortung mit sich bringt, dass sie ihren Preis hat, dass wir noch nicht reif sind, wenn wir zu viel von der Demokratie erwarten. Auf diese Art weisen sie uns die Schuld an unserer Not zu: In einer freien Gesellschaft, so sagt man uns, sind wir alle Kapitalisten, die in ihr Leben investieren und sich dafür entscheiden, mehr für Bildung auszugeben als für Freizeitvergnügen, wenn wir erfolgreich sein wollen. Auf einer direkteren politischen Ebene hat die US-Außenpolitik eine detaillierte Strategie entwickelt, wie Schadensbegrenzung ausgeübt werden kann, indem ein Volksaufstand in akzeptable parlamentarisch-kapitalistische Zwänge kanalisiert wird, wie es erfolgreich in Südafrika nach der Apartheid gelang, auf den Philippinen nach dem Sturz Marcos', in Indonesien nach dem Sturz Suhartos und so weiter. In genau diesen Umständen sieht sich emanzipatorische Politik vor ihrer größten Herausforderung: Wie kann man die Dinge vorantreiben, nachdem das erste enthusiastische Stadium vorüber ist, wie kann der nächste Schritt erfolgen, ohne der Katastrophe der »totalitären« Versuchung zu erliegen – kurz, wie können wir von Mandela aus weitermachen, ohne uns in Mugabe zu verwandeln?

In den letzten zwanzig Jahren seines Lebens wurde Nelson Mandela als Modell dafür gefeiert, wie man ein Land aus der kolonialen Herrschaft befreien kann, ohne der Versuchung diktatorischer Macht und antikapitalistischen Posierens zu erliegen. Sprich: Mandela war nicht Mugabe, und Südafrika blieb weiterhin eine Mehrparteien-Demokratie mit Pressefreiheit und einer boomenden Wirtschaft, die gut in den globalen Markt integriert und immun gegen übereilte sozialistische Experimente war. Als sein Tod am 5. Dezember 2013 bekanntgegeben wurde, schien seine Gestalt als heiliger weiser Mann für die Ewigkeit fixiert zu sein: Es gibt Hollywood-Filme über ihn – er ist von Morgan Freeman gespielt worden, der in weiteren Rollen u. a. Gott und mindestens einen US-Präsidenten verkörpert hat –, und Rockstars, religiöse Führer, Sportler und Politiker, von Bill Clinton bis Fidel Castro, sind sich alle einig in ihrer Verehrung.

Aber ist das die ganze Geschichte? Zwei wesentliche Fakten werden in diesem feierlichen Porträt unterschlagen. Zum einen ist in Südafrika das elende Leben der armen Mehrheit seit der Apartheid gleich geblieben, und die Einführung von politischen und bürgerlichen Rechten hat ihr Gegengewicht in der wachsenden Unsicherheit, Gewalt und Verbrechen. Die wesentliche Veränderung ist, dass sich zur alten weißen Herrscherklasse nun die neue schwarze Elite gesellt. Zum anderen erinnern sich die Menschen daran, dass der African National Congress nicht nur das Ende der Apartheid, sondern auch soziale Gerechtigkeit, sogar eine Form von Sozialismus versprochen hatte. Diese viel radikalere Vergangenheit des ANC wird schrittweise aus unserem Gedächtnis getilgt, so dass die zunehmende Verärgerung der armen schwarzen Bevölkerung verständlich ist.

Südafrika ist nur eine Version der sich wiederholenden Geschichte der zeitgenössischen Linken. Ein Anführer oder eine Partei wird mit allgemeinem Enthusiasmus gewählt, weil er eine »neue Welt« verspricht, aber früher oder später stolpert er über das entscheidende Dilemma: Wagt man es, an die kapitalistischen Mechanismen zu rühren, oder entschließt man sich, das Spiel mitzuspielen? Wenn man diese Mechanismen stört, wird man schnell mit Marktturbulenzen, wirtschaftlichem Chaos usw. »bestraft«. Deshalb ist es zu einfach, Mandela dafür zu kritisieren, dass er seine sozialistische Perspektive nach dem Ende der Apartheid aufgegeben hat: Hatte er tatsächlich eine Wahl? War die Bewegung zum Sozialismus eine reale Option? Es ist leicht, Ayn Rand lächerlich zu machen, aber es steckt ein Körnchen Wahrheit in ihrer berühmten »Hymne auf das Geld« in ihrem Werk *Der Streik* [*Atlas Shrugged*]:

> Solange Sie nicht erkennen, dass Geld die Wurzel alles Guten ist, betteln Sie um Ihre eigene Zerstörung. Wenn Geld nicht mehr das Werkzeug ist, mit dem die Menschen untereinander handeln, dann werden Menschen die Werkzeuge von

Menschen. Blut, Peitsche und Gewehre – oder Dollars. Treffen Sie Ihre Wahl – eine andere gibt es nicht […].[23]

Sagte Marx nicht etwas Ähnliches, als er bemerkte, dass das Verhältnis zwischen den Menschen die Form des Verhältnisses zwischen Dingen annimmt?[24] In der Marktwirtschaft können die Beziehungen zwischen Menschen als Beziehungen gegenseitig anerkannter Freiheit und Gleichheit erscheinen: Herrschaft wird nicht mehr direkt ausgeübt und ist nicht mehr sichtbar. Problematisch an Rands zugrundeliegender Prämisse ist, dass die einzige Wahl zwischen direkten und indirekten Beziehungen von Herrschaft und Ausbeutung besteht, bei der jegliche Alternative als Utopie verabschiedet wird. Dennoch sollte man sich des Moments von Wahrheit in Rands ansonsten lächerlicher ideologischer Behauptung bewusst sein: Die große Lehre des Staatssozialismus ist, dass die direkte Abschaffung des Privateigentums und des marktregulierten Austauschs ohne konkrete Formen sozialer Regulierung des Produktionsprozesses notwendig die Verhältnisse von Knechtschaft und Herrschaft reproduziert. Wenn wir lediglich den Markt abschaffen wollten (einschließlich der merkantilen Ausbeutung), ohne ihn durch eine eigentliche Form kommunistischer Organisation von Produktion und Austausch zu ersetzen, kehrt die Herrschaft mit voller Kraft zurück und mit ihr die direkte Ausbeutung.

Diese verdrängte Dimension kam inmitten der Begräbnisfeierlichkeiten für Mandela zum Vorschein. Unser tägliches Leben besteht meist aus einer Mischung aus langweiliger Routine und bösen Überraschungen – von Zeit zu Zeit allerdings geschieht etwas Unerwartetes, das wie ein Blitz einschlägt und das Leben lebenswert macht. Etwas in dieser

Art ereignete sich bei der Beerdigungszeremonie für Nelson Mandela am 10. Dezember 2013 im gigantischen FNB-Stadion in Johannesburg, wo Hunderttausende den Regierenden aus aller Welt lauschten. Und dann … geschah es (oder vielmehr war es schon seit einer Weile im Gang, bevor wir es bemerkten). Neben den Würdenträgern aus aller Welt, einschließlich Barack Obama, stand ein schwarzer Mann, förmlich gekleidet, ein Dolmetscher für Gebärdensprache, der von Millionen Fernsehzuschauern dabei betrachtet wurde, wie er Nelson Mandelas Gedenkfeier in die Gebärdensprache übersetzte. Den mit der Sprache Vertrauten fiel nach und nach auf, dass etwas Seltsames vor sich ging: Der Mann war ein Schwindler, er erfand seine eigenen Zeichen, wedelte mit seinen Händen, und nichts von dem, was er tat, hatte eine Bedeutung.

Einen Tag später ergab eine offizielle Untersuchung, dass der Mann, Thamsanqa Jantjie, 34 Jahre alt, ein qualifizierter, vom ANC angeheuerter Dolmetscher war. In einem Interview mit dem *Star* aus Johannesburg führte Jantjie sein Verhalten auf einen plötzlichen Anfall von Schizophrenie zurück, weswegen er Medikamente einnimmt. Der Zeitung sagte er, dass der schizophrene Anfall dafür verantwortlich sei, dass er während der gesamten Feier sinnlose Gebärden ausführte – er konnte sich nicht konzentrieren, hörte Stimmen und halluzinierte: »Ich konnte nichts tun. Ich war allein in einer sehr gefährlichen Situation.« Jantjie bestand aber aufmüpfig darauf, dass er mit seiner Arbeit zufrieden war: »Absolut! Ich denke, mit dem, was ich gemacht habe, bin ich der König der Gebärdensprache.« Der folgende Tag brachte eine neue, überraschende Wendung: Die Medien berichteten, dass Jantjie seit Mitte der 1990er Jahre mindestens fünf Mal verhaftet worden war, aber mutmaßlich umging er eine Gefängnisstrafe, weil er geistig nicht in der Lage war, einen Prozess durchzustehen. Er wurde der Vergewaltigung, des Diebstahls, Einbruchs und der Beschädigung von Privateigentum beschuldigt; sein letzter Zusammenstoß mit dem Gesetz ereignete sich 2003, als er sich Anklagen wegen Mordes, versuchten Mordes und Freiheitsberaubung gegenübersah.

Die Reaktionen auf diese Episode waren eine Mischung aus Gelächter (das nach und nach als unwürdig unterdrückt wurde) und Wut. Es gab natürlich Sicherheitsbedenken: Wie war es möglich, dass diese Person trotz strenger Sicherheitsmaßnahmen in die Nähe von wichtigen Würdenträgern gelangen konnte? Hinter diesen Bedenken lauerte das Gefühl, dass Jantjies Erscheinen eine Art Wunder darstellte, als wäre er aus dem Nichts aufgetaucht oder aus einer anderen Dimension der Wirklichkeit. Dieses Gefühl schien sich zu bestätigen mit der verdächtig häufig wiederholten Versicherung der Gehörlosenorganisationen, dass Jantjies Gebärden keinen Sinn ergaben, dass sie keiner existierenden Gebärdensprache zugehörten, wie um den Verdacht zu beschwichtigen, dass vielleicht *doch* eine verborgene Botschaft in diesen Gebärden lag. Was, wenn er mit Außerirdischen in einer unbekannten Sprache kommuniziert hätte? Oder was, wenn – da er die meiste Zeit unbeweglich dastand und die Redner mit eher kurzen Darbietungen »dolmetschte«, die sich auf unheimliche Weise ähnelten – er wiederholt eine zutreffende Aussage in Gebärdensprache getroffen hätte: »Der Redner wiederholt nur das übliche pathetische Blabla, die Details sind unwichtig.« Jantjies Auftreten selbst schien in diese Richtung zu weisen: In seinen Gesten lag keine Lebendigkeit, sie gaben keinen Hinweis darauf, dass er in einen praktischen Witz verwickelt war – er vollführte die Bewegungen mit ausdrucksloser, fast roboterhafter Ruhe.

Jantjies Auftritt war nicht bedeutungslos; gerade weil er keine besondere Bedeutung lieferte, lieferte er Bedeutung an sich, das Vortäuschen von Bedeutung. Diejenigen, die hören und keine Gebärdensprache verstehen, gingen davon aus, dass Jantjies Gebärden eine Bedeutung hatten, obwohl sie sie nicht verstehen konnten. Und dies führt uns zum Knackpunkt der Angelegenheit: Sind Gebärdensprache-Dolmetscher für die Gehörlosen tatsächlich für diejenigen gedacht, die gesprochene Worte nicht hören können? Sind sie nicht eher an uns gerichtet, weil es uns ein gutes Gefühl gibt, den Dolmetscher neben dem Redner zu sehen, und uns die politisch korrekte Befriedigung gibt, dass wir das Richtige tun und uns um die Unterprivilegierten kümmern? Ich erinnere mich, wie in den ersten »freien« Wahlen in Slowenien 1990 eine der linken Parteien einen Fernsehspot produzierte, in dem der Politiker, der seine Botschaft übermittelte, von einer Dolmetscherin begleitet wurde (eine freundliche junge Frau), die die Botschaft in Gebärdensprache dolmetschte. Wir alle wissen, dass die eigentlichen Adressaten ihrer Übersetzung nicht die Gehörlosen, sondern die Hörenden waren: Die eigentliche Botschaft war, dass die Partei für die Behinderten eintrat. Es war wie die großen Wohltätigkeitsspektakel, die sich nicht eigentlich um krebskranke Kinder oder Opfer einer Überschwemmung drehen, sondern um uns, das Publikum, das sich bewusst ist, dass es etwas Gutes tut und Solidarität zeigt.

Wir können nun erkennen, warum Jantjies Gebärden eine solch unheimliche Wirkung hatten, sobald klarwurde, dass sie sinnlos waren: Er konfrontierte uns mit der Wahrheit der Gebärdensprachen-Übersetzungen – es ist nicht wichtig, ob gehörlose Zuschauer da sind; der Dolmetscher ist hier, weil er uns Hörenden ein gutes Gefühl gibt. Und war das nicht auch die Wahrheit von Mandelas Begräbniszeremonie? All die Krokodilstränen der Würdenträger waren eine selbstbeweihräuchernde Übung, und Jantjie übersetzte sie in das, was sie tatsächlich waren: Unsinn. Die Regierenden feierten den erfolgreichen Aufschub der wahren Krise, die explodieren wird, wenn die immer noch benachteiligten schwarzen Südafrikaner ein kollektives politisches Subjekt werden. Diese armen schwarzen Massen waren die Abwesenden, für die Jantjie dolmetschte, und seine Botschaft lautete: Die Würdenträger kümmern sich nicht um euch. Durch die falsche Übersetzung machte Jantjie den Trug der gesamten Zeremonie spürbar.

Wenn wir Mandelas Erbe treu sein wollen, sollten wir die feierlichen Krokodilstränen vergessen und uns auf die unerfüllten Versprechen seiner Regierung konzentrieren. Wir können bedenkenlos mutmaßen, dass er sich aufgrund seiner unzweifelhaften politischen und moralischen Größe bewusst war, dass sein politischer Triumph und seine Erhebung zu einem universellen Helden eine bittere Niederlage maskierten. Sein weltweiter Ruhm ist auch ein Zeichen dafür, dass er die globale Ordnung der Macht wirklich nicht gestört hat.

Auch hier besteht das Problem darin, zu wissen, was genau dieses »viel mehr« bedeutet (um die Gesellschaft stärker zu verändern als nur durch die Einführung einer liberalen Demokratie). Jedermann kennt Winston Churchills Bonmot über Demokratie, das normalerweise so wiedergegeben wird: »Demokratie ist die schlechteste aller Regierungsformen, mit Ausnahme aller anderen Formen.«

Was Churchill aber tatsächlich sagte (am 11. November 1947 im Unterhaus), war etwas weniger paradox und funkelnd: »Viele Regierungsformen sind ausprobiert worden und werden ausprobiert werden in dieser Welt von Sünde und Leid. Niemand behauptet, dass Demokratie perfekt oder ein Allheilmittel wäre. Tatsächlich ist gesagt worden, dass Demokratie die schlechteste aller Regierungsformen ist – abgesehen von all den anderen Formen, die von Zeit zu Zeit ausprobiert worden sind.«[25] Die zugrundeliegende Logik wird am deutlichsten, wenn man auf Churchills Aussage Lacans »Formeln der Sexuierung« anwendet und sie folgendermaßen umformuliert: »Demokratie ist das schlechteste aller Systeme; dennoch ist im Vergleich zu ihr jedes andere System schlechter.« Wenn man alle möglichen Systeme zusammennimmt und sie in Bezug auf ihren Wert in eine Rangfolge bringt, ist Demokratie das schlechteste und landet ganz unten; wenn man die Demokratie aber mit allen anderen Systemen vergleicht, ist sie besser als jedes von ihnen.[26] Gilt etwas Ähnliches nicht anscheinend auch für den Kapitalismus? Wenn man ihn in abstrakter Weise analysiert und versucht, ihn in der Hierarchie möglicher Systeme zu verorten, scheint er das schlechteste von allen zu sein – chaotisch, ungerecht, zerstörerisch. Wenn man ihn allerdings in konkreter, pragmatischer Weise mit allen Alternativen vergleicht, ist er immer noch besser als jede von ihnen.

Dieses »unlogische« Ungleichgewicht zwischen dem Allgemeinen und dem Besonderen ist ein direkter Hinweis auf die Effizienz der Ideologie. Eine Meinungsumfrage in den USA Ende Juli 2012, kurz bevor das Oberste Gericht über Obamas Krankenversicherungsreform entschied, zeigte, dass »große Mehrheiten das favorisieren, was das Gesetz enthält«: »Die meisten Amerikaner sind gegen Obamas Krankenversicherungsreform, obwohl sie die Mehrheit der Vorsorgemaßnahmen befürworten, wie eine Umfrage von Reuter/Ipsos am Sonntag zeigte, kurz vor der Entscheidung des Obersten Gerichts, ob das Gesetz durchgeht oder nicht. Die Ergebnisse der Umfrage legen nahe, dass Republikaner überzeugt gegen Obamas Reform stimmen, selbst wenn sie einiges daran mögen, wie die Möglichkeit, dass Kinder bis zum 26. Lebensjahr bei ihren Eltern mitversichert sind.«[27] Hier zeigt sich Ideologie in ihrer Reinform: Die Mehrheit will beides haben. Sie will die realen Verbesserungen durch die Reform, lehnt aber ihre ideologische Form ab (die sie als Bedrohung der »Wahlfreiheit« empfinden) – sie lehnen Wasser ab, akzeptieren aber H_2O, oder vielmehr: Sie lehnen (das Konzept von) Obst ab, wollen aber Äpfel, Pflaumen und Erdbeeren.

Die Faszination des Leidens

Eine Möglichkeit, diese Verwirrung aufzulösen (oder wenigstens zu neutralisieren), liegt im direkten Verweis auf menschliches Leid: Wir können doch sicher einschreiten, um es zu mildern? Alles, was an der Idee und Praxis humanitärer Interventionen falsch ist, wurde allerdings am Beispiel Syriens deutlich. Es gibt einen schlimmen Diktator, der Giftgas gegen seine eigenen Landsleute einsetzte – aber wer widersetzt sich seinem Regime? Anscheinend ist der demokratisch-säkulare Widerstand nun mehr oder weniger in einem Chaos fundamentalistischer islamistischer Gruppen untergegangen, die aus der Türkei und aus Saudi-Arabien unterstützt werden, mit einer starken Präsenz von Al-Qaida im Hintergrund. (Man erinnere sich, dass vor einiger Zeit ein wichtiger saudischer Kleriker muslimische Mädchen dazu anhielt, nach Syrien zu gehen und die Rebellen dadurch zu unterstützen, dass sie sich für Gruppenvergewaltigungen hergeben, da es den Rebellen an sexueller Befriedigung mangelte!)

Assads Syrien gab zumindest vor, ein säkularer Staat zu sein, so dass es nicht erstaunt, dass die Christen und andere Minderheiten sich auf seine Seite gegen die sunnitischen Rebellen schlugen. Kurz, wir haben es hier mit einem obskuren Konflikt zu tun, der vage an die libysche Revolte gegen Gaddafi erinnert – es gibt keine klaren politischen Einsätze, kein Anzeichen für eine breite emanzipatorisch-demokratische Koalition, nur ein komplexes Netzwerk von religiösen und ethnischen Bündnissen, das durch den Einfluss der Supermächte (USA, Westeuropa auf der einen Seite, Russland und China auf der anderen) überdeterminiert ist. Unter solchen Bedingungen bedeutet jede direkte militärische Intervention politischen Wahnsinn mit unkalkulierbaren Folgen. Was, wenn radikale Islamisten nach Assads Sturz die Macht übernehmen? Werden die USA ihren Fehler in Afghanistan wiederholen und künftige Al-Qaida- und Taliban-Anführer bewaffnen?

In einer derart verworrenen Situation kann militärische Intervention nur durch kurzfristigen, selbstzerstörerischen Opportunismus gerechtfertigt werden. Die moralische Empörung, die eine rationale Hülle für den Zwang zu intervenieren liefert (»Wir können den Einsatz von Giftgas gegen Zivilisten nicht zulassen!«), ist falsch und nimmt sich offensichtlich selbst nicht ernst. (Wie wir wissen, waren die USA nicht nur bereit, den Einsatz von Giftgas seitens Saddam

Husseins gegen die iranische Armee zu tolerieren, sondern stellten ihm sogar Satellitenaufnahmen seiner Feinde zur Verfügung, um ihm zu helfen – wo waren da die moralischen Bedenken?) Mit der merkwürdigen Ethik konfrontiert, die es erlaubt, sich auf die Seite einer fundamentalistischen Gruppe gegen eine andere zu schlagen, kann man nur Sympathie für Ron Pauls Antwort auf John McCains Verteidigung einer starken Intervention empfinden: »Mit solchen Politikern – wer braucht da noch Terroristen?«[28]

Der Kampf in Syrien ist demnach ein falscher, ein Konflikt, zu dem man sich neutral verhalten sollte. Das Einzige, das man bedenken sollte, ist, dass dieser Pseudokampf aufgrund der Abwesenheit eines Dritten gedeiht, einer starken radikalemanzipatorischen Opposition nämlich, deren Elemente in Ägypten eindeutig spürbar waren. In Syrien geschieht nichts Besonderes, außer dass China Fortschritte macht auf dem Weg, die neue Supermacht der Welt zu werden, während die Konkurrenten sich eifrig gegenseitig schwächen.

Aber noch einmal, was ist mit dem humanitären Aspekt, dem Leid von Millionen? Oft kann man von der übermäßigen Gleichgültigkeit gegenüber dem Leiden nur schockiert sein, selbst und vor allem wenn von diesem Leiden breit in den Medien berichtet und es verurteilt wird, als würde ebendiese Empörung über das Leid uns in bewegungslose, faszinierte Zuschauer verwandeln. Es ist ähnlich wie in den 1990er Jahren, während der dreijährigen Belagerung Sarajevos, als die Bevölkerung hungerte und dem andauernden Granaten- und Scharfschützenbeschuss ausgesetzt war. Die große Frage, die sich stellt, ist: Obwohl die Medien voller Bilder und Berichte waren, warum unternahmen die UN-Truppen, die NATO oder die USA nicht einfach den minimalen Akt, *die Belagerung Sarajevos zu durchbrechen* und einen Korridor zu errichten, durch den Menschen und Unterstützung freien Zugang bekommen hätten? Es hätte nichts gekostet: Mit ein wenig ernsthaftem Druck auf die serbischen Kräfte wäre das anhaltende Spektakel des umzingelten Sarajevo, das sich täglichem Terror ausgesetzt sah, bald beendet worden. (In einem ähnlichen Fall erwähnte Radovan Karadžić einmal in einem Interview, wie überrascht er war, dass die NATO-Truppen das serbische Territorium nicht einfach zweiteilten – der einzige Durchgang zwischen dem östlichen und dem westlichen Teil war ein schmaler Weg, der von einer kleinen Fallschirmtruppe schnell hätte besetzt werden können, so dass der viel größere westliche Teil des serbischen Territoriums abgeschnitten und verloren gewesen wäre. Man sollte auch zur Kenntnis nehmen, was Karadžić zu Beginn des Kriegs im ehemaligen Jugoslawien sagte: Die Serben in Bosnien wollen das halbe Gebiet mit weniger als 10 % Nicht-Serben darin – und genau das bekamen sie in Dayton!) Es gibt nur eine Antwort auf das Rätsel, formuliert von Rony Brauman, der im Auftrag des Roten Kreuzes die Hilfe für Sarajevo koordinierte: Genau die Darstellung der Krise Sarajevos als »humanitäre« Krise, das Umschreiben des politisch-militärischen Konflikts in humanitären Begriffen, wurde vor dem Hintergrund einer eminent *politischen* Entscheidung unternommen (im Wesentlichen das Einnehmen der serbischen Seite im Konflikt):

> Die Feier der »humanitären Intervention« in Jugoslawien nahm die Stelle eines politischen Diskurses ein und disqualifizierte damit im Voraus alle Debatten. [...] Es war anscheinend für François Mitterrand nicht möglich, seine Analyse des Kriegs in Jugoslawien zu artikulieren. Mit der rein humanitären Ant-

> wort entdeckte er eine unerwartete Quelle der Kommunikation oder, genauer, der Kosmetik, was in etwa dasselbe ist. [...] Mitterrand sprach sich für die Erhaltung Jugoslawiens innerhalb seiner Grenzen aus und war überzeugt, dass nur eine starke serbische Macht in der Lage war, eine gewisse Stabilität in der explosiven Region zu garantieren. Diese Position wurde bald in den Augen der Franzosen inakzeptabel. Die ganze lebhafte Aktivität und der humanitäre Diskurs erlaubten es ihm, den unfehlbaren Einsatz Frankreichs für die Menschenrechte am Ende erneut zu bestätigen und eine Opposition zu großserbischem Faschismus vorzutäuschen, während er ihm Vorschub leistete.[29]

Diese Art der Sympathie für die Opfer, die auf politischer Ebene Unterstützung für die Täter beinhaltet, ist weit entfernt davon, eine seltene Ausnahme zu sein: Unsere Faszination selbst von ihrer Not macht uns bewegungslos und verwandelt uns in gleichgültige Betrachter und blockiert so unsere Fähigkeit, politisch einzugreifen. Wie können wir also den Fluch dieser morbiden Faszination brechen?

Wut und Depression im globalen Dorf

Vor einem Jahrhundert machte G.K. Chesterton einige nützliche Kommentare über Bewegungen für radikalen sozialen Wandel:

> Fragen wir zunächst uns selbst, was wir wirklich wollen, nicht was die jüngste Rechtsprechung uns zu wollen gesagt hat oder die jüngsten logischen Philosophien uns zu wollen bewiesen haben oder die jüngsten Sozialprophezeiungen uns

> vorhersagen, was wir einst wollen werden […]. Wenn es um Sozialismus geht, dann lass ihn sozial sein; das heißt so verschieden wie möglich von allen heutigen großen kommerziellen Bereichen. Der wirklich gute Schneidergeselle schneidet seinen Mantel nicht nach dem Stoff zu; er verlangt mehr Stoff. Der wirklich praktische Staatsmann fügt sich nicht in die vorherrschenden Bedingungen, er denunziert die Bedingungen als unpassend.[30]

Diese (vielleicht allzu idealisierte und daher falsche) Folgerichtigkeit fehlt sehr deutlich in der Wut, die heutzutage überall in Europa explodiert. Diese Wut, sagt Franco Bifo Berardi,

> ist machtlos und inkonsequent, wie Bewusstsein und koordiniertes Handeln jenseits der Reichweite der gegenwärtigen Gesellschaft zu sein scheint. Schauen wir auf die europäische Krise. Noch nie in unserem Leben standen wir einer Situation gegenüber, die dermaßen mit revolutionären Gelegenheiten aufgeladen war. Noch nie in unserem Leben waren wir so machtlos. Nie waren Intellektuelle und Militante so still, so unfähig, einen Weg zu finden, der in eine neue mögliche Richtung weist.[31]

Berardi verortet die Ursprünge dieser Machtlosigkeit in der explosionsartig gestiegenen Geschwindigkeit, mit der der große Andere wirkt (die symbolische Substanz unseres Lebens), und der Langsamkeit der menschlichen Reaktionsfähigkeit (die sich der Kultur, Körperlichkeit, Krankheiten und so weiter verdankt): »die langanhaltende neoliberale Herrschaft hat die kulturelle Basis der sozialen Zivilisation erodieren lassen, die den progressiven Kern der Moderne ausmachte. Und das ist unumkehrbar. Das müssen wir einsehen.«[32] Ausbrüche ohnmächtiger Wut bezeugen die verheerenden Folgen einer globalen kapitalistischen Ideologie, die individuellen Hedonismus mit hektischer, konkurrierender Arbeit verbindet und dadurch den Raum für ein koordiniertes kollektives Handeln verschließt. Erinnern wir uns an die große Protestwelle, die überall in Europa im Jahr 2011 ausbrach, von Griechenland und Spanien bis London und Paris. Selbst wenn es kaum ein konsistentes politisches Programm gab, das die Protestierenden mobilisiert hat, dienten diese Demonstrationen als Teil eines größeren Bildungsprozesses; das Elend und die Unzufriedenheit der Protestierenden wurden in einen großen kollektiven Akt der Mobilisierung verwandelt – Hunderttausende versammelten sich an öffentlichen Orten und erklärten, dass sie genug hätten, dass es so nicht weitergehen könne. Obwohl solche Proteste die teilnehmenden Individuen als universale politische Subjekte konstituieren, bleiben sie auf der Ebene rein formaler Universalität. Was diese Proteste inszenieren, ist eine rein negative Geste wütender Ablehnung und eine gleichermaßen abstrakte Forderung nach Gerechtigkeit, der die Fähigkeit abgeht, diese Forderung in ein konkretes politisches Programm zu übertragen. Kurz gesagt, waren diese Proteste noch kein eigentlicher politischer Akt, sondern eher abstrakte Forderungen, die an einen Anderen gerichtet sind, von dem erwartet wird, dass er handelt. Was kann man in einer solchen Situation tun, wo Demonstrationen und sogar demokratische Wahlen nutzlos sind? Nur ein Rückzug, Passivität und der Verzicht auf Illusionen können einen neuen Weg eröffnen: »Nur selbstbewusste Gemeinschaften, die das Feld des sozialen Wettbewerbs verlassen, können den Weg zu neuer Hoffnung freimachen.«[33]

Man muss die grausame Ironie des Gegensatzes zwischen Berardi und Hardt/Negri zur Kenntnis nehmen. Hardt/Negri feiern den »kognitiven Kapitalismus« als Eröffnung eines Wegs zur »absoluten Demokratie«, da der Gegenstand, der »Stoff« immaterieller Arbeit in wachsendem Maße aus sozialen Beziehungen gemacht ist: »Die Multitude produziert nicht nur Güter und Dienstleistungen; sie produziert auch und vor allem Kooperation, Kommunikation, Lebensformen und soziale Beziehungen.«[34] Kurz gesagt, ist die immaterielle Produktion unmittelbar biopolitisch, die Produktion sozialen Lebens. Marx hat betont, dass die materielle Produktion immer auch (Re-)Produktion der gesellschaftlichen Verhältnisse ist, innerhalb deren sie sich vollzieht; mit dem heutigen Kapitalismus ist die Produktion von gesellschaftlichen Verhältnissen der unmittelbare Zweck/das unmittelbare Ziel der Produktion: »Solche neuen Formen von Arbeit [...] bieten neue Möglichkeiten ökonomischer Selbstverwaltung, da die für die Produktion nötigen Kooperationsmechanismen in der Arbeit selbst enthalten sind.«[35] Die Wette von Hardt und Negri besteht darin, dass diese unmittelbar sozialisierte, immaterielle Produktion nicht nur Besitzer zunehmend überflüssig werden lässt (denn wer braucht sie schon, wenn die Produktion unmittelbar sozial ist, sowohl in Form wie Inhalt?); die Produzierenden meistern ebenfalls die Regulierung des sozialen Raums, da die gesellschaftlichen Verhältnisse (die Politik) der Stoff ihrer Arbeit *ist*: Die wirtschaftliche Produktion wird politische Produktion, Produktion der Gesellschaft selbst. Dies eröffnet den Weg für die »absolute Demokratie«, die es den Produzenten erlaubt, ihre gesellschaftlichen Beziehungen unmittelbar zu regulieren, indem sie die demokratische Repräsentation umgehen. Die Illusion, die hier am Werk ist, wurde von Althusser prägnant formuliert, als er bemerkte, wie es Marx niemals gelungen sei, »die mythische

Idee des Kommunismus als *eine Produktionsweise ohne Produktionsverhältnisse*« preiszugeben; »im Kommunismus nimmt die freie Entwicklung der Individuen den Platz der sozialen Beziehungen in der Produktionsweise ein«.[36] Ist diese Idee des Kommunismus als »eine Produktionsweise ohne Produktionsverhältnisse« nicht ebenfalls das, was Negri und Hardt motiviert? Wenn die gesellschaftlichen Verhältnisse (inklusive der Produktionsverhältnisse) unmittelbar durch gesellschaftliche Produktion hergestellt werden, sind sie nicht länger echte gesellschaftliche Verhältnisse (das heißt ein struktureller, vorgegebener Rahmen, in welchem die gesellschaftliche Produktion stattfindet), sondern werden unmittelbar geplant und hergestellt und als solche vollkommen transparent. Diese Haltung findet ihren deutlichsten Ausdruck im Akzelerationismus, der auf der Prämisse beruht, dass die einzig radikale politische Antwort auf den Kapitalismus nicht im Protest besteht, in der Zerstörung oder der Kritik, nicht im Widerstand im Namen alter Formen gemeinschaftlichen Lebens, die von der zerstörerischen Macht des Kapitalismus bedroht werden, nicht im Warten auf seinen Untergang an seinen eigenen Widersprüchen, sondern in der Beschleunigung seiner entwurzelnden, entfremdenden, dekodierenden, abstrakten Tendenzen.[37]

Berardis Schlussfolgerung ist das genaue Gegenteil: Weit davon entfernt, die potentielle Transparenz des gesellschaftlichen Lebens zum Vorschein zu bringen, macht der heutige »kognitive Kapitalismus« es undurchdringlicher denn je und untergräbt genau die subjektiven Bedingungen jeglicher Form von kollektiver Solidarität des »Kognitariats«.[38] Symptomatisch ist die Art und Weise, wie der gleiche Begriffsapparat zu zwei radikal entgegengesetzten

Schlussfolgerungen führt. Berardi warnt uns vor dem, was er das deleuzianische »Evangelium hyperdynamischer Deterritorialisierung« nennt – wenn wir nicht in der Lage sind, aus den Zwängen des Systems auszusteigen, kann die Lücke zwischen der rasenden Dynamik, welche das System uns auferlegt, und unseren körperlichen und geistigen Beschränkungen früher oder später in die Depression führen. Berardi trifft diese Feststellung im Hinblick auf Félix Guattari, seinen Freund, der das theoretische Evangelium hyperdynamischer Deterritorialisierung predigte, während er selbst an langanhaltenden Depressionen litt:

> Eigentlich ist das Problem der Depression und Erschöpfung von Guattari nie explizit herausgearbeitet worden. Hier sehe ich ein zentrales Problem der Theorie des Begehrens: die Leugnung des Problems der Grenzen im organischen Bereich. […] Der Begriff des »körperlosen Organs« spielt auf die Idee an, dass der Organismus nicht etwas ist, das man definieren kann, dass der Organismus ein Prozess der Überschreitung ist, des Übertretens einer Schwelle, des »Anderswerdens«. Das ist ein wesentlicher Punkt, aber ebenso ein gefährlicher Punkt. […] Welcher Körper, welcher Geist macht eine Transformation und ein Werden durch? Welche Invarianten liegen dem Prozess des Anderswerdens zugrunde? Wenn man diese Frage beantworten will, dann muss man den Tod, die Endlichkeit und die Depression akzeptieren.[39]

Depression, Endlichkeit und Erschöpfung sind keine empirisch-psychologischen Kategorien, sondern Anzeichen einer grundlegenden ontologischen Beschränkung. Wenn Berardi von Depression spricht, dann im Hinblick auf die eigentliche Anrufung, das heißt auf eine Reaktion des menschlichen Tiers auf den Grund, der uns anspricht, besonders in Bezug auf die spätkapitalistische Anrufung, aber *ebenfalls* in Bezug auf die emanzipatorische Mobilisierung. Die Kritik an der politischen Repräsentation als eine passiv machende Entfremdung (anstatt anderen zu gestatten, für sie zu sprechen, sollten sich die Leute unmittelbar selbst in Verbänden organisieren) erreicht hier ihre Grenze. Die Vorstellung einer Gesellschaft, die sich in ihrer Gesamtheit als Netzwerk von Verbänden organisiert, ist eine Utopie, die eine dreifache Unmöglichkeit verschleiert:[40]

– Es gibt zahllose Fälle, bei denen die Repräsentation anderer (das Sprechen für sie) eine Notwendigkeit darstellt; es ist zynisch zu sagen, dass Opfer massiver Gewalt von Auschwitz bis Ruanda (und psychisch Kranke, Kinder usw., nicht zu erwähnen leidende Tiere) sich selbst organisieren und für sich selbst sprechen sollten;
– wenn uns tatsächlich eine Massenmobilisierung Hunderttausender Menschen gelingt, die sich selbst auf horizontaler Ebene organisieren (Tahrir-Platz, Gezi-Park ...), dann sollten wir nie vergessen, dass sie eine Minderheit bleiben und dass die schweigende Mehrheit draußen bleibt und nicht repräsentiert wird (auf diese Weise bezwang die schweigende Mehrheit in Ägypten die Menschenmasse auf dem Tahrir-Platz und wählte die Muslimbruderschaft);
– dauerhaftes politisches Engagement hat eine begrenzte Zeitspanne: Nach ein paar Wochen oder seltener Monaten klinkt sich die Mehrheit aus, und das Problem besteht darin, die Ergebnisse des Aufstands zu diesem Zeitpunkt zu sichern, wenn die Dinge wieder zur Normalität zurückkehren.

Impliziert das eine resignierte Kapitulation vor der hegemonialen Machtstruktur? Nein. Es liegt nichts inhärent »Konservatives« darin, von den üblichen Forderungen der radikalen Linken nach permanenter Mobilisierung und aktiver Partizipation ermüdet zu sein, Forderungen, die der Logik des Über-Ichs folgen – je mehr wir ihnen gehorchen, desto schuldiger sind wir. Die Schlacht muss *hier* gewonnen werden, im Feld der Passivität der Bürger, wenn die Dinge am Morgen nach der ekstatischen Revolte wieder zur Normalität zurückkehren; es ist (relativ) leicht, ein großes Spektakel erhabener Einheit zu erleben, doch wie werden die normalen Menschen den Unterschied in ihrem täglichen Leben spüren? Es ist nicht verwunderlich, dass die Konservativen die erhabenen Ausbrüche von Zeit zu Zeit gerne sehen – sie erinnern die Menschen daran, dass nichts sich wirklich ändern kann, dass die Dinge am Tag danach zur Normalität zurückkehren.

Aber das ist noch nicht alles: Die Natur selbst ist heute in Unordnung geraten, nicht weil sie unsere kognitiven Fähigkeiten überwältigt, sondern hauptsächlich weil wir nicht in der Lage sind, die Auswirkungen unsrer eigenen Eingriffe in ihren Verlauf zu beherrschen – wer weiß schon, was die äußersten Konsequenzen unserer Gentechnik oder der Erderwärmung sein werden? Das Erstaunen kommt aus uns selbst und betrifft die Undurchsichtigkeit, wie wir in das Bild passen. Vor diesem Hintergrund sollten wir die These von Jacques-Alain Miller verstehen, »il y a un grand désordre dans le réel«, (»Es gibt eine große Unordnung im Realen«).[41] Auf diese Weise charakterisiert Miller die Art, wie uns heute die Realität erscheint, da wir die volle Wirkung zweier grundlegender Agenten erleben: der modernen Wissenschaft und des Kapitalismus. Die Natur als das Reale, in dem alles, von den Sternen bis zur Sonne, immer wieder an seinen angestammten Platz zurückkehrt, als das Reich langer, verlässlicher Zyklen und stabiler Gesetze, die diese regulieren, wird von einem durch und durch kontingenten Realen ersetzt, einem Realen außerhalb des Gesetzes, einem Realen, das permanent seine eigenen Regeln revolutioniert, einem Realen, das jedem Einschluss in eine totalisierte Welt widersteht (einem Universum der Bedeutung), weshalb Badiou den Kapitalismus als erste weltlose Zivilisation bezeichnet.

Wie sollen wir auf diese Konstellation reagieren? Sollen wir einen defensiven Zugang wählen und nach einer neuen Grenze suchen, einer Rückkehr zu (oder eher einer Erfindung von) einem neuen Gleichgewicht? Das versucht die Bioethik im Hinblick auf die Biotechnologie, weshalb beide ein Paar bilden: Die Biotechnologie verfolgt neue Möglichkeiten naturwissenschaftlicher Eingriffe (Genmanipulation, Klonen), und die Bioethik errichtet neue moralische Grenzen für dasjenige, wozu uns die Biotechnologie befähigt. Als solche ist die Bioethik der wissenschaftlichen Praxis nicht immanent; sie greift von außen in diese Praxis ein, indem sie ihr eine externe Moralität auferlegt. Aber ist die Bioethik nicht genau der Verrat an der Ethik des wissenschaftlichen Bestrebens, der Ethik des »kompromittiere dein wissenschaftliches Begehren nicht, sondern folge unerbittlich seinem Pfad«? Der Slogan der Proteste von Porto Alegre, »eine neue Welt ist möglich«, errichtet ebenfalls eine neue Grenze, und an diesem Punkt stellt sich die Ökologie selbst als Begründung einer neuen Grenze zur Verfügung (»Wir können mit der Ausbeutung der Natur nicht so weitermachen, die Natur wird das nicht tolerieren, sie wird kollabieren«). Oder sollten wir dem oben erwähnten gegensätzlichen Weg folgen (von Deleuze und Negri unter anderen) und behaupten, dass die kapitalistische Regellosigkeit immer noch zu viel Ordnung darstellt, weil sie dem kapitalistischen Gesetz der Aneignung von Mehrwert gehorcht, so dass die Aufgabe nicht darin besteht, ihm eine Grenze zu setzen, sondern darin, ihn über seine Begrenzung hinauszutreiben? Sollen wir mit anderen Worten eine Paraphrase von Maos bekanntem Motto riskieren: Es gibt Unordnung im Realen, also ist die Situation ausgezeichnet? Muss man vielleicht diesem Weg folgen, wenn auch nicht in genau dem Sinn, den Deleuze und Negri in ihrer Feier der Deterritorialisierung verteidigen? Miller behauptet, dass das reine gesetzlose Reale dem symbolischen Zugriff widersteht, so dass uns immer bewusst sein sollte, dass unsere Versuche, es begrifflich zu fassen, bloßer Schein sind, defensive Hirngespinste – doch was, wenn es immer noch eine zugrundeliegende *Ordnung* gibt, die diese Unordnung hervorbringt, eine Matrix, die ihre Koordinaten zur Verfügung stellt? Das erklärt auch die repetitive Gleichförmigkeit der kapitalistischen Dynamik: Je mehr sich die Dinge ändern, desto mehr bleiben sie gleich. Und deshalb ist die Kehrseite der atemberaubenden kapitalistischen Dynamik eine klar erkennbare Ordnung hierarchischer Herrschaft.

Mamihlapinatapei

Wir sollten T.J. Clark[42] in seiner Ablehnung des eschatologischen Begriffs der Zukunft folgen, den der Marxismus von der christlichen Tradition geerbt hat und dessen prägnanteste Version durch Hölderlins bekannte Zeilen wiedergegeben wird: »Wo aber Gefahr ist, wächst das Rettende auch.« Vielleicht liegt darin die Lehre der schrecklichen Erfahrungen der Linken im 20. Jahrhundert, einer Erfahrung, die uns dazu zwingt, von Marx wieder zu Hegel zurückzukehren, das heißt von der marxistischen revolutionären Eschatologie zu Hegels tragischer Vision einer Geschichte, die für immer radikal offen sein wird, da der historische Prozess unsere Aktionen immer in unerwartete Richtungen umlenkt. Vielleicht sollte die Linke lernen, die grundlegende »Entfremdung« des historischen Prozesses vollständig anzunehmen: Wir können die Konsequenzen unserer Handlungen nicht kontrollieren – nicht weil wir bloße Puppen in den Händen irgendeines geheimen Herrn oder Schicksals wären, das die Fäden zieht, sondern genau aus dem entgegengesetzten Grund: Es gibt keinen großen Anderen, keinen Vertreter einer totalen Verantwortlichkeit, der den Konsequenzen unserer eigenen Handlungen Rechnung tragen kann. Dieses Akzeptieren der »Entfremdung« beinhaltet keinerlei zynische Distanz; es impliziert eine ganz und gar engagierte Position, die sich der Risiken bewusst ist, die damit einhergehen – es gibt keine höhere historische Notwendigkeit, deren Instrumente wir wären und die die Endergebnisse unseres Eingreifens garantieren würde. Von diesem Standpunkt aus erscheint unsere Verzweiflung in der gegenwärtigen misslichen Lage in einem neuen Licht: Wir müssen auf ebenjenes eschatologische Schema verzichten, das unserer Verzweiflung zugrunde liegt. Es wird nie eine Linke geben, die auf magische Weise konfuse Revolten und Proteste in ein großes konsistentes Heilsprojekt verwandelt; alles, was wir haben, sind unsere Aktivitäten, die für alle Risiken einer kontingenten Geschichte offen sind. Franco Berardi bringt dieses Argument anlässlich der Ereignisse in Griechenland prägnant auf den Punkt: »Ich weise jegliche Überlegung zu laufenden Ereignissen zurück. Ich weise gewissermaßen bewusst die Möglichkeit zurück, dass die gegenwärtige Welt verbessert werden kann, da wir ohne Hoffnung sein müssen, wenn wir neue Möglichkeiten erkennen wollen.«[43]

Heißt das, wir sollten einfach das Thema (und die Erfahrung) aufgeben, »in der Endzeit zu leben«, uns dem apokalyptischen Punkt der Unumkehrbarkeit zu nähern, wo »die Dinge so nicht mehr weitergehen können«? Dass wir es durch den glücklichen, liberalprogressiven »postmetaphysischen« Blick bescheidener, riskanter, aber umsichtiger pragmatischer Interventionen ersetzen sollten? Nein, was wir tun müssen, ist die apokalyptische Erfahrung von der Eschatologie zu trennen: Wir nähern uns nun einem gewissen Nullpunkt – ökologisch, ökonomisch, sozial –; die Dinge werden sich ändern, und der Wandel wird am radikalsten sein, wenn wir nichts tun. Aber es liegt keine eschatologische Wende vor uns, die dem Akt globaler Erlösung entgegenstrebt. In der Politik ist ein authentisches Ereignis nicht das Ereignis, auf das traditionelle Marxisten warten (das große Erwachen des revolutionären Subjekts), sondern etwas, das als unerwartetes Nebenereignis geschieht. Erinnern wir uns daran, wie Lenin nur ein paar Monate vor der revolutionären Erhebung 1917 in Russland vor der Schweizer sozialistischen Jugend eine Rede hielt, in der er sagte, dass ihre Generation in ein paar Jahrzehnten möglicherweise als erste Zeuge einer sozialistischen Revolution sein würde.

Kommen wir also zum Schluss, indem wir zu den Protesten in zwei benachbarten Ländern zurückkehren, in Griechenland und in der Türkei. Auf den ersten Blick scheinen sie völlig verschieden zu sein: Griechenland ist in der ruinösen Sparpolitik verfangen, während die Türkei einen Wirtschaftsboom erlebt und sich zur neuen regionalen Supermacht entwickelt. Was aber, wenn jede Türkei ihr eigenes Griechenland hervorbrächte und enthielte, ihre eigenen Inseln des Elends? In einer seiner »Hollywoodelegien« schrieb Brecht über dieses Dorf, wie er es nannte:

Das Dorf Hollywood ist entworfen nach den Vorstellungen
Die man hierorts vom Himmel hat. Hierorts
Hat man ausgerechnet, daß Gott,
Himmel und Hölle benötigend, nicht zwei
Etablissements zu entwerfen brauchte, sondern
Nur ein einziges, nämlich den Himmel. Dieser
Dient für die Unbemittelten, Erfolglosen
Als Hölle.[44]

Gilt nicht das Gleiche für das heutige globale Dorf und exemplarisch für Dörfer wie Katar oder Dubai, mit dem Glamour für die Reichen und dem Zustand annähernder Sklaverei der eingewanderten Arbeiter? Es ist daher kein Wunder, dass ein genauerer Blick die zugrundeliegende Ähnlichkeit zwischen der Türkei und Griechenland enthüllt: Privatisierung, Einfriedung öffentlichen Raums, Abbau von staatlichen Sozialleistungen, der Aufstieg autoritärer Politik (man vergleiche die drohende Schließung des öffentlichen Fernsehens in Griechenland mit den Anzeichen der Zensur in der Türkei). Auf dieser elementaren Ebene engagieren sich die griechischen und türkischen Protestierenden im selben Kampf. Das wahre Ereignis wäre es daher gewesen, die beiden Kämpfe zu koordinieren, »patriotische« Versuchungen zurückzuweisen, Sorgen um die Sorgen der anderen zurückzuweisen (über Griechenland und die Türkei als historische Feinde) und gemeinsame Solidaritätsbezeugungen zu organisieren.

Vielleicht hängt die Zukunft der Proteste von der Fähigkeit ab, eine solche globale Solidarität zu organisieren. Die Sprache der Yámana, die im Süden von Chile gesprochen wird, kennt das wunderbare Wort *mamihlapinatapei*: eine gemeinsame Sichtweise zweier Personen – zum Beispiel in unserem Fall eines protestierenden Griechen und eines protestierenden Türken –, die beide an Kontakt interessiert sind, wobei keiner jedoch Willens ist, den ersten Schritt zu tun. Einer muss aber das Risiko auf sich nehmen und es tun. Und die gegenwärtigen Ereignisse in der Ukraine sollten ebenfalls in diesem Licht interpretiert werden.

Lenin in der Ukraine

In den Fernsehreportagen über die Massenproteste in Kiew gegen das Janukowitsch-Regime haben wir immer wieder gesehen, wie aufgebrachte Protestierende Lenin-Statuen zu Fall brachten. Diese wütenden Angriffe waren insofern verständlich, als Lenin-Statuen das Symbol der sowjetischen Unterdrückung waren und Putins Russland als Fortsetzung der sowjetischen Politik der Unterwerfung der Nachbarländer unter die russische Herrschaft wahrgenommen wird. Man sollte ebenfalls den präzisen historischen Moment bedenken, in dem sich die Lenin-Statuen in der Sowjetunion zu vermehren begannen: Vor 1956 gab es viel mehr Stalin-Statuen, und erst 1956, nach Stalins Verurteilung auf dem 20. Parteitag der Kommunistischen Partei, wurden Stalin-Statuen *en masse* durch Lenin-Statuen ersetzt. Lenin war buchstäblich ein Vertreter für Stalin, wie ein merkwürdiger Vorgang deutlich macht, der 1962 auf der Titelseite der *Prawda* zu sehen war, der offiziellen sowjetischen Tageszeitung:

1945 erschien Lenin auf dem Zeitungskopf der *Prawda* (man könnte spekulieren, dass er dort erschien, um Stalins Autorität über die Partei wieder Geltung zu verschaffen – angesichts der potentiell zerstörerischen Kraft heimkehrender Soldaten, die sowohl den Tod als auch das bürgerliche Europa gesehen hatten, angesichts der zirkulierenden Mythen, dass Lenin auf seinem Totenbett vor ihm gewarnt habe). 1962 – als Stalin auf dem 22. Parteitag der Kommunistischen Partei öffentlich verurteilt wurde – tauchten plötzlich zwei Bilder von Lenin auf dem Zeitungskopf auf, als ob der seltsame doppelte Lenin den fehlenden »anderen Führer« zudeckte, der in Wirklichkeit niemals dort war![45]

Warum aber zwei identische Porträts von Lenin, Seite an Seite gedruckt? In dieser bizarren Wiederholung war Stalin in seiner Abwesenheit auf gewisse Weise präsenter denn je, da seine schattenhafte Präsenz die Antwort auf die offensichtliche Frage war: »Warum zwei Lenins und nicht nur einer?«

Trotzdem verspürte man eine tiefe Ironie beim Betrachten der Ukrainer, die Lenin-Statuen als Zeichen ihres Willens zu Fall brachten, mit der sowjetischen Herrschaft zu brechen und ihre nationale Souveränität zu behaupten: Das goldene Zeitalter der ukrainischen Nationalidentität war nicht das zaristische Russland (wo die ukrainische Selbstbehauptung als Nation vereitelt wurde), sondern das erste Jahrzehnt der Sowjetunion, als diese ihre volle Nationalidentität etablierte: Hier ist die Passage aus der englischen Wikipedia über die Ukraine in den 1920er Jahren:

Der Bürgerkrieg, der schließlich die Sowjetregierung an die Macht brachte, zerstörte die Ukraine. Er hinterließ 1,5 Millionen Tote und Hunderttausende Obdachlose. Zusätzlich war die sowjetische Ukraine der Hungersnot von 1921 ausgesetzt. Die Sowjetregierung sah eine erschöpfte Ukraine und blieb während der 1920er Jahre sehr flexibel. Daher förderte die sowjetische Führung unter der Ägide der Ukrainisierungspolitik der nationalen kommunistischen Führung von Mykola Skrypnyk eine nationale Renaissance in der Literatur und den Künsten. Die ukrainische Kultur und Sprache erfreute sich eines Aufschwungs, als die Ukrainisierung eine lokale Umsetzung der sowjetweiten Politik der »korenisation« wurde (wörtlich *Indigenisierung*). Die Bolschewiken kümmerten sich ebenfalls darum, die allgemeine Gesundheitsfürsorge einzuführen, Bildung und Sozialversicherungsleistungen sowie das Recht auf Arbeit und Wohnung. Die Frauenrechte wurden durch neue Gesetze gestärkt, die entworfen wurden, um jahrhundertealte Ungleichheiten wegzufegen. Viele dieser Maßnahmen wurden in den frühen 1930er Jahren deutlich zurückgenommen, nachdem Josef Stalin seine Macht zunehmend gefestigt hatte, um *de facto* der Führer der Kommunistischen Partei zu werden.

Die »Indigenisierung« folgte den Prinzipien, die Lenin in ziemlich unzweideutigen Begriffen aufgestellt hatte:

> Das Proletariat [...] kann sich des Kampfes gegen die gewaltsame Zurückhaltung der unterjochten Nationen in den Grenzen des vorhandenen Staates nicht enthalten, und eben dies heißt für das Selbstbestimmungsrecht der Nationen kämpfen. Das Proletariat muß die Freiheit der politischen Abtrennung der von »seiner« Nation unterdrückten Kolonien und Nationen fordern. Andernfalls wird der Internationalismus des Proletariats zu leeren Worten; weder Vertrauen noch Klassensolidarität unter den Arbeitern der unterdrückten und der unterdrückenden Nation sind möglich.[46]

Lenin blieb dieser Haltung bis zum Ende treu: Unmittelbar nach der Oktoberrevolution ließ er sich auf eine Polemik mit Rosa Luxemburg ein, die dafür eintrat, kleinen Nationen nur die volle Souveränität zuzugestehen, wenn in dem neuen Staat die progressiven Kräfte vorherrschend wären, während Lenin für das unbedingte Recht auf Loslösung bestand, selbst wenn in dem neuen Staat die »bösen Jungs« an der Macht wären. In seinem letzten Kampf gegen Stalins Projekt einer zentralistischen Sowjetunion vertrat Lenin wieder das unbedingte Recht kleiner Nationen auf Loslösung (in diesem Fall ging es um Georgien) und bestand auf der vollen Souveränität der Nationaleinheiten, welche den sowjetischen Staat bildeten. Es verwundert daher nicht, dass Stalin am 27. September 1922 Lenin in einem Brief an die Mitglieder des Politbüros offen des »Nationalliberalismus« beschuldigte. Die Richtung, in die Stalins Wind bereits blies, wird durch den Vorschlag klar, wie Stalin die Entscheidung durchsetzen wollte, die Regierung von Sowjetrussland einfach als Regierung der anderen fünf Republiken zu proklamieren (Ukraine, Belarus, Aserbaidschan, Armenien und Georgien):

> Dieser Beschluß wird, wenn er vom Zentralkomitee der KPR bestätigt ist, nicht veröffentlicht, sondern als Runderlaß den Zentralkomitees der Republiken zugeleitet zur Bekanntgabe an die sowjetischen Organe, die Zentralexekutivkomitees oder die Sowjetkongresse der genannten Republiken, vor der Einberufung des Gesamtrussischen Sowjetkongresses, wo er als Ausdruck des Wunsches dieser Republiken verkündet werden wird.[47]

Die Wechselwirkung der höheren Autoritäten (das Zentralkomitee) und deren Basis war abgeschafft worden, so dass die höhere Autorität ihren Willen aufdrücken konnte, und diese Beziehung wurde, um alles noch viel schlimmer zu machen, auf den Kopf gestellt: Das Zentralkomitee entschied, was die Basis die höhere Autorität zu tun bitten würde, als ob es ihr eigener Wunsch wäre. Man erinnere sich an den deutlichsten Fall einer solchen Inszenierung aus dem Jahr 1939, als die drei baltischen Staaten aus freien Stücken fragten, ob sie der Sowjetunion beitreten könnten, die ihrem Wunsch stattgab. Stalin betrieb daher in den frühen 1930er Jahren eine simple Rückkehr zur vorrevolutionären Politik (als Teil dieser Wende wurde zum Beispiel die russische Kolonisierung von Sibirien und dem muslimischen Asien nicht länger als imperialistische Expansion verurteilt, sondern als Einführung progressiver Modernisierung gefeiert, die die Unbeweglichkeit dieser traditionellen Gesellschaften ins Rollen bringe). Putins Außenpolitik ist eine klare Fortsetzung dieser zaristisch-stalinistischen Linie. Wenn man Putin folgt, dann waren es die Bolschewiken, die nach der russischen Oktoberrevolution von 1917 den russischen Interessen schadeten:

> Die Bolschewiken fügten aus vielen Gründen – und Gott möge ihr Richter sein – größere Teile des historischen Südens von Russland der Republik der Ukraine hinzu. Dies geschah ohne Rücksicht auf die ethnische Zusammensetzung der Bevölkerung, und heutzutage bilden diese Landstriche den Südosten der Ukraine.[48]

Es ist daher kein Wunder, dass wir nun wieder Stalins Porträt während der Militärparaden und öffentlichen Feierlichkeiten sehen, während Lenin ausradiert worden ist. In einer größeren Umfrage vor ein paar Jahren wurde Stalin zum drittgrößten Russen aller Zeiten gewählt, während Lenin gar nicht auftauchte. Stalin wird nicht als Kommunist gefeiert, sondern als Wiederhersteller von Russlands Größe nach Lenins antipatriotischer »Abweichung«. Putin hat kürzlich den Begriff *Novorussiya* (Neu-Russland) für die südöstlichen Teile der Ukraine gebraucht und damit einen Begriff wiederbelebt, der seit 1917 nicht mehr verwendet worden ist. Der leninistische Unterstrom existierte trotz Unterdrückung weiterhin in der kommunistischen Opposition zu Stalin. Die kommunistischen Kritiker von Stalin waren ohne Zweifel voller Illusionen, aber wie Christopher Hitchens betont hat, wurden lange vor Solschenizyn »die zentralen Fragen zum Gulag von linken Oppositionellen gestellt, von Boris Souvarine und Victor Serge bis C. L. R. James, in Echtzeit und unter großer Gefahr. Diese mutigen und vorausschauenden Häretiker sind irgendwie aus der Geschichte herausgeschrieben worden (sie haben Schlimmeres als das erwartet und oft auch bekommen)«.[49] Diese kritische Bewegung im großen Maßstab war ein inhärenter Teil der kommunistischen Bewegung, im klaren Gegensatz zum Faschismus. Hitchens schreibt: »Niemand hat sich groß die Mühe gemacht zu argumentieren, ob der Faschismus sich zum Besseren gewendet hätte, wenn die Umstände günstiger gewesen wären. Und es gab in der Nazi-Partei keine Dissidenten, die ihr Leben mit der Behauptung riskiert hätten, dass der Führer das wahre Wesen des Nationalsozialismus verraten hätte.«[50] Genau aus dieser immanenten Spannung im Innersten der kommunistischen Bewegung war der gefährlichste Platz in den Zeiten der schrecklichen Säuberungen in den 1930er Jahren in der Sowjetunion an der Spitze der *Nomenklatura*: Innerhalb weniger Jahre wurden 80 Prozent der Mitglieder des Zentralkomitees und des Hauptquartiers der Roten Armee erschossen.[51] Darüber hinaus sollte man das totalitäre Potential nicht unterschätzen, ebenso wie die völlige Brutalität der Weißen, der konterrevolutionären Kräfte während des Bürgerkriegs. Wenn sie gewonnen hätten, schreibt Hitchens (und wiederholt damit ein Argument, das bereits Trotzki vorgebracht hatte),

> wäre das geläufige Wort für Faschismus ein russisches geworden, kein italienisches. *Die Protokolle der Weisen von Zion* sind durch die Emigration der Weißen in den Westen gebracht worden. [...] Generalmajor William Graves, der das amerikanische Expeditionskorps während der Invasion von Sibirien 1918 befehligte (ein Ereignis, das aus allen amerikanischen Schulbüchern wegretuschiert worden ist), schrieb in seinen Memoiren über den allgegenwärtigen tödlichen Antisemitismus, der im rechten russischen Flügel dominierte, und fügte hinzu: »Ich bezweifle, dass die Geschichtsschreibung irgendein Land in der Welt der letzten 50 Jahren wird präsentieren können, in dem ein Mord so sicher und so gefahrlos begangen werden konnte wie in Sibirien unter der Herrschaft von Koltschak.«[52]

Dass Koltschak kürzlich als ehrenhafter russischer Patriot und Soldat in einem großen Biopic gefeiert worden ist, verwundert also nicht: *Admiral* (2008), Regie von Andrej Krawtschuk. Und wie ein Echo dieser dunklen Vergangenheit unterstützt die gesamte europäische neofaschistische Rechte (in Ungarn, Italien und Serbien) die russische Position in der anhaltenden Krise in der Ukraine und straft damit die offizielle russische Darstellung des Krim-Referendums als eine Wahl zwischen russischer Demokratie und ukrainischem Faschismus Lügen. Die laufenden Ereignisse in der Ukraine – die massiven Proteste, die Janukowitsch und seine Regierung stürzten – müssen daher als eine Verteidigung gegen diese dunkle Erbschaft verstanden werden, die durch Putin wiederbelebt worden ist: Sie wurden durch die Entscheidung der ukrainischen Regierung ausgelöst, den guten Beziehungen mit Russland den Vorzug vor der Integration der Ukraine in die Europäische Union zu geben. Wie vorherzusehen war, reagierten viele antiimperialistische Linke darauf mit ihrer üblichen Herablassung gegenüber den armen Ukrainern: Wie wahnhaft sie wären und wie sie immer noch Europa idealisieren würden, ohne zu sehen, dass sich Europa im Niedergang befände und dass ein Beitritt zur Europäischen Union die Ukraine nur in eine Wirtschaftskolonie von Westeuropa verwandeln und sie früher oder später in die Situation von Griechenland drängen würde. Diese Linken übersehen, dass die Ukrainer alles andere als blind gegenüber der Realität der Europäischen Union waren, sondern sich ihrer Schwierigkeiten und Unterschiede vollkommen bewusst waren – ihre Botschaft lautete schlicht, dass ihre eigene Situation viel schlimmer sei. Die Probleme Europas sind immer noch die Probleme eines reichen Mannes – denken wir daran, dass trotz der schrecklichen Lage von Griechenland die Flüchtlinge aus Afrika dort immer noch *en masse* ankommen und den Zorn der selbsterklärten Patrioten hervorrufen.

Sollten wir dann einfach die ukrainische Seite des Konflikts unterstützen? Es gibt sogar einen »leninistischen« Grund, das zu tun. In den allerletzten Schriften von Lenin, lange nachdem er der Utopie aus *Staat und Revolution* abgeschworen hatte, erkennen wir die Konturen eines bescheidenen, »realistischen« Projekts für das, was die bolschewistische Regierung tun sollte. Die wirtschaftliche Unterentwicklung und kulturelle Rückständigkeit der russischen Massen bedeuteten, dass es für Russland keinen Weg gab, »direkt zum Sozialismus überzugehen«. Alles, was die Sowjetmacht tun konnte, war, die moderate Politik des

»Staatskapitalismus« mit einer intensiven kulturellen Erziehung der trägen Bauernmassen zu kombinieren – keine Gehirnwäsche mit »kommunistischer Propaganda«, sondern einfach eine geduldige, graduelle Auferlegung entwickelter, zivilisierter Standards. Die Zahlen und Fakten würden enthüllen, schreibt Lenin, »wieviel dringende Kleinarbeit wir noch zu leisten haben, um das Niveau eines gewöhnlichen zivilisierten westeuropäischen Landes zu erreichen. [...] Es muß die Rede sein von der halbasiatischen Kulturlosigkeit, aus der wir bisher nicht herausgekommen sind [...]«[53]. Könnten wir nicht die Bezugnahme der protestierenden Ukrainer auf »Europa« als das Zeichen sehen, dass ihr Ziel ebenfalls ist, »den Standard eines gewöhnlichen zivilisierten westeuropäischen Landes zu erreichen«?

Hier jedoch werden die Dinge schnell kompliziert. Wofür steht das »Europa«, auf das sich die ukrainischen Protestierenden beziehen? Es kann nicht auf eine einzelne Idee reduziert werden: Es schließt nationalistische und sogar faschistische Elemente mit ein, wie auch die Idee dessen, was Étienne Balibar *égaliberté* nennt, Freiheit-in-Gleichheit, der einzigartige Beitrag Europas zum globalen politischen Imaginären, selbst wenn er heutzutage zunehmend durch die europäischen Institutionen und das Volk selbst verraten wird. Zwischen diesen beiden Polen gibt es ebenfalls ein naives Vertrauen in den europäischen liberaldemokratischen Kapitalismus. Europa sollte in den ukrainischen Protesten seine besten und schlimmsten Aspekte sehen. Doch um dies klar zu erkennen, muss Europa über den eigenen Tellerrand hinausschauen in Richtung Ukraine.

Die ukrainische nationale Rechte ist ein Beispiel dafür, was heute vom Balkan bis Skandinavien, von den USA bis Israel, von Zentralafrika bis Indien los ist: Ein neues dunkles

Zeitalter zeichnet sich ab, mit explosiven ethnischen und religiösen Leidenschaften und im Schwinden begriffenen Werten der Aufklärung. Diese Leidenschaften haben schon länger in der Dunkelheit gelauert, doch was jetzt neu ist, ist die völlige Schamlosigkeit ihrer Zurschaustellung. In der Jahresmitte 2013 wurden in Kroatien zwei öffentliche Proteste angekündigt, in einem Land mit tiefer Wirtschaftskrise, hoher Arbeitslosenrate und einem ausgeprägten Sinn für Verzweiflung in der Bevölkerung: Die Gewerkschaften versuchten, eine Kundgebung zur Unterstützung der Arbeitnehmerrechte zu organisieren, während die Nationalisten vom rechten Flügel eine Protestbewegung gegen die Verwendung kyrillischer Buchstaben auf öffentlichen Gebäuden in Städten mit serbischer Minderheit starteten. Die Gewerkschaften brachten ein paar hundert Leute auf einem großen Platz in Zagreb zusammen, während es den Nationalisten gelang, Hunderttausende zu mobilisieren, was dann ein weiteres Mal bei Protesten gegen die Schwulenehe gelang. Man muss diese ethische Regression als Kehrseite der explosiven Entwicklung des globalen Kapitalismus verstehen – es sind die zwei Seiten der gleichen Medaille.

Der deutsche Ausdruck »rückgängig machen« passt perfekt zu diesem Prozess. Stellen wir uns eine Gesellschaft vor, die in ihre ethische Substanz vollkommen die großen modernen Axiome von Freiheit, Gleichheit, demokratischen Rechten, der Pflicht einer Gesellschaft, für Bildung und grundlegende Gesundheitsversorgung aller ihrer Mitglieder zu sorgen, integriert hätte und in der Rassismus oder Sexismus schlicht inakzeptabel und lächerlich wären. Es wäre dann nicht nötig, gegen Rassismus zu argumentieren, da jedermann, der offen für Rassismus einträte, sofort als bizarrer Exzentriker angesehen würde, der nicht ernst zu nehmen ist. Aber dann würde sie jedoch Schritt für Schritt ihre Substanz *de facto* verlieren, obwohl die Gesellschaft weiterhin ein Lippenbekenntnis für diese Axiome abgeben würde. Ein Beispiel aus jüngerer Zeit: Im Sommer 2012 sagte Viktor Orbán, der rechte ungarische Premierminister, dass in Zentraleuropa ein neues Wirtschaftssystem errichtet werden müsse,

> und hoffen wir, dass Gott uns dabei helfen wird und wir nicht eine neue Art von politischem System anstelle der Demokratie erfinden müssen, das für das Wohl des wirtschaftlichen Überlebens eingeführt werden müsste [...] Kooperation ist eine Frage des Zwangs, nicht der Absichten. Vielleicht gibt es Länder, in denen die Dinge nicht auf diese Art und Weise funktionieren, beispielsweise in den skandinavischen Ländern, aber ein solch halb-asiatisches zusammengewürfeltes Volk, wie wir es sind, kann sich nur einen, wenn es Zwang gibt.[54]

Die Ironie dieser Zeilen blieb einigen alten ungarischen Dissidenten nicht verborgen: Als die Sowjetarmee in Budapest einmarschierte, um die antikommunistischen Aufstände von 1956 niederzuschlagen, lautete die Botschaft, die die belagerten ungarischen Führer in den Westen sandten: »Wir verteidigen hier Europa!« (gegen die asiatischen Kommunisten natürlich). Jetzt, nachdem der Kommunismus zusammengebrochen ist, bezeichnet die christlich-konservative Regierung als ihren Hauptfeind die multikulturelle liberale Konsumdemokratie, wofür Westeuropa heute steht, und ruft zu einer neuen, organischeren kommunitaristischen Ordnung auf, um die »turbulente« liberale Demokratie der letzten zwei Jahrzehnte zu ersetzen. Orbán hat bereits seine Sympathie für den »Kapitalismus mit asiatischen Werten«

bekundet, wenn also der europäische Druck auf Orbán weitergeht, dann können wir uns leicht vorstellen, wie er dem Osten eine Botschaft schickt: »Wir verteidigen hier Asien!«[55]

Der heutige gegen Einwanderung gerichtete Populismus hat die direkte Barbarei durch eine Barbarei mit menschlichem Antlitz ersetzt. Das ist eine Regression von der christlichen Nächstenliebe zum heidnischen Bevorzugen unseres eigenen Stammes (der Griechen, der Römer) gegenüber dem barbarischen Anderen. Selbst wenn sie als Verteidigung christlicher Werte maskiert ist, stellt sie selbst die größte Gefahr für das christliche Erbe dar. Vor einem Jahrhundert schilderte G.K. Chesterton ganz deutlich die grundlegende Zwickmühle, in der sich die Religionskritiker befinden: »Menschen, die die Kirche zunächst im Namen von Freiheit und Menschlichkeit bekämpfen, schleudern am Ende Freiheit und Menschlichkeit von sich, nur um die Kirche zu bekämpfen [...] Das Heilige konnten seine Verächter nicht zugrunde richten; zugrunde gerichtet haben sie das Profane, und vielleicht tröstet sie das ja.«[56] Gilt nicht das Gleiche für die Verteidiger der Religion? Wie viele fanatische Verteidiger der Religion bekämpften zunächst die säkulare Kultur und schleuderten am Ende jegliche bedeutungsvolle religiöse Erfahrung von sich? Auf dieselbe Weise sind viele liberale Krieger so begierig, antidemokratischen Fundamentalismus zu bekämpfen, dass sie am Ende Freiheit und Demokratie von sich schleudern, nur damit sie den Terror bekämpfen können. Wenn die »Terroristen« bereit dazu sind, diese Welt wegen der Liebe für eine andere zugrunde zu richten, dann sind unsere Krieger bereit dazu, ihre eigene demokratische Welt aus Hass auf den muslimischen Anderen zugrunde zu richten. Manche lieben die menschliche Würde derart, dass sie bereit sind, Folter zu legalisieren – die äußerste Erniedrigung der menschlichen Würde –, um sie zu verteidigen. Und gilt nicht das Gleiche für die jüngste Zunahme von Europa-Verteidigern gegen die Bedrohung durch Immigranten? In ihrem Eifer, das jüdisch-christliche Erbe zu beschützen, sind die neuen Fanatiker bereit, das wahre Herz des christlichen Erbes aufzugeben. Sie, die Verteidiger von Europa gegen Immigranten, und nicht die Immigranten, die angeblich darauf warten, dort einzufallen, sind die wahre Bedrohung Europas.

Eines der Anzeichen dieser Regression ist die Forderung der neuen europäischen Rechten nach einer »ausgeglicheneren« Sichtweise der beiden »Extremismen« von links und rechts: Immer wieder wird uns gesagt, dass man die extreme Linke (den Kommunismus) so behandeln solle wie Europa die extreme Rechte nach dem Zweiten Weltkrieg (die unterlegenen Faschisten und Nazis). Dieses neue »Gleichgewicht« ist allerdings unausgewogen: Die Gleichsetzung von Faschismus mit dem Kommunismus bevorzugt insgeheim den Faschismus, wie man aus einer Reihe von Argumenten ersehen kann wie der Idee, dass der Faschismus den Kommunismus kopiert habe, der ihm vorausging; bevor er ein Faschist wurde, war Mussolini Sozialist, und sogar Hitler war ein Nationalsozialist; Konzentrationslager und Genozide fände man in der Sowjetunion zehn Jahre bevor die Nazis die gleichen Mittel verwendet hätten; die Vernichtung der Juden hätte einen klaren Vorläufer in der Vernichtung des Klassenfeindes und so weiter. Die Pointe dieser Argumentation besteht darin, dass ein moderater Faschismus eine gerechtfertigte Antwort auf die kommunistische Bedrohung sei (eine Behauptung, die vor langer Zeit von Ernst Nolte vorgebracht worden ist, als er Heideggers Verstrickung in den Nationalsozialismus 1933 verteidigte).

In Slowenien argumentiert die Rechte für die Rehabilitierung der antikommunistischen slowenischen Landwehr, die während des Zweiten Weltkrieges gegen die Partisanen kämpfte: Sie trafen die schwierige Wahl, mit den Nazis zu kooperieren, um das größere absolute Übel des Kommunismus abzuwenden. Das Gleiche könnte man jedoch von den Nazis sagen (oder zumindest von den Faschisten): Sie haben getan, was sie getan haben, um das absolute Böse des Kommunismus abzuwenden.[57]

Was kann man in einer solchen Situation tun? Mainstreamliberale sagen uns, dass wenn die grundlegenden demokratischen Werte von ethnischen oder religiösen Fundamentalisten bedroht werden, wir uns alle hinter der liberaldemokratischen Agenda kultureller Toleranz sammeln sollten, um zu retten, was zu retten ist, sowie alle Träume von einer radikaleren sozialen Veränderung beiseitezuschieben. In diesem Ruf nach Solidarität liegt jedoch ein fataler Defekt: Er verkennt, wie sehr die liberale Freizügigkeit und der Fundamentalismus in einem Teufelskreis gefangen sind, da die beiden Pole einander hervorbringen und voraussetzen.

Was ist dann das Schicksal des liberaldemokratischen kapitalistischen Traums von Europa in der Ukraine? Man kann sich nicht sicher sein, was das Land erwartet, sollte es der EU beitreten. Erinnern wir uns an den Witz über Rabinowtisch aus dem ersten Kapitel – wir können uns einen ähnlichen Wortwechsel zwischen einem kritischen Ukrainer und einem Finanzverwalter vorstellen, der für die Europäische Union arbeitet. Der Ukrainer beklagt sich: »Es gibt zwei Gründe, aus denen wir hier in der Ukraine in Panik sind. Erstens fürchten wir, dass die EU uns aufgibt und unsere Wirtschaft kollabieren lässt.« Der EU-Finanzverwalter unterbricht ihn: »Aber ihr könnt uns vertrauen, wir werden euch nicht aufgeben, wir werden euch straff kontrollieren und euch sagen, was zu tun ist!« »Nun«, antwortet der Ukrainer gefasst, »das ist unser zweiter Grund«.

Die Frage lautet also nicht, ob die Ukraine Europas wert sei oder gut genug, um der EU beizutreten, sondern ob das gegenwärtige Europa der tiefen Hoffnung der Ukrainer gerecht wird. Wenn die Ukraine in einer Mischung aus ethnischem Fundamentalismus und liberalem Kapitalismus endet, mit Oligarchen, die die Strippen ziehen, wird sie so europäisch sein wie heute Russland (oder Ungarn). (Und im Übrigen wäre es entscheidend, die ganze Geschichte des Konflikts zwischen verschiedenen Oligarchengruppen zu erzählen – den »prorussischen« und den »prowestlichen« – die den Hintergrund der gegenwärtigen Ereignisse in der Ukraine bilden.) Politische Kommentatoren haben behauptet, dass die EU nicht genug getan hätte, um die Ukraine in ihrem Konflikt mit Russland zu unterstützen, dass die Antwort der EU auf die russische Besetzung und Annexion der Krim halbherzig gewesen sei. Es gibt aber etwas anderes, das die EU nicht in der Lage war zu tun oder nicht tun wollte: der Ukraine eine brauchbare Strategie anzubieten, um aus dieser Sackgasse herauszukommen. Um so etwas zu tun, müsste sich Europa zunächst selbst verändern und das Versprechen des emanzipatorischen Kerns seines Erbes erneuern.

Um es offen zu sagen, wenn die im Entstehen begriffene neue Weltordnung unser nicht verhandelbares Schicksal ist, dann ist Europa verloren, so dass die einzige Lösung für Europa darin besteht, das Risiko auf sich zu nehmen und diesen Bann zu brechen. Nur in einem solchen Europa könnte die Ukraine ihren Platz finden. Es sind nicht die

Ukrainer, die von den Europäern lernen müssen, Europa selbst muss lernen, den Traum in sich aufzunehmen, der die Protestierenden auf dem Majdan-Platz motiviert hat. Mehr denn je ist heute die Treue zum emanzipatorischen Kern der europäischen Erbschaft von Nöten. Die Lektion, welche die ängstlichen Liberalen lernen sollten, lautet so: Nur eine stärker radikalisierte Linke kann retten, was am liberalen Erbe heute wert ist zu retten.

Wie geht es dann weiter? Wir müssen nicht weit nach Kroatien schauen. Im Februar 2014 brannten die Städte in der bosnischen Föderation. Es begann alles in Tuzla, einer Stadt mit muslimischer Mehrheit; dann breiteten sich die Proteste nach Sarajevo, Zenica, Mostar aus (mit einem großen Anteil kroatischer Bevölkerung) und Banja Luka (die Hauptstadt des serbischen Teils von Bosnien). Tausende von aufgebrachten Protestierenden besetzten, verwüsteten und zündeten Regierungsgebäude an, einschließlich des Präsidialgebäudes der bosnischen Föderation. Die Ereignisse führten sofort zu Verschwörungstheorien (nach einem Szenario hat die serbische Regierung die Proteste organisiert, um die bosnische Führung zu stürzen), aber man sollte sie gefahrlos ignorieren, da klar ist, dass, was auch immer »hinter« der Verzweiflung der Protestierenden lauert, es authentisch ist. Auch hier ist man wieder versucht, Mao Zedongs berühmten Satz zu paraphrasieren: Es herrscht Chaos in Bosnien, die Situation ist ausgezeichnet! Warum? Die Forderungen der Protestierenden waren so schlicht, wie sie nur sein können: Wir wollen Jobs, die Chance auf ein anständiges Leben und ein Ende der Korruption. Sie haben jedoch die Menschen *in Bosnien* mobilisiert, ein Land, das in den letzten Jahrzehnten zu einem Symbol für grausame ethnische Säuberungen geworden ist und Hunderttausende in den Tod getrieben hat. Auf einem Foto der Proteste sehen wir, wie die Demonstranten drei Fahnen Seite an Seite schwingen: die bosnische, die serbische und die kroatische – ein Ausdruck des Willens, ethnische Differenzen zu ignorieren. Kurz, wir haben es hier mit einer Rebellion gegen nationalistische Eliten zu tun. Das Volk von Bosnien hat letztendlich erkannt, wer sein wahrer Feind ist: nicht andere ethnische Gruppen, sondern seine eigenen nationalistischen Eliten, die vorgeben, es vor den anderen zu schützen. Es ist, als ob Titos altes und abgenutztes Motto von der »Brüderlichkeit und Einheit« der jugoslawischen Nationen nun zu Bedeutung gelangt wäre.

Ein Ziel der Protestierenden war die Verwaltung der Europäischen Union, die den bosnischen Staat beaufsichtigt, den Frieden unter den drei Nationen durchsetzt und signifikante finanzielle Hilfe leistet, die dem Staat das Funktionieren ermöglicht. Das mag überraschend sein, da die Ziele der Protestierenden nominell die gleichen wie die der EU-Verwaltung sind: Wohlstand und Ende der ethnischen Spannungen und der Korruption. Während die EU-Verwaltung jedoch so tut, als ob sie so handeln würde, dass ethnischer Hass überwunden würde, zementiert die Art und Weise, wie sie tatsächlich Bosnien regiert, nur die Teilung: Die EU verhandelt mit den nationalistischen Eliten als ihre bevorzugten Partner und vermittelt zwischen ihnen.

Die bosnischen Ausbrüche bestätigen, dass man die ethnischen Leidenschaften nicht dadurch überwinden kann, dass man eine liberale Agenda durchsetzt. Was die Protestierenden zusammengebracht hat, war ein radikales Programm der Gerechtigkeit. Der nächste und schwierige Schritt wäre gewesen, den Protest zu einer neuen sozialen

Bewegung zu organisieren, die ethnische Teilungen ignoriert und weiter protestiert – können wir uns wütende Bosnier und Serben vorstellen, die gemeinsam in Sarajevo demonstrieren? Selbst wenn die Proteste allmählich an Kraft verlieren, werden sie als ein kurzer Hoffnungsfunke bleiben, wie die Verbrüderung der feindlichen Soldaten im Ersten Weltkrieg über die Schützengräben hinweg. Authentische emanzipatorische Ereignisse beinhalten immer das Ignorieren spezieller Identitäten als irrelevant. Und das Gleiche gilt für den jüngsten Besuch der beiden Pussy-Riot-Mitglieder in New York: In einer großen Galashow wurden sie von Madonna in Gegenwart von Bob Geldorf, Richard Gere und anderen Prominenten vorgestellt – den üblichen Menschenrechtsverfechtern. Eines hätten sie dort jedoch tun sollen: ihre Solidarität mit Edward Snowden zum Ausdruck bringen, bekräftigen, dass Pussy Riot und Edward Snowden Teil derselben globalen Bewegung sind. Ohne solche Gesten des Zusammenführens von Gruppen, die unvereinbar erscheinen (Moslems, Serben und Kroaten in Bosnien; türkische Säkularisten und antikapitalistische Moslems in der Türkei und so weiter), werden Protestbewegungen immer von einer Supermacht in ihrem Kampf gegen eine andere manipuliert werden.

Das Gleiche gilt für die Ukraine. Ja, die Protestierenden vom Majdan-Platz waren Helden, aber der wahre Kampf beginnt jetzt, der Kampf darum, was die neue Ukraine sein wird, und dieser Kampf wird viel härter sein als der Kampf gegen Putins Intervention. Ein neues und viel riskanteres Heldentum wird hier erforderlich sein.[58] Das Modell dafür sind die Russen, die sich mutig gegen den Nationalismus ihres Landes gestellt und ihn als ein Werkzeug der Machthabenden denunziert haben. Was heute vonnöten ist, ist die *Zurückweisung ebenjener Begriffe des Konflikts und der Solidarität* der Ukrainer und Russen. Man sollte damit anfangen, über die auferlegten Teilungen hinweg Aktionen der Verbrüderung zu organisieren und ein gemeinsames Organisationsnetzwerk zwischen dem authentischen emanzipatorischen Kern der politischen Vertreter der Ukraine und der russischen Opposition gegen Putins Regime zu etablieren. Das mag utopisch klingen, aber nur solche »verrückten« Akte können zu Emanzipation führen. Sonst bleibt es lediglich bei den Konflikten aus nationalen Leidenschaften, die von Oligarchen manipuliert werden; solche geopolitischen Spiele um Einflusssphären sind von keinerlei Interesse für eine authentische emanzipatorische Politik.

4 Epignosis – *J'ai hâte de vous servir*

Der Originaltitel von Julien Graqs Roman *Das Ufer der Syrten* lautet *Le rivage des Syrtes*, was sich auf die südlichste Region von Orsenna bezieht, einem fiktionalen Vertreter Italiens, wo es Autos, aber keine Elektrizität gibt. Das Land wird von einer alten und dekadenten Stadt gleichen Namens regiert, die Venedig zu sein scheint – aber nicht ganz ist. Fast alle Personen in dem Roman tragen italienische Namen. In den letzten dreihundert Jahren befand sich Orsenna in einem schwebenden Kriegszustand mit Farghestan, dem barbarischen Wüstenland jenseits des Meeres in Richtung Süden. Mit seinen beiden größten Städten an der Küste und endlosen Sanddünen scheint Farghestan Libyen ziemlich ähnlich, obwohl einige Orte die Seiten vertauscht haben: Der Ätna zieht nach Libyen um und wird der Tängri; die Ruinen von Sabratha haben Libyen in Richtung Italien verlassen und werden Sagra; Sirt geht nach Italien und wird zu den Syrten. Aldo, Held des Romans und dessen Erzähler, gehört zu einer der herrschenden Familien von Orsenna. Als staatlicher Beobachter an Orsennas verfallenen Flottenstützpunkt in den Syrten geschickt, erliegt Aldo seiner Faszination für Farghestan. Er überquert die verbotene Grenzlinie des toten Meeres und segelt nach Rhages an der feindlichen Küste. Sein Schiff wird dort mit drei Kanonenschüssen willkommen geheißen. Mit dieser irreparablen Tat, die den Krieg wieder entfacht hat, der Orsenna zerstören wird, erfüllt Aldo die selbstmörderische Geste, nach der sich ein ganzes Volk insgeheim gesehnt hat: Als er von Syrtes nach Orsenna zurückkehrt, entdeckt er, dass die herrschende Elite von Orsenna den Krieg mit Farghestan nur als Vorwand nutzt, um den nationalistischen Patriotismus anzufachen. Danielo, einer der Herren von Orsenna, erklärt, inwiefern Aldos Tat sich als nützlich erwiesen hat:

> Wenn man die Staatszügel hält, siehst du, dann ist nichts bedenklicher, als sie *locker zu lassen*. Aber als es einmal soweit war, da entdeckte ich zu meiner Verwunderung, daß Orsenna nur noch darin eine greifbare Sache blieb: in allem, was sich auf die Syrten bezog. Alles, was die Affäre vorwärtstrieb, das ließ das alte Räderwerk mit fast unwirklicher Leichtigkeit spielen. Aber alles, was nicht darauf Bezug nahm, stieß sich insgeheim an einer Mauer aus Trägheit und Gleichgültigkeit. Die Affäre machte sich alles zunutze – das, was sie voranbrachte, und das, was sie hemmte – so wie ein Mensch, der über die Schräge des Daches gleitet. Sowie es sich um die Affäre handelte – wie soll ich's dir sagen ... – dann *mobilisierten* die Dinge sich von selbst.[1]

(Man beachte, wie der erste Satz Maos Warnung an die revolutionäre Macht anklingen lässt: »Haltet vor allem an der (Staats-)Macht fest, gestattet der (Staats-)Macht nie, aus euren Händen zu gleiten.«) Jenseits des offensichtlichen Vorwurfs, dass Graq den Niedergang von Orsenna in den Faschismus schildert (das eine externe Bedrohung hervorruft, um einen Ausnahmezustand zu schaffen und so weiter), sollte man hier jedoch ein tieferes, existentielles Dilemma erkennen: Was ist wünschenswerter, ein stilles, träges Leben mit kleinen Befriedigungen, das überhaupt kein wahres Leben ist, oder das Eingehen eines Risikos, das durchaus in einer Katastrophe enden kann? Diese Wahl liegt im Herzen dessen, was Badiou mit seiner Formel »mieux vaut un désastre qu'un désêtre« meint: lieber ein Desaster (das katastrophale Ergebnis eines Ereignisses) als ein ereignisloses Überleben in einem hedonistisch-utilitaristischen Universum – oder, um es in brutalen politischen Begriffen auszudrücken, lieber das Schlimmste des Stalinismus als das Beste des liberalkapitalistischen Wohlfahrtsstaats. Warum?

Da heutzutage der Kapitalismus die Gesamtheit der menschlichen Zivilisation definiert und strukturiert, war und ist jedes »kommunistische« Territorium – und noch einmal: trotz des Horrors und Scheiterns – eine Art »befreites Territorium«, wie Fredric Jameson sich in Bezug auf Kuba ausdrückt. Womit wir es hier zu tun haben, ist der alte strukturelle Begriff der Kluft zwischen dem Raum und dem positiven Inhalt, der ihn ausfüllt. Obwohl die kommunistischen Regime, was ihren positiven Inhalt betrifft, größtenteils ein grässlicher Reinfall waren und Schrecken und Elend hervorbrachten, eröffneten sie zugleich einen gewissen Raum utopischer Erwartungen, der uns unter anderem in die Lage versetzte, das Scheitern des »real existierenden Sozialismus« selbst zu ermessen. (Was die antikommunistischen Dissidenten in der Regel übersehen, ist, dass ebender Raum, von dem sie selbst aus kritisieren und den täglichen Terror und das Elend anprangern, von dem kommunistischen Durchbruch eröffnet und aufrechterhalten wurde, durch seinen Versuch, der Logik des Kapitals zu entkommen.) Auf diese Weise muss man, noch einmal, Badious »mieux vaut un désastre qu'un désêtre« verstehen, diese für liberale Empfindlichkeiten so schockierende Idee: lieber den schlimmsten stalinistischen Terror als die liberalste kapitalistische Demokratie. Sicher, in dem Moment, wo man den positiven Gehalt der beiden vergleicht, ist die wohlfahrtsstaatsgetriebene kapitalistische Demokratie unvergleichlich besser, aber was der stalinistische »Totalitarismus« wettmacht, ist der formale Aspekt, der *Raum*, den er eröffnet. Kann man sich einen utopischen Punkt vorstellen, an dem sich diese verborgene Ebene des utopischen anderen Raums mit dem positiven Raum des »normalen« sozialen Lebens verbindet? Die zentrale politische Frage lautet folgendermaßen: Gibt es in unserer »postmodernen« Zeit immer noch einen Raum für solche Gemeinschaften? Sind sie auf die unterentwickelten Peripherien beschränkt (Favelas, Ghettos), oder tut sich ein Raum für sie im Zentrum der »postindustriellen« Landschaft auf? Könnte man eine gefährliche Wette auf die Dynamiken des »postmodernen« Kapitalismus eingehen, dessen Aufkommen neuer exzentrischer Computerfreak-Gemeinschaften hier für eine neue Chance sorgt? Dass, vielleicht zum ersten Mal in der Geschichte, die Logik alternativer Gemeinschaften auf den neusten Stand der Technologie aufgepfropft werden kann?

Aber vielleicht ist es nicht genug, das zu sagen. Denn ist, erstens, Graqs Beispiel nicht irreführend? Das hedonistisch-dekadente Nicht-Sein der Gesellschaft von Orsenna weist einen falschen, durch Klassen verzerrten Schein auf, der die untergründigen sozialen Antagonismen verschleiert – eine Verschleierung, die von dem Pseudoereignis des Kriegs mit Farghestan weitergeführt wird.[2] Es gibt also drei Begriffe und nicht zwei: das Ereignis (das in einem Desaster enden könnte), das Pseudoereignis (Faschismus oder, in diesem Fall, Krieg) und die hedonistisch-utilitaristische Biopolitik des Nicht-Seins, der Regulierung des tierisch-menschlichen Lebens.[3] Die Schwierigkeit heute besteht darin, wie man das Erste vom Zweiten unterscheiden kann, denn sie teilen oftmals viele Eigenschaften. Kurz, selbst wenn wir mit der

Formel *mieux vaut un désastre qu'un désêtre* übereinstimmen, was ist dann mit *mieux vaut un pseudo-événement qu'un désêtre*? Ist ein faschistisches »Ereignis« also besser als ein nichtereignishaftes kapitalistisches Überleben?

Zurück zur Ökonomie der Gabe

Im Prinzip scheint die Antwort einfach zu sein. Jede geschichtliche Situation enthält ihre eigene utopische Perspektive, eine immanente Vision dessen, was falsch an ihr ist, eine ideale Repräsentation dessen, wie die Situation mit einigen Veränderungen deutlich verbessert werden kann. Wenn der Wunsch nach einem radikalen sozialen Wandel aufkommt, ist es daher logisch, dass er zunächst versucht, diese immanente utopische Vision zu verwirklichen – und dieser Versuch charakterisiert jeden authentischen emanzipatorischen Kampf. Hier beginnen jedoch die Probleme: Warum sind alle diese Versuche, das utopische Potential zu verwirklichen, das einer geschichtlichen Situation immanent ist, bislang in einer Katastrophe geendet?

Auf dieser Ebene sollten wir auch einen Fehler von Marx zur Kenntnis nehmen. Er erkannte, wie der Kapitalismus die atemberaubende Dynamik der sich selbst steigernden Produktivität freigesetzt hat – als Beweis dienen seine faszinierten Beschreibungen, wie im Kapitalismus »alles Stehende und Ständische verdampft« [»all things solid melt into thin air«], wie der Kapitalismus der größte Revolutionär in der gesamten Geschichte der Menschheit ist. Er hat ebenfalls ganz klar erkannt, wie diese kapitalistische Dynamik durch ihre eigenen inneren Widerstände oder Antagonismen vorangetrieben wird, dass die äußerste Grenze des Kapitalismus (der sich selbst vorantreibenden Produktivität des Kapitalismus) das Kapital selbst ist – die unablässige kapitalistische Entwicklung und Revolutionierung ihrer eigenen materiellen Bedingungen, der verrückte Tanz ihrer bedingungslosen Produktivitätsspirale. Das Kapital ist letzten Endes nichts als die verzweifelte Flucht nach vorn in dem Versuch, seinem eigenen schwächenden inneren Widerspruch zu entkommen. Marx' fundamentaler Fehler bestand darin, aus diesen Einsichten darauf zu schließen, dass eine neue, höhere soziale Ordnung (Kommunismus) möglich sei, die das Potential der sich selbst verstärkenden Produktivitätsspirale nicht nur aufrechterhalten, sondern sogar zu einem höheren Grad steigern und erfolgreich vollständig freisetzen würde; eine Produktivitätsspirale, der im Kapitalismus – wegen dessen inhärenter Widerstände (Widersprüche) – immer wieder durch sozial zerstörerische Wirtschaftskrisen entgegengearbeitet wird.

Marx hat, kurz gesagt, übersehen, dass dieser inhärente Widerspruch/Antagonismus, um es in Derrida'schen Begriffen auszudrücken, als »Bedingung der Unmöglichkeit« der vollen Entfaltung der Produktivkräfte gleichzeitig ihre »Bedingung der Möglichkeit« ist: Wenn wir den Widerstand beseitigen, den inhärenten Widerspruch des Kapitalismus lösen, erhalten wir nicht den vollständig freigesetzten Drang zur Produktivität, der endlich von seiner Behinderung erlöst ist, sondern verlieren genau diese Produktivität, die scheinbar vom Kapitalismus erzeugt und gleichzeitig durchkreuzt wird. Wenn wir den Widerstand beseitigen, verschwindet ebenjenes Potential, das von diesem Widerstand durchkreuzt wird (darin besteht Lacans Kritik an Marx, die sich auf das zweideutige Überlappen von Mehrwert und

Mehr-Genießen richtet). Daher hatten die Kritiker des Kommunismus in gewisser Weise recht, wenn sie behaupteten, dass der Marx'sche Kommunismus eine unmögliche Phantasie sei. Was sie jedoch nicht bemerkt haben, ist, dass der Marx'sche Kommunismus, dieser Begriff einer Gesellschaft reiner freigesetzter Produktivität außerhalb des Rahmens des Kapitals, eine dem Kapitalismus selbst inhärente Phantasie war, die kapitalistische inhärente Überschreitung in ihrer Reinform, eine strikt ideologische Phantasie, um den vom Kapitalismus erzeugten Schub zur Produktivität aufrechtzuerhalten, während er die »Widerstände« und Antagonismen abschüttelt, die – wie die traurige Erfahrung des »real existierenden Kapitalismus« zeigt – der einzig mögliche Rahmen der effektiven materiellen Existenz einer Gesellschaft permanenter, sich selbst steigernder Produktivität waren. Deshalb muss eine Revolution wiederholt werden: Nur die katastrophale Erfahrung kann dem Revolutionär die verhängnisvollen Beschränkungen des ersten Versuchs bewusstmachen. Marx liefert (besonders in seinen jugendlichen Texten) die grundlegende Formel der Illusion, auf der diese fatale Beschränkung gründet, in einer Reihe von »Anstatt«-Thesen: Ihre implizite (und oftmals explizite) Argumentationslinie beginnt mit einem »Anstatt« (was für den vorgeblich »normalen« Zustand der Dinge steht) und fährt mit der Beschreibung der entfremdeten Umkehrung dieses »normalen« Zustands fort. Hier ist ein längeres Zitat aus seinen *Ökonomischen und philosophischen Manuskripten* aus dem Jahr 1844 [»Die entfremdete Arbeit«]:

> Die Verwirklichung der Arbeit erscheint so sehr als Entwirklichung, daß der Arbeiter bis zum Hungertod entwirklicht wird. Die Vergegenständlichung erscheint so sehr als Ver-

lust des Gegenstandes, daß der Arbeiter der notwendigsten Gegenstände, nicht nur des Lebens, sondern auch der Arbeitsgegenstände, beraubt ist. Ja, die Arbeit selbst wird zu einem Gegenstand, dessen er nur mit der größten Anstrengung und mit den unregelmäßigsten Unterbrechungen sich bemächtigen kann. Die Aneignung des Gegenstandes erscheint so sehr als Entfremdung, daß, je mehr Gegenstände der Arbeiter produziert, er um so weniger besitzen kann und um so mehr unter die Herrschaft seines Produkts, des Kapitals, gerät.

In der Bestimmung, daß der Arbeiter zum Produkt seiner Arbeit als einem fremden Gegenstand sich verhält, liegen alle diese Konsequenzen. Denn es ist nach dieser Voraussetzung klar: Je mehr der Arbeiter sich ausarbeitet, um so mächtiger wird die fremde, gegenständliche Welt, die er sich gegenüber schafft, um so ärmer wird er selbst, seine innre Welt, um so weniger gehört ihm zu eigen. Es ist ebenso in der Religion. Je mehr der Mensch in Gott setzt, je weniger behält er in sich selbst. Der Arbeiter legt sein Leben in den Gegenstand; aber nun gehört es nicht mehr ihm, sondern dem Gegenstand. Je größer also diese Tätigkeit, um so gegenstandsloser ist der Arbeiter. Was das Produkt seiner Arbeit ist, ist er nicht. Je größer also dieses Produkt, je weniger ist er selbst. […]

(Die Entfremdung des Arbeiters in seinem Gegenstand drückt sich nach nationalökonomischen Gesetzen so aus, daß, je mehr der Arbeiter produziert, er um so weniger zu konsumieren hat, daß, je mehr Werte er schafft, er um so wertloser, um so unwürdiger wird, daß, je geformter sein Produkt, um so mißförmiger der Arbeiter, daß, je zivilisierter sein Gegenstand, um so barbarischer der Arbeiter, daß, um so mächtiger die Arbeit, um so ohnmächtiger der Arbeiter wird, daß, je geistreicher die Arbeit, um so mehr geistloser und Naturknecht der Arbeiter wird.) […]

Es kömmt daher zu dem Resultat, daß der Mensch (der Arbeiter) nur mehr in seinen tierischen Funktionen, Essen,

> Trinken und Zeugen, höchstens noch Wohnung, Schmuck etc., sich als freitätig fühlt und in seinen menschlichen Funktionen nur mehr als Tier. Das Tierische wird das Menschliche und das Menschliche das Tierische.[4]

Es wäre ein Leichtes, diesen Abschnitt in der »Anstatt«-Formel wiederzugeben: Anstatt die Verwirklichung des Arbeiters zu sein, stellt sich die Arbeit als Verlust seiner Verwirklichung heraus; anstatt als das zu erscheinen, was sie ist, stellt sich die Aneignung des Objekts durch die Arbeit als ihre Entfremdung heraus; anstatt mehr von dem zu besitzen, was er produziert, besitzt der Arbeiter desto weniger, je mehr er produziert; anstatt sich durch die Produktion zivilisierter Objekte selbst zu zivilisieren, wird der Arbeiter, je zivilisierter seine Objekte sind, desto barbarischer und so weiter. Der Wunsch, diesen »normalen« Zustand vollständig zu verwirklichen, ist Ideologie in Reinform und kann nur in einer Katastrophe enden. Eine Form, die dieser katastrophale Umschwung annehmen kann, ist die unerwartete praktische Interpretation des kommunistischen Ideals, das seine Verwirklichung in einen Albtraum verwandelt. Während des großen Sprungs nach vorne in den späten 1950er Jahren trafen die chinesischen Kommunisten die Entscheidung, dass China den Sozialismus überspringen und gleich in den Kommunismus eintreten sollte. Sie bezogen sich auf Marx' berühmte Formel zum Kommunismus: »Jeder nach seinen Fähigkeiten, jedem nach seinen Bedürfnissen!« Der Trick war die Interpretation dieser Formel, um die totale Militarisierung des Lebens in den bäuerlichen Kommunen zu legitimieren: Der Partei-Kader, der eine Kommune befehligte, kannte die Fähigkeiten jedes Einzelnen, also stellte er den Plan auf und legte die Verpflichtungen der Individuen ihren

Fähigkeiten entsprechend fest, und darüber hinaus wusste er, was die Bauern wirklich für das Überleben brauchten, und organisierte entsprechend die Verteilung der Nahrung und anderer Notwendigkeiten, um das Leben in Gang zu halten. Der Zustand der militarisierten extremen Armut wurde somit die Verwirklichung des Kommunismus, und es reicht natürlich nicht aus zu behaupten, dass eine solche Lesart eine edle Idee verfälscht – man sollte eher sagen, dass sie im Kommunismus als eine Möglichkeit schlummert.

Also noch einmal, wie kommt man aus dieser Falle heraus, wenn wir auf die Erwartung eines großen Bruchs verzichten müssen, der die geheimste Absicht unserer Epoche verwirklichen und den Umschwung bringen wird, von dem wir träumen? Ein möglicher Weg wird von Kojin Karatani skizziert, dessen grundlegende Prämisse der Gebrauch von Tauschmodi (anstatt von Produktionsmodi wie im Marxismus) als Analysewerkzeug für die Geschichte der Menschheit ist.[5] Karatani unterscheidet vier progressive Tauschmodi: (A) den Austausch von Geschenken, der in vorstaatlichen Gesellschaften vorherrscht (Clans oder Stämme, die Geschenke austauschen); (B) Herrschaft und Schutz, was in Sklaven- und Feudalgesellschaften vorherrscht (hier beruht die Ausbeutung auf direkter Herrschaft, und zusätzlich muss die herrschende Klasse etwas im Austausch anbieten, z.B. Schutz der Untertanen vor Gefahr); (C) Warentausch von Gegenständen, was im Kapitalismus vorherrscht (freie Individuen tauschen nicht nur ihre Produkte, sondern auch ihre Arbeitskraft); (X) ein zukünftiges Stadium, eine Rückkehr zum Austausch von Geschenken auf einer höheren Ebene. Dieses X ist eine kantische regulative Idee, eine Vision, die verschiedene Erscheinungen in der Geschichte der Menschheit angenommen hat, von egalitären religiösen Gemeinschaften, die auf gemeinschaftlicher Solidarität beruhen, bis zu anarchistischen Kooperativen und kommunistischen Projekten. Karatani führt an dieser Stelle zwei weitere Komplikationen ein: (1) Es gibt einen entscheidenden Bruch, die sogenannte »Sesshafte Revolution«, die in vorstaatlichen frühen Gesellschaften stattfindet: der Übergang von nomadischen Jägergruppen zu dauerhaft niedergelassenen Gruppen, die in Clans oder Stämmen organisiert sind. Auf der Ebene des Austauschs gehen wir vom »reinen« Geschenk über zum komplexen Netz aus Geschenk und Gegengeschenk. Diese Unterscheidung ist insofern wesentlich, als beim bevorstehenden Übergang zu X auf einer höheren Ebene die Rückkehr zum nomadischen Modus sozialer Existenz stattfinden wird. (2) Beim Übergang von A nach B und so weiter verschwindet das vorhergehende Stadium nicht; obwohl es »verdrängt« ist, kehrt das Verdrängte in einer neuen Form wieder. Mit dem Übergang von A nach B überlebt der Austausch von Geschenken als Geist religiöser Versöhnung und Solidarität; mit dem Übergang von B nach C überlebt A als Nation, nationale Gemeinschaft, und B (Herrschaft) überlebt als Staatsmacht. Aus diesem Grund ist der Kapitalismus für Karatani keine »reine« Herrschaft von B, sondern eine Dreiheit (oder eher ein borromäischer Knoten) von Nation-Staat-Kapital: Nation als die Form gemeinschaftlicher Solidarität, Staat als die Form direkter Herrschaft und Kapital als die Form des ökonomischen Austauschs. Alle drei sind für die Reproduktion der kapitalistischen Gesellschaft notwendig.

Exemplarische Fälle einer solchen »Wiederkehr des Verdrängten« sind die radikalen millenaristischen religiösen Gemeinschaften, die wir im Christentum (Canudos in Brasilien z. B.) und im Islam (Alamut z. B.) finden. Es verwundert nicht, dass eine Religion, sobald sie sich als ideologische Institution etabliert hat, die existierende Machtbeziehungen legitimiert, gegen ihren eigenen innersten Exzess kämpfen muss. Die christliche Kirche sah sich vom 4. Jahrhundert an einem üblichen Problem gegenüber, als sie Staatsreligion wurde: Wie versöhnt man die feudale Klassengesellschaft, in der reiche Herren über verarmte Bauern herrschen, mit der egalitaristischen Armut der Gemeinschaft der Gläubigen, die in den Evangelien beschrieben wird? Für Thomas von Aquin besteht die Lösung darin, dass, während geteilter Besitz im Prinzip besser ist, dies nur für vollkommene Menschen gilt; für die Mehrheit von uns, die in Sünde leben, sind Privatbesitz und Vermögensunterschiede natürlich, und es ist sogar sündhaft, die Abschaffung von Privateigentum zu fordern oder Egalitarismus in unseren gefallenen Gesellschaften zu fördern, das heißt, für unvollkommene Leute zu fordern, was sich nur für die vollkommenen schickt. Das ist der immanente Widerspruch im Innersten der kirchlichen Identität, der die etablierte Kirche zur zentralen antichristlichen Kraft von heute macht. Der subversive Kern der authentischen religiösen Erfahrung zielt nicht auf den marxistischen Standardbegriff der illusorischen religiösen Einheit, die aktuelle Differenzen maskiert, sondern auf etwas viel Stärkeres: auf die Grundlegung einer neuen Form gesellschaftlichen Lebens in Solidarität. Vielleicht sollten wir Heideggers Idee, dass »nur ein Gott uns noch retten kann«, rehabilitieren – natürlich nicht, dass ein Gott, der jetzt irgendwo im Jenseits lebt, sich zum Eingreifen entscheidet, sondern in dem Sinn, dass irgendetwas wie ein echtes religiöses Engagement wieder geschehen kann – »Gott passiert« in fast der gleichen Art wie »Scheiße passiert«. Vielleicht sollten wir auch die alte Logik der MAD

(Mutually Assured Destruction: Gegenseitig zugesicherte Zerstörung) umdrehen, die uns dabei half, den Kalten Krieg zu überleben: Heute gilt nicht länger, dass es keinen globalen Krieg mehr gibt, *es sei denn aus einem unvorhersehbaren Zufall* – eher sind wir zur Katastrophe verurteilt, *es sei denn, es geschieht ein unvorhergesehenes Wunder, das uns retten kann.* War es nicht Nietzsche, der große Religionskritiker, der mit der Idee eines solchen Wunders spielte? In der Regel verkennt man, wie Nietzsches Lobgesänge auf den Krieg und den erbarmungslosen Kampf als einzigen Weg zur Größe des Menschen von einem kontinuierlichen Fluss »pazifistischer« Aussagen begleitet werden, deren berühmteste der Ruf nach einem einseitigen »Zerbrechen des Schwerts« ist – der Ruf nach einer authentischen politischen Tat, im wahrsten Sinne des Wortes:

> Und es kommt vielleicht ein grosser Tag, an welchem ein Volk, durch Kriege und Siege, durch die höchste Ausbildung der militärischen Ordnung und Intelligenz ausgezeichnet, und gewöhnt, diesen Dingen die schwersten Opfer zu bringen, freiwillig ausruft: »wir zerbrechen das Schwert« – und sein gesammtes Heerwesen bis in seine letzten Fundamente zertrümmert. Sich wehrlos machen, während man der Wehrhafteste war, aus einer Höhe der Empfindung heraus, – das ist das Mittel zum wirklichen Frieden, welcher immer auf einem Frieden der Gesinnung ruhen muss: während der sogenannte bewaffnete Friede, wie er jetzt in allen Ländern einhergeht, der Unfriede der Gesinnung ist, der sich und dem Nachbar nicht traut und halb aus Hass, halb aus Furcht die Waffen nicht ablegt. Lieber zu Grunde gehen, als hassen und fürchten, und zweimal lieber zu Grunde gehen, als sich hassen und fürchten machen, – diess muss einmal auch die oberste Maxime jeder einzelnen staatlichen Gesellschaft werden![6]

Dieser Gedankengang gipfelt in einer Bemerkung von Nietzsche aus dem Jahr 1883: »Herrschen? Meinen Typus Andern aufnöthigen? Gräßlich! Ist mein Glück nicht gerade das Anschauen vieler *Anderer*?«[7] Wir können uns eine Reihe ähnlicher Geschenke vorstellen: Was wäre, wenn Brasilien auf die Abholzung des Regenwaldes in Amazonien verzichten würde als Geschenk an die Menschheit, wenn Microsoft auf die Eigentumsrechte an seiner Software verzichten würde und so weiter? Solche Geschenke sollten nicht als »Hilfe« für Unterentwickelte und Arme verstanden werden oder als eine andere Art von Umverteilungsgerechtigkeit:

> Hilfe dient dazu, weitere Akkumulation des Kapitals in den entwickelten Ländern zu erzeugen. Darin gleicht sie der heimischen Wohlfahrtspolitik in diesen Ländern: In beiden Fällen funktioniert die Umverteilung bloß als ein weiteres Verbindungsstück im Prozess der Kapitalakkumulation. Weit davon entfernt, Ungleichheit zu beseitigen, setzt die Verteilungsgerechtigkeit die Ungleichheit tatsächlich fort.[8]

Ist aber eine solche Vision einer Gesellschaft der Geschenke nicht eine Utopie ohne Chancen auf Erfolg im wirklichen Leben? Hier ist die Lage zweideutiger und offener: Es wimmelt in unserer Gesellschaft vor Zeichen, die auf eine neue Ökonomie der Gabe hindeuten.[9] Das Seltsame zum Beispiel an Peter Sloterdijks Versuch (als Lösung für etwas, das man versucht ist »Antinomien des Wohlfahrtsstaates« zu nennen), eine »Ethik der Gabe« jenseits bloßem egoistisch-besitzergreifenden Markttausch zu verteidigen, bringt uns unerwartet nahe an die kommunistische Vision heran.[10] Sloterdijk lässt sich von der grundlegenden Lektion der Dialektik leiten: Manchmal deckt der Gegensatz zwischen Bewahrung des Alten und der Veränderung nicht das gesamte

Feld ab, das heißt, manchmal besteht die einzige Art und Weise, das zu erhalten, was im Alten bewahrenswert ist, darin, einzugreifen und die Dinge radikal zu ändern. Wenn man heute den Kern des Wohlfahrtsstaates retten möchte, sollte man gerade jegliche Nostalgie für die Sozialdemokratie des 20. Jahrhunderts aufgeben. Sloterdijk schlägt eine neue Art kultureller Revolution vor, einen radikalen psychosozialen Wandel, der auf der Einsicht beruht, dass die heutzutage ausgebeutete produktive Schicht nicht mehr die Arbeiterklasse ist, sondern die (obere) Mittelklasse: Sie ist die wahre »Gebende«, deren starke Besteuerung Bildung, Gesundheit etc. der Mehrheit finanziert. Um diesen Wandel zu vollziehen, sollte man den Dirigismus hinter sich lassen, diesen absolutistischen Rest, der seltsamerweise in unserem demokratischen Zeitalter überlebt hat: die sogar unter der traditionellen Linken überraschend starke Idee, dass der Staat das unhinterfragbare Recht hat, seine Bürger zu besteuern, einen Teil ihrer Produktion zu ermitteln und in Beschlag zu nehmen (mit gesetzlichem Zwang, falls erforderlich). Es ist nicht so, dass die Bürger einen Teil ihres Einkommens ihrem Staat geben; sie werden behandelt, als ob sie *a priori* dem Staat etwas schulden. Diese Haltung wird von einer misanthropischen Prämisse gestützt, die am stärksten in der äußersten Linken verbreitet ist, die sonst Solidarität predigt: Die Menschen sind grundsätzlich egoistisch, sie müssen gezwungen werden, etwas für die allgemeine Wohlfahrt beizutragen, und nur der Staat mit seinen gesetzlichen Zwangsmitteln kann die Aufgabe übernehmen, die notwendige Solidarität und Neuverteilung zu gewährleisten.

Man sollte daher lernen, fährt Sloterdijk fort, die Wohlhabenden nicht als Gruppe zu behandeln, die *a priori* der

Verweigerung verdächtig ist, ihre Schuld der Gesellschaft zu zahlen, sondern als die wahren Gebenden, deren Beitrag voll anerkannt werden sollte, damit sie stolz auf ihre Großzügigkeit sein können. Der erste Schritt ist der Wechsel vom Proletariat zum Voluntariat: Anstatt die Reichen exzessiv zu besteuern, sollte man ihnen das (legale) Recht einräumen, freiwillig zu entscheiden, welchen Teil ihres Reichtums sie der allgemeinen Wohlfahrt spenden werden. Am Anfang sollte man natürlich nicht die Steuern radikal senken, sondern zumindest einen kleinen Bereich öffnen, innerhalb dessen den Gebenden die Freiheit verliehen wird, zu entscheiden, wie viel und wofür sie spenden werden. Ein solcher Anfang, so bescheiden er auch ist, würde allmählich die gesamte Ethik ändern, auf der sozialer Zusammenhalt beruht. Doch werden wir hier nicht in das alte Paradox verwickelt, aus freien Stücken das zu wählen, wozu wir sowieso verpflichtet sind? Das heißt, ist nicht die Wahlfreiheit, die den »Voluntaristen« unter denen, »die es zu etwas gebracht haben«, zugestanden wird, eine falsche Freiheit, die auf einer erzwungenen Wahl beruht? Wenn die Gesellschaft normal funktioniert, sind dann diejenigen, »die es zu etwas gebracht haben«, in ihrer Wahl nur frei (der Gesellschaft Geld zu geben oder nicht), wenn sie die richtige Wahl treffen (es zu geben)?

Es gibt eine Reihe von Problemen mit dieser Idee, doch die fundamentale Erwiderung auf Sloterdijk lautet: Warum macht er Großzügigkeit nur innerhalb der Beschränkungen des Kapitalismus geltend, der *die* Ordnung von besitzergreifendem Wettbewerb ist? Innerhalb dieser Beschränkungen wird jede Großzügigkeit *a priori* auf die Kehrseite dieser brutalen Besitzergreifung reduziert, ein mildtätiger Dr. Jekyll zum Kapitalisten Mr Hyde. Hier sollte man sich an das erste

Modell der Großzügigkeit erinnern, das Sloterdijk erwähnt: Carnegie, ein Mann des Stahls mit einem Herzen aus Gold, wie gesagt worden ist. Carnegie setzte Detektive von Pinkerton und eine Privatarmee ein, um den Widerstand der Arbeiter zu brechen, und legte dann Großzügigkeit an den Tag, indem er (teilweise) zurückerstattete, was er (nicht geschaffen, aber) an sich gerissen hatte. Und wie kann man Bill Gates' brutales Vorgehen vergessen, Mitbewerber zu vernichten und ein Monopol zu errichten (eine Taktik, welche die US-Behörden dazu brachte, mehrere Gerichtsverfahren gegen Microsoft in Gang zu setzen)? Die zentrale Frage lautet daher: Gibt es außerhalb des kapitalistischen Rahmens keinen Platz für Großzügigkeit? Ist jedes einzelne dieser Projekte ein Fall sentimentaler moralistischer Ideologie?

Die Fallstricke bei der Vorstellung eines möglichen Wandels lassen sich deutlich in Thomas Pikettys *Kapital im einundzwanzigsten Jahrhundert* wahrnehmen, einer Art »realistischem« Gegenstück zu Sloterdijks Spekulationen, Ergebnis einer mehr als zehnjährigen Forschung über den historischen Wandel der Konzentration von Einkommen und Reichtum. Im 18. und 19. Jahrhundert waren die westeuropäischen Gesellschaften in hohem Maße ungleich: Der private Reichtum ließ das Nationaleinkommen klein erscheinen und konzentrierte sich in den Händen der reichen Familien innerhalb einer rigiden Klassenstruktur. Dieser Zustand dauerte sogar fort, als die Industrialisierung allmählich zu steigenden Löhnen für Arbeiter führte, und der Trend zur größeren Ungleichheit wurde erst zwischen 1930 und 1975 wegen einer Reihe einmaliger Begleitumstände umgekehrt. Die beiden Weltkriege, die große Depression sowie der Aufstieg der kommunistischen Staaten veranlassten die Regierungen in den entwickelten kapitalistischen Staaten, Maßnahmen zur Umverteilung von Einkommen zu verstärken. (Man beachte das Verrückte dieser Tatsache: Egalitarismus und allgemeine Wohlfahrt wurden durch die unvorstellbaren Katastrophen von Weltkriegen und Krisen bedingt.) Ab 1975 und besonders nach dem Sturz des Kommunismus kehrte der Trend zur Ungleichheit wieder; wenn man dem globalen kapitalistischen System gestattet, seiner immanenten Logik zu folgen, dann sagt Piketty eine Welt mit geringem wirtschaftlichen Wachstum voraus und verwirft die Idee, dass Schübe technischer Fortschritte das Wachstum zurück auf das Niveau des 20. Jahrhunderts bringen werden. Nur ein starkes politisches Eingreifen kann der explodierenden Ungleichheit entgegenwirken – Piketty schlägt eine jährliche globale Vermögenssteuer von bis zu zwei Prozent in Verbindung mit einer progressiven Einkommenssteuer vor, die bis zu 80 Prozent erreichen kann. Eine offensichtliche Frage stellt sich hier jedoch: Wenn die immanente Logik des Kapitalismus zu wachsender Ungleichheit und einer Schwächung der Demokratie führt, warum sollten wir dann nicht versuchen, den Kapitalismus selbst zu überwinden? Für Piketty liegt das Problem in der nicht weniger offensichtlichen Tatsache, dass die Alternativen des 20. Jahrhunderts zum Kapitalismus nicht funktioniert haben: Der Kapitalismus muss als einzige Möglichkeit akzeptiert werden. Die einzig machbare Lösung besteht deshalb darin, der kapitalistischen Maschinerie ihre Arbeit in einer angemessenen Umgebung zu erlauben und die egalitäre Gerechtigkeit politisch mit einer demokratischen Macht durchzusetzen, die das Wirtschaftssystem reguliert und die Umverteilung durchsetzt. Man sollte Piketty hier nicht unterschätzen: Auf typisch französische Weise ist die Naivität seines Vorschlags (deren er sich voll bewusst ist) Teil seiner Strategie, das trübe Bild unserer Situation zu zeichnen – hier ist die offenkundige Lösung, und wir alle wissen, dass sie nicht eintreten kann …

Obwohl diese Lösung derjenigen von Sloterdijk äußerlich entgegengesetzt ist, teilen beide eine grundlegende Prämisse: Die kapitalistische Maschinerie sollte am Laufen gehalten werden, da sie die einzig effiziente Art und Weise ist, Wohlstand zu produzieren, wobei die Ungleichheit durch Umverteilung von Wohlstand an die Unterprivilegierten korrigiert werden sollte. Anstatt den kapitalistischen Produktionsmodus zu verändern, sollte man sich auf eine Veränderung der Verteilung beschränken. Sie unterscheiden sich darin, wie dies zu erreichen ist: Piketty plädiert für direkte massive staatliche Regulierung durch hohe Steuern, während Sloterdijk auf freiwillige Beiträge der Reichen zählt. Beide Lösungen sind aus diesem Grund *utopisch* in der eigentlichen Bedeutung des Begriffs. Piketty ist sich sehr wohl im Klaren darüber, dass das Modell, das er vorschlägt, nur funktionieren würde, wenn es global über die Grenzen der Nationalstaaten hinaus umgesetzt würde (ansonsten würde das Kapital in die Staaten mit niedrigeren Steuern flüchten). Eine solche globale Maßnahme setzt eine bereits existierende globale Macht voraus mit der Stärke und Autorität, sie durchzusetzen. Eine derartige globale Macht ist jedoch innerhalb der Grenzen des heutigen globalen Kapitalismus und der politischen Mechanismen, die er impliziert, unvorstellbar – wenn, kurz gesagt, eine solche Macht existieren könnte, *dann wäre das grundlegende Problem bereits gelöst*. Wir können also in Bezug auf diesen Begriff einer globalen Macht das Gleiche wiederholen, was Freud über die Psychoanalyse gesagt hat: In einer Situation, in der die Bedingungen für die psychoanalytische Praxis vollständig erfüllt sind, wäre die Psychoanalyse nicht länger nötig.

An dieser Stelle sollte man das kapitalistische System als Totalität voneinander abhängiger Verbindungen analysieren, und wenn man sich eine Maßnahme ausdenkt, immer mit bedenken, was ihre Voraussetzungen und Implikationen sind: Unter welchen Bedingungen ist es möglich, sich solche Maßnahmen vorzustellen, die Piketty vorschlägt? Welche weiteren Maßnahmen würde die von Piketty erdachte globale Durchsetzung hoher Steuern erfordern? Natürlich besteht der einzige Weg aus diesem Teufelskreis darin, den gordischen Knoten einfach zu zerschlagen und zu handeln. Es gibt niemals perfekte Bedingungen für eine Tat – jede Tat kommt per definitionem zu früh; man muss irgendwo mit einer einzelnen Intervention beginnen und die weiteren Komplikationen, zu denen eine solche Tat führen wird, im Kopf behalten. Die wahre Utopie besteht in anderen Worten darin, sich den globalen Kapitalismus genau so vorzustellen, wie wir ihn heute kennen und wie er derzeit funktioniert, aber mit der hohen Steuerquote, die Piketty vorschlägt. Dann hat vielleicht Sloterdijk recht, und wir sollten uns einen radikaleren Wandel vorstellen, einen Schritt auf die Ökonomie der Gabe hin. Man hat schon oft gehört, dass die kommunistische Vision auf einer gefährlichen Idealisierung des menschlichen Wesens beruhe, die ihm eine Art »natürliche Güte« zuschreibe, die unserer (egoistischen usw.) Natur schlicht fremd sei. Trotzdem bezieht sich Daniel Pink in seinem Buch *Drive*[11] auf eine Menge Arbeiten zur Verhaltensforschung, die zumindest gelegentlich darauf hinweisen, dass Prämien (finanzielle Anreize) kontraproduktiv sein können: Eine optimale Leistung erfolgt, wenn die Menschen in ihrer Arbeit einen inneren Wert finden. Prämien können nützlich sein, um Menschen dazu zu bringen, langweilige Routinearbeit zu erledigen. Bei intellektuell anspruchsvolleren Aufgaben hängt der Erfolg von Einzelnen und Organisationen in wachsendem Maße davon ab, geschickt und innovativ zu sein, so dass Menschen ein größeres Bedürfnis haben, in ihrer Arbeit einen inneren Wert zu finden. Pink ermittelt drei Elemente, die einer solchen Motivation zugrunde liegen: Autonomie, also die Fähigkeit, auszuwählen, welche Aufgaben man erfüllt und wie man sie erfüllt; Meisterschaft, der Prozess, durch den man in einer Tätigkeit Fachmann wird; und Sinn, der Wunsch, die Welt zu verbessern. Hier ist Pinks Bericht über eine Studie, die am MIT durchgeführt worden ist:

> Man nahm eine Gruppe von Studenten und stellte sie vor eine Reihe von Herausforderungen wie sich Zahlenketten merken, Kreuzworträtsel lösen, andere Arten räumlicher Puzzle lösen und sogar physische Aufgaben wie einen Ball durch einen Reifen werfen. Um ihre Leistungen zu verbessern, gab man ihnen drei Arten von Belohnung: Wenn man ganz gut war, erhielt man etwas Geld; wenn man mittelgut war, erhielt man eine mittlere Summe Geld, und wenn man einer der Spitzenleute war, bekam man eine große Summe als Preis. Und hier sind nun die Ergebnisse: Solange die Aufgaben nur mechanische Fähigkeiten erforderten, wirkten die Boni so, wie man es erwarten würde, je höher die Bezahlung, desto besser die Leistung. Aber sobald die Aufgabe auch nur rudimentäre kognitive Fähigkeiten erforderte, führte eine größere Belohnung zu schwächerer Leistung. Wie ist das möglich? Die Schlussfolgerung scheint in Gegensatz zu dem zu stehen, was eine Menge von uns in den Wirtschaftswissenschaften gelernt hat, nämlich je höher die Belohnung ist, desto besser

die Leistung. Und sie behaupten, dass, sobald es über rudimentäre kognitive Fähigkeiten hinausgeht, es genau andersherum ist, was wie die Idee zu sein scheint, dass diese Belohnungen so nicht funktionieren, und das scheint einen dunkel an links und sozialistisch zu erinnern, nicht wahr? Es ist eine Art seltsame sozialistische Verschwörung. Für diejenigen von euch, die diese Verschwörungstheorien glauben, möchte ich auf die berüchtigte linkssozialistische Gruppe hinweisen, die die Studie finanziert hat: die US-Notenbank. Vielleicht lässt sich ein MIT-Student mit 50 oder 60 Dollar nicht hinreichend motivieren – also sind sie nach Madurai ins ländliche Indien gegangen, wo 50 oder 60 Dollar eine Menge Geld sind. Sie haben das Experiment in Indien wiederholt, und was geschah, war, dass die Leute, denen die mittlere Summe gegeben worden ist, nicht besser waren als die mit der kleinen Summe, allerdings war es diesmal andersherum, dass die Leute mit der Spitzenbelohnung am schlechtesten von allen abschnitten: höhere Belohnung führt zu schlechterer Leistung. Dieses Experiment ist immer wieder wiederholt worden, von Psychologen, von Soziologen und Wirtschaftswissenschaftlern. Für einfache, überschaubare Aufgaben funktionieren diese Prämien, aber sobald die Aufgaben begriffliches und kreatives Denken erfordern, funktioniert diese Art von Motivation nachweislich nicht. Der beste Einsatz von Geld als Motivation besteht darin, den Leuten genug zu zahlen, damit das Thema Geld vom Tisch ist. Zahlt den Leuten genug, dann denken sie nicht mehr über Geld nach, sondern über ihre Arbeit. Man bekommt einen Haufen Leute, die hochspezialisierte Arbeit verrichten, aber sie sind bereit, es umsonst zu machen, und arbeiten ehrenamtlich 20, manchmal 30 Stunden die Woche; und was sie schaffen, das verschenken sie eher, als dass sie es verkaufen. Warum verrichten diese Leute, von denen viele fachlich anspruchsvoll und hochqualifiziert sind und die Jobs haben, die gleiche, wenn nicht sogar fachlich anspruchsvollere Arbeit nicht für ihren Arbeitgeber, sondern umsonst für jemand andern? Das ist ein seltsames wirtschaftliches Verhalten.[12]

Dieses ›seltsame Verhalten‹ ist das eines Kommunisten, der Marx' bekanntem Motto folgt: »Jeder nach seinen Fähigkeiten, jedem nach seinen Bedürfnissen!« – Das ist die einzige »Ethik der Gabe«, die eine authentische utopische Dimension hat. Karatani betont, dass ein solcher Wandel hin zu einer Ökonomie der Gabe nur auf globaler Ebene geschehen kann. Er bezieht sich auf Kant, der in seiner Schrift über den ewigen Frieden eine Vision eines weltweiten Völkerbunds entwirft: »Das einzige Prinzip, das die Errichtung einer Föderation von Nationen als neues Weltsystem begründen kann, ist die Reziprozität der Gabe.«[13] Bevor wir diese Idee als eine vergebliche und leere Utopie verwerfen, sollten wir daran denken, wie all die globalen Probleme, mit denen wir es heute zu tun haben – Ökologie, geistiges Eigentum, Wohlfahrtsstaat –, nach globaler Intervention schreien. Die ökologische Bedrohung kann – wenn überhaupt – nur durch eine weltweite Koordination von Maßnahmen unter Kontrolle gebracht werden; »geistiges Eigentum« wird zunehmend durch die Zirkulation von Daten unterminiert; der Wohlfahrtsstaat wird durch den Wettbewerb unterbezahlter Arbeit aus armen Ländern bedroht und so weiter.

Dieser Mangel an globaler Koordination ist mit aller Schärfe spürbar: Das Problem ist, dass wir heute in unserer im Entstehen begriffenen Mehrzentren-Welt immer noch nach den Regeln suchen, die die Beziehungen zwischen diesen vielen Zentren regulieren.[14] Man kennt eine Gesellschaft nicht nur, wenn man ihre expliziten Regeln kennt.

Man muss auch wissen, wie man diese Regeln anwendet: Wann man sie verwendet und wann nicht, wann man sie verletzen muss, wann man eine Wahl ablehnen muss, die angeboten wird, wann man eine Verpflichtung erkennt, etwas zu tun, aber vorgibt, dass man sie aus freien Stücken tut. Erinnern wir uns an das Paradox von Angeboten, die dazu gedacht sind, zurückgewiesen zu werden. Es ist ein Brauch, solche Angebote zurückzuweisen, und jeder, der ein solches Angebot annimmt, begeht einen groben Schnitzer. Wenn ich von einem reichen Onkel in ein Restaurant eingeladen werde, wissen wir beide, dass er die Rechnung begleichen wird, trotzdem muss ich ein bisschen darauf bestehen, dass wir die Rechnung teilen – man stelle sich die Überraschung vor, wenn mein Onkel einfach sagen würde: »Gut, dann zahlst du!«

Während der chaotischen postsowjetischen Ära in Russland unter Jelzin lag das Problem auf dieser Ebene: Obwohl die gesetzlichen Regeln bekannt waren (und weitgehend dieselben wie in der Sowjetunion), war das komplexe Netzwerk impliziter ungeschriebener Regeln zerfallen, das das gesamte soziale Gebilde trug. Wenn man zum Beispiel in der Sowjetunion eine bessere Behandlung im Krankenhaus oder eine neue Wohnung haben wollte, wenn man sich über die Behörden beschweren wollte, wenn man vor Gericht geladen wurde oder wollte, dass sein Kind in einer Eliteschule angenommen wurde, wenn ein Fabrikmanager Rohstoffe brauchte, diese aber nicht rechtzeitig von den staatlichen Vertragspartnern geliefert wurden und so weiter, wusste jeder, was wirklich zu tun war, an wen man sich wenden und wen man bestechen musste, was man tun konnte und was nicht. Nach dem Zusammenbruch der Sowjetmacht war einer der frustrierendsten Aspekte des Alltags der normalen Leute, dass diese ungeschriebenen Gesetze weitgehend verwischt wurden. Die Leute wussten einfach nicht mehr, was sie machen und wie sie reagieren sollten, wie sie sich zu den expliziten gesetzlichen Regelungen in Beziehung setzen sollten: Was konnte man ignorieren? Wann funktionierte Bestechung usw.? (Eine Funktion des organisierten Verbrechens bestand darin, für eine Ersatz-Legalität zu sorgen: Wenn man ein kleines Geschäft hatte und ein Kunde einem Geld schuldete, dann wandte man sich an seinen Mafia-Beschützer, der das Problem löste, da das staatliche Rechtssystem ineffizient war.) Die Stabilität unter Putins Herrschaft läuft im Wesentlichen auf die erneut etablierte Transparenz dieser ungeschriebenen Gesetze hinaus; jetzt wissen die Leute wieder größtenteils, wie sie im komplexen Gewebe sozialer Interaktionen handeln oder reagieren müssen.

In der internationalen Politik haben wir dieses Stadium noch nicht erreicht. In den 1990er Jahren reguliert ein stillschweigender Pakt die Beziehung zwischen den großen Westmächten und Russland: Die westlichen Staaten behandelten Russland als Großmacht unter der Bedingung, dass Russland nicht wie eine solche handelte. Natürlich ist das Problem hier folgendes: Was passiert, wenn die Person das Angebot, das man ablehnen muss, tatsächlich akzeptiert? Was passiert, wenn Russland anfängt, als Großmacht zu handeln? Eine solche Situation ist richtig katastrophal. Sie droht, das gesamte Gewebe existierender Beziehungen zu zerreißen. Tatsächlich ereignete sich etwas Vergleichbares erst vor ein paar Jahren in Georgien: Dessen überdrüssig, lediglich wie eine Supermacht behandelt zu werden, handelte Russland wie eine solche. Wie kam es dazu?

Das »amerikanische Jahrhundert« ist vorbei, und wir treten in eine Periode der Herausbildung vielfältiger Zentren des globalen Kapitalismus ein: die USA, Europa, China und vielleicht Lateinamerika. Jedes steht für einen Kapitalismus mit einer bestimmten Wendung: die USA für einen neoliberalen Kapitalismus, Europa für das, was vom Wohlfahrtsstaat übrig geblieben ist, China für den Staatskapitalismus mit »östlichen Werten«, Lateinamerika für populistischen Kapitalismus. Nachdem der Versuch der USA gescheitert ist, sich als die einzige Supermacht durchzusetzen (als Weltpolizist), müssen nun die Interaktionsregeln innerhalb dieser Zentren festgelegt werden, für den Fall, dass ihre Interessen in Konflikt geraten.

Das ist einer der Gründe, warum die USA und Israel – die beiden Nationalstaaten, die von der Vorstellung der Souveränität besessen sind – natürliche Verbündete sind, und deshalb nehmen sie auf einer tiefen und oft verschleierten Ebene die Europäische Union als *den* Gegner wahr. Diese Wahrnehmung, die im öffentlichen politischen Diskurs unter Kontrolle gehalten wird, explodiert in ihrer Gestalt als untergründiger obszöner Doppelgänger, als politische Vision der christlich-fundamentalistischen extremen Rechten mit ihrer obsessiven Angst vor der neuen Weltordnung (Obama treffe insgeheim Absprachen mit den Vereinten Nationen, internationale Streitkräfte würden in Amerika einmarschieren und alle wahren amerikanischen Patrioten in Konzentrationslager stecken – vor einigen Jahren gab es sogar Gerüchte, lateinamerikanische Truppen seien bereits im Mittleren Westen und errichteten Konzentrationslager …). Eine solche Vision wird im christlichen Hardliner-Fundamentalismus entfaltet, wie er beispielhaft im Werk von Tim LaHaye und Konsorten zu finden ist. Der Titel eines Romans von LaHaye weist in diese Richtung: *The Eu-*

ropa Conspiracy [dt. Die Europa-Verschwörung]. Die wahren Feinde der USA sind nicht die muslimischen Terroristen – sie sind nur insgeheim von den europäischen Säkularisten manipulierte Marionetten, welche die echten Truppen des Antichrist sind, die USA schwächen und eine neue Weltordnung unter Herrschaft der Vereinten Nationen errichten wollen ... In gewisser Weise haben sie mit dieser Wahrnehmung recht: Die EU ist nicht lediglich ein weiterer geopolitischer Machtblock, sondern eine globale Vision, die letztlich mit der Idee von Nationalstaaten inkompatibel ist. Diese Dimension der EU liefert den Schlüssel zur sogenannten »Schwäche Europas«: Es gibt eine überraschende Korrelation zwischen der europäischen Einigung und ihrem Verlust an globaler militärisch-politischer Macht. Wenn aber die Europäische Union in wachsendem Maße eine impotente transnationale Konföderation ist, die des Schutzes der USA bedarf, warum fühlen sich dann die USA so unwohl damit? Man denke an Hinweise, die USA hätten diejenigen Kräfte in Irland finanziell unterstützt, die die Nein-Kampagne beim Referendum über den neuen EU-Vertrag organisierten.

Deshalb sind unsere Zeiten möglicherweise auch gefährlicher, als es auf den ersten Blick erscheinen mag. Während des Kalten Kriegs waren die Regeln des internationalen Verhaltens klar und wurden durch die Verrücktheit, die MAD-ness (Mutually Assured Destruction, die gegenseitig zugesicherte Vernichtung) der Supermächte garantiert. Als die Sowjetunion diese ungeschriebenen Gesetze brach und in Afghanistan einmarschierte, musste sie teuer für diesen Übertritt bezahlen – der Krieg in Afghanistan war der Anfang von ihrem Ende. Heute testen die alten und neuen Supermächte sich gegenseitig aus, versuchen, ihre eigene

Sicht der globalen Regeln durchzusetzen, indem sie diese durch Stellvertreter ausprobieren, die natürlich andere, kleinere Nationen und Staaten sind. Karl Popper hat einmal das wissenschaftliche Testen von Hypothesen gepriesen und sagte, dass wir auf diese Weise die Hypothesen anstelle von uns selbst sterben ließen. Bei den heutigen Tests werden die kleineren Nationen anstelle der größeren verletzt – die Georgier zahlen wie üblich den Preis für solche Tests, und obwohl die offizielle Rechtfertigung dafür hochmoralisch ist (Menschenrechte und menschliche Freiheit usw.), ist die Natur dieses Spiels ziemlich klar.

Sind die Ereignisse in der Ukraine von Anfang 2014 nicht der nächste Schritt in diesem geopolitischen Kampf um die Kontrolle in einer unregulierten Welt mit vielen Zentren, so etwas wie die »Georgische Krise, Teil 2«? Es ist wirklich an der Zeit, den Supermächten ein paar Manieren beizubringen – doch wer wird das übernehmen? Offensichtlich könnte das nur eine transnationale Einheit bewerkstelligen. Vor über 200 Jahren hat Kant die Notwendigkeit einer transnationalen Rechtsordnung erkannt, die im Aufstieg einer Weltgesellschaft gründen würde. »Da es nun mit der unter den Völkern der Erde einmal durchgängig überhand genommenen (engeren oder weiteren) Gemeinschaft so weit gekommen ist, daß die Rechtsverletzung an einem Platz der Erde an allen gefühlt wird: so ist die Idee eines Weltbürgerrechts keine phantastische und überspannte Vorstellungsart des Rechts.«[15] Das jedoch führt uns zu dem, was wohl der »Hauptwiderspruch« der neuen Weltordnung ist: der strukturellen Unmöglichkeit, eine globale politische Ordnung zu finden, die der globalen kapitalistischen Wirtschaft entspricht. Was, wenn es aus strukturellen Gründen – und nicht nur wegen empirischer Beschränkungen – keine weltweite Demokratie oder repräsentative Weltregierung geben kann? Das strukturelle Problem (die Antinomie) des globalen Kapitalismus liegt in der Unmöglichkeit (und gleichzeitig der Notwendigkeit) einer soziopolitischen Ordnung, die zu ihm passen würde: Die globale Marktwirtschaft kann nicht direkt als eine globale liberale Demokratie mit weltweiten Wahlen usw. organisiert werden. In der Politik kehrt das »Verdrängte« der Wirtschaft wieder: archaische Bindungen, partikulare substantielle (ethnische, religiöse, kulturelle) Identitäten. Dieses peinliche Supplement ist die Bedingung der Unmöglichkeit und der Möglichkeit der globalen Wirtschaft. Diese Spannung bestimmt unsere heutige Lage: die freie globale Zirkulation von Waren, die von wachsenden Spaltungen in der eigentlichen sozialen Sphäre begleitet wird. Wie können wir dann vom Globalismus der Waren zu einem radikaleren politischen Globalismus gelangen?

Die Wunde des Eurozentrismus

Wenn Globalisierungsgegner und andere Kämpfer für eine radikale Emanzipation sich in ihren Kämpfen engagieren, dann billigen sie in der Regel eine Reihe von Axiomen ihrer Ideen und deren Organisation, die eine Art Zusammenfassung der Urteile *a priori* der heutigen Linken bildet. Zunächst betonen sie einen Anti-Eurozentrismus, das dringende Erfordernis, aus den Begrenzungen des westlichen Denkens auszubrechen, das zur Geburt der kapitalistischen Moderne geführt hat. Zweitens kritisieren sie das Passiv-Werden unseres Lebens (je verzweifelter wir versuchen, aktiv zu sein, desto stärker sind wir passive Elemente, die von einer anonymen Ordnung reguliert werden) und bestehen auf der Notwendigkeit eines aktiven Engagements gegenüber einer bloßen politischen Repräsentation. Und schließlich behaupten sie, dass das Zeitalter der hierarchischen Ordnungen mit einer dominanten Herren-Figur vorbei sei: Wir betreten ein neues Zeitalter der Multitude, der dynamischen wechselseitigen Verbindungen, der molekularen Selbstorganisation, die niemals aufsummiert werden können. Doch was geschieht, wenn genau diese Dreiergruppe das zentrale »epistemologische Hemmnis« für die Erneuerung der Linken darstellt?

Im Hinblick auf den globalen Kapitalismus – der heutzutage, obwohl er aus Europa stammt, ein System darstellt, in dem Europa in wachsendem Maße seine führende Rolle einbüßt – sollte man besonders vorsichtig sein, nicht dem unreflektierten Anti-Eurozentrismus zu erliegen, der manchmal als ideologisches Feigenblatt der Zurückweisung dessen dient, wofür es sich im Namen des europäischen Erbes zu kämpfen lohnt. Ein Beispiel für jemanden, der genau das tut, ist Walter D. Mignolo in seiner jüngsten Kritik meiner Verteidigung eines linken Eurozentrismus:

> Als nichteuropäischer Denker reagierten meine Sinne zunächst auf den ersten Satz in Žižeks Artikel: *Wenn man Eurozentrismus sagt, dann reagiert jeder sich selbst achtende postmoderne Intellektuelle wie Joseph Goebbels auf Kultur – er entsichert seinen Browning und wirft mit Anklagen gegen den protofaschistischen eurozentrischen Kulturimperialismus um sich. Kann man sich trotzdem eine linke Aneignung des politischen Erbes Europas vorstellen?* […] Meine Antwort auf diesen Abschnitt, der an verschiedenen Orten veröffentlicht worden ist, lautet folgendermaßen: *Wenn man Eurozentrismus sagt, dann reagiert jeder sich selbst ach-*

tende nichtkolonialistische Intellektuelle nicht wie Joseph Goebbels auf Kultur – entsichert seinen Browning und wirft mit Anklagen gegen den protofaschistischen Kulturimperialismus um sich. Ein sich selbst achtender nichtkolonialistischer Intellektueller wird stattdessen nach Frantz Fanon greifen: »Nun Kameraden ist es Zeit, sich zu entscheiden und die Seiten zu wechseln. Wir müssen die große Trauerschicht abwerfen, die uns umgeben hat, und nach dem Licht streben. Der neue Tag, der nun dämmert, muss uns bestimmt, erleuchtet und entschieden vorfinden. Also, meine Brüder, wie konnten wir nicht verstehen, dass wir besseres zu tun haben, als in Europas Fußstapfen zu treten« … Wir nichtkolonialistische Intellektuelle, wenn nicht sogar Philosophen, »haben Besseres zu tun«, wie Fanon sagen würde, als uns mit Themen zu befassen, die von europäischen Philosophen debattiert werden.[16]

Mignolo schlägt also eine Version von Baudrillards Schlachtruf »Vergesst Foucault!« vor: Vergesst Europa, wir haben Besseres zu tun, als uns mit europäischer Philosophie zu befassen, sogar Besseres, als sie endlos zu dekonstruieren. Die Ironie besteht hierbei jedoch darin, dass dieser Schlachtruf offensichtlich nicht für Fanon selbst galt, der sich intensiv und extensiv mit Hegel, der Psychoanalyse, Sartre und sogar Lacan befasst hat. Wenn ich daher Zeilen wie diese von Mignon lese, dann greife ich ebenfalls nach Fanon – nach diesem Fanon:

Ich bin ein Mensch, und ich muß die ganze Vergangenheit der Welt revidieren. Ich bin nicht nur für die Revolte in San Domingo verantwortlich. Jedes Mal, wenn ein Mensch der Würde des Geistes zum Sieg verholfen hat, jedes Mal, wenn ein Mensch nein gesagt zu einem Versuch, seinen Nächsten zu unterjochen, habe ich mich mit seiner Tat solidarisch gefühlt. Auf keinen Fall darf ich aus der Vergangenheit der Völker meiner Hautfarbe meine ursprüngliche Berufung herleiten. Auf keinen Fall darf ich danach trachten, eine unverdientermaßen verkannte Neger-Zivilisation wieder aufleben zu lassen. Ich mache mich zum Menschen keiner Vergangenheit. […] Meine schwarze Haut besitzt keine besonderen Werte. […] Habe ich auf dieser Erde denn nichts anderes zu tun, als die Schwarzen des 17. Jahrhunderts zu rächen? […] Ich, ein Farbiger, ich habe nicht das Recht, mir zu wünschen, daß sich beim Weißen ein Schuldgefühl ob der Vergangenheit meiner Rasse herauskristallisiert. Ich, ein Farbiger, ich habe nicht das Recht, auf die Mittel zu sinnen, die es mir erlauben könnten, den Stolz des einstigen Herrn mit Füßen zu treten. Ich habe weder das Recht noch die Pflicht, für meine domestizierten Vorfahren Entschädigung zu verlangen. Es gibt keine schwarze Mission; es gibt keine weiße Bürde. […] Eines Tages entdecke ich, daß ich auf der Welt bin, und ich gestehe mir nur ein einziges Recht zu: vom anderen ein menschliches Verhalten zu verlangen. […] Ich will nicht ein Opfer der *List* einer schwarzen Welt sein. […] Werde ich den weißen Mann von heute verantwortlich machen für die Sklavenschiffe des 17. Jahrhunderts? Werde ich mit allen Mitteln versuchen, in ihren Seelen Schuld keimen zu lassen? […] Ich bin nicht Sklave der Versklavung, die meine Väter entmenschlicht hat. […] es [wäre] von großem Nutzen […], mit einer Neger-Literatur oder einer Neger-Architektur aus dem 3. Jahrhundert vor Christus in Berührung zu kommen. Wir wären überglücklich, wenn wir erfahren würden, daß es zwischen diesem oder jenem Neger-Philosophen und Platon eine Entsprechung gegeben hat. Aber können uns absolut nicht vorstellen, daß diese Tatsache irgend etwas an der Lage achtjähriger Kinder ändern könnte, die heute auf den Zuckerrohrplantagen von Martinique oder Guadeloupe arbeiten.[17]

Fanon hat ganz deutlich gesehen, dass die heutige Welt kapitalistisch ist und als solche von einem lokalen Standpunkt vorkapitalistischer Kulturen aus nicht effektiv problematisiert werden kann. Aus diesem Grund ist heute auch die Lehre aus Marx' zwei kleinen Artikeln über Indien aus dem Jahr 1853 relevanter denn je (»Die britische Herrschaft in Indien« und »Die künftigen Ergebnisse der britischen Herrschaft in Indien«), die üblicherweise von den Postcolonial Studies als peinliche Fälle von Marx' »Eurozentrismus« abgetan werden. Marx erkennt ohne Wenn und Aber die Brutalität und die ausbeuterische Heuchelei der britischen Kolonisierung von Indien an, einschließlich des systematischen Gebrauchs von Folter, die im Westen verboten war, aber an die Inder »ausgelagert« worden ist (es gibt wirklich nichts Neues unter der Sonne – es gab Guantánamos inmitten des britischen Indien im 19. Jahrhundert): »Die tiefe Heuchelei der bürgerlichen Zivilisation und die von ihr nicht zu trennende Barbarei liegen unverschleiert vor unseren Augen, sobald wir den Blick von ihrer Heimat, in der sie unter respektablen Formen auftreten, nach den Kolonien wenden, wo sie sich in ihrer ganzen Nacktheit zeigen.«[18] Und Marx fügt hinzu:

> England hat das ganze Gefüge der indischen Gesellschaft niedergerissen, ohne daß bisher auch nur die Spur eines Neuaufbaus sichtbar geworden wäre. Dieser Verlust seiner alten Welt, ohne daß eine neue gewonnen worden wäre, gibt dem heutigen Elend des Hindu eine besondere Note von Melancholie und zieht einen Trennungsstrich zwischen dem von England beherrschten Hindustan und den ehrwürdigen Überlieferungen seiner ganzen geschichtlichen Vergangenheit … Gewiß war schnödester Eigennutz die einzige Triebfeder Englands, als es eine soziale Revolution in Indien auslöste, und die Art, wie es seine Interessen durchsetzte, war stupid. Aber nicht das ist hier die Frage. Die Frage ist, ob die Menschheit

ihre Bestimmung erfüllen kann ohne radikale Revolutionierung der sozialen Verhältnisse in Asien. Wenn nicht, so war England, welche Verbrechen es auch begangen haben mag, doch das unbewußte Werkzeug der Geschichte, indem es diese Revolution zuwege brachte.[19]

Man sollte die Rede vom »unbewußten Werkzeug der Geschichte« nicht als Ausdruck einer naiven Teleologie missverstehen, als Vertrauen in die List der Vernunft, die selbst aus den widerwärtigsten Verbrechen Instrumente des Fortschritts macht. Die Pointe ist schlicht, dass die britische Kolonialisierung Indiens die Bedingungen für die doppelte Befreiung Indiens geschaffen hat: von den Beschränkungen der eigenen Tradition wie auch von der Kolonialisierung selbst. Deshalb zeigt die zitierte Passage auch nicht die gleiche herablassende Haltung gegenüber »unhistorischen Nationen«, wie man sie ganz klar in »Der magyarische Kampf« erkennen kann, einem Artikel von Friedrich Engels aus der *Neuen Rheinischen Zeitung* vom 13. Januar 1849.

Die ganze frühere Geschichte Östreichs beweist es bis auf diesen Tag, und das Jahr 1848 hat es bestätigt. Unter allen den Nationen und Natiönchen Östreichs sind nur drei, die die Träger des Fortschritts waren, die aktiv in die Geschichte eingegriffen haben, die noch jetzt lebensfähig sind – die *Deutschen*, die *Polen*, die *Magyaren*. Daher sind sie jetzt revolutionär.
Alle andern großen und kleinen Stämme und Völker haben zunächst die Mission, im revolutionären Weltsturm unterzugehen. Daher sind sie jetzt kontrerevolutionär. […]
Es ist kein Land in Europa, das nicht in irgendeinem Winkel eine oder mehrere Völkerruinen besitzt, Überbleibsel einer früheren Bewohnerschaft, zurückgedrängt und unterjocht von der Nation, welche später Trägerin der geschichtlichen

Entwicklung wurde. Diese Reste einer von dem Gang der Geschichte, wie Hegel sagt, unbarmherzig zertretenen Nation, diese *Völkerabfälle* werden jedes Mal und bleiben bis zu ihrer gänzlichen Vertilgung oder Entnationalisierung die fanatischen Träger der Kontrerevolution, wie ihre ganze Existenz überhaupt schon ein Protest gegen eine große geschichtliche Revolution ist.

[...] Aber bei dem ersten siegreichen Aufstand des französischen Proletariats, den Louis-Napoleon mit aller Gewalt heraufzubeschwören bemüht ist, werden die östreichischen Deutschen und Magyaren frei werden und an den slawischen Barbaren blutige Rache nehmen. Der allgemeine Krieg, der dann ausbricht, wird diesen slawischen Sonderbund zersprengen und alle diese kleinen stierköpfigen Nationen bis auf ihren Namen vernichten.

Der nächste Weltkrieg wird nicht nur reaktionäre Klassen und Dynastien, er wird auch ganze reaktionäre Völker vom Erdboden verschwinden machen. Und das ist auch ein Fortschritt.[20]

Diese Zeilen klingen wie Maos Unterscheidung zwischen bürgerlichen und proletarischen Nationen, aber in umgekehrter Bedeutung: Der Kampf verläuft nicht nur unter den Klassen innerhalb der Nationen, er tobt auch zwischen fortschrittlichen und reaktionären Nationen mit allem, was das beinhaltet, nämlich der Vernichtung »dieser kleinen stierköpfigen Nationen bis auf ihren Namen« im revolutionären Prozess. Engels' Gedankengang beruht auf einem vereinfachten Pseudohegelianismus: Es gibt historischen Fortschritt, es gibt Nationen, die Teil dieses Fortschritts sind (»historische Nationen«), und Nationen, die träge Zuschauer oder sogar aktive Opponenten sind, und die Letzteren sind dem Untergang geweiht. (Engels schmückt diesen Gedankengang mit einem reflexiven Dreh aus, der nach Hegel klingt: Wie sollten diese Nationen nicht reaktionär sein, wenn ihre Existenz selbst eine Reaktion ist, ein Rudiment der Vergangenheit?) Engels hielt bis zum Schluss an seiner Position fest und war überzeugt davon, dass mit Ausnahme von Polen die kleinen slawischen Staaten für ihre Befreiung alle nach Russland schauen würden, dem Bollwerk der Reaktion. 1882 schrieb er an Bernstein (der Sympathien für die Slawen aus dem Süden hegte): »Wir haben an der Befreiung des westeuropäischen Proletariats mitzuarbeiten und diesem Ziel alles andre unterzuordnen. Und wären die Balkanslawen etc. noch so interessant, sobald ihr Befreiungsdrang mit dem Interesse des Proletariats kollidiert, so können sie mir gestohlen werden.«[21] Und in einem Brief an Kautsky aus dem gleichen Jahr behauptet er erneut die Opposition von fortschrittlichen und reaktionären Nationen:

> Ich bin also der Ansicht, daß zwei Nationen in Europa nicht nur das Recht, sondern die Pflicht haben, national zu sein, ehe sie international sind: Irländer und Polen. Sie sind eben am besten international, wenn sie recht national sind. Das haben die Polen in allen Krisen begriffen und auf allen Revolutionsschlachtfeldern bewiesen. Man nehme ihnen die Aussicht, Polen herzustellen, oder rede ihnen ein, das neue Polen werde ihnen doch nächstens von selbst in den Schoß fallen, so ist es aus mit ihrem Interesse an der europäischen Revolution.[22]

Und was die Slawen aus dem Süden angeht:

> Erst wenn durch den Zusammenbruch des Zarentums die nationalen Bestrebungen dieser Völkerknirpse von der Verquickung mit panslawistischen Weltherrschaftstendenzen

> befreit sind, erst dann können wir sie frei gewähren lassen, und ich bin sicher, sechs Monate Unabhängigkeit reichen hin bei den meisten östreich-ungarischen Slawen, um sie dahin zu bringen, wieder um Aufnahme zu flehen. Aber keinenfalls wird man diesen Völkchen das Recht zugestehn, wie sie es jetzt in Serbien, Bulgarien und Ostrumelien sich zuschreiben: den Ausbau des europäischen Eisenbahnnetzes bis Konstantinopel zu verhindern.[23]

Wie wir bereits gesehen haben, ist Engels' großer Gegenspieler hier niemand anderes als Lenin; und doch unterscheidet sich Marx' Text über Indien radikal von Engels' Position. Marx' Pointe ist nicht, dass die Inder die Mission hätten, »im revolutionären Weltsturm unterzugehen«, sondern fast das genaue Gegenteil: Von der Dynamik des universalen Kapitalismus ergriffen zu werden wird die Inder in die Lage versetzen, ihre traditionellen Zwänge abzuschütteln und sich in einem modernen Befreiungskampf gegen das Joch des britischen Kolonialismus zu engagieren. Auch Lenin hielt an dieser Sichtweise fest: Als das Scheitern der europäischen Revolution in den frühen 1920er Jahren klarwurde, betrachtete er es als die zentrale Aufgabe der Sowjetmacht, Russland die europäische Moderne zu bringen: Anstatt über große Ziele wie den Aufbau des Sozialismus zu reden, sollte man sich geduldig für die Verbreitung der (bürgerlichen) Kultur und Zivilisation einsetzen, in vollkommenem Gegensatz zum »Sozialismus in einem Land«. Die Bescheidenheit dieser Ambition wird manchmal überraschend offen ausgedrückt, wenn Lenin sich über alle Versuche des Aufbaus des Sozialismus in der Sowjetunion lustig macht. Wie verschieden ist diese Haltung von Mignolos Sicht des antikapitalistischen Kampfes:

> Wie wir aus der Geschichte wissen, bedeutet die Identifizierung des Problems nicht, dass es nur eine Lösung gebe. Oder besser noch, wir können darin übereinstimmen, dass die Aussicht auf Harmonie eine wünschenswerte Zukunft für den Globus darstellt, dass aber Kommunismus nur ein Weg in diese Richtung ist. Es kann nicht nur eine Lösung geben, ganz einfach weil es viele Weisen des Existierens gibt, das heißt des Denkens und Handelns. Kommunismus ist eine Option und kein abstraktes Allgemeines … In der nichteuropäischen Welt ist der Kommunismus eher Teil des Problems als der Lösung. Was nicht heißt, dass, wenn man in der nichteuropäischen Welt kein Kommunist ist, man dann Kapitalist ist … Die Tatsache also, dass Žižek und andere europäische Intellektuelle ernsthaft den Kommunismus neu denken wollen, bedeutet, dass sie sich für eine Option (die Neuorientierung der Linken) unter vielen stark machen wie den Marsch in Richtung auf Harmonie und die Beseitigung der Kriegsnotwendigkeit, das Überwinden von Erfolg und Wettbewerb, der Korruption und Selbstbezogenheit fördert, und das Anpreisen der Fülle des Lebens gegenüber Entwicklung und Tod.[24]

Mignolo greift hier auf eine allzu naive Unterscheidung zwischen Problem und Lösung zurück. Wenn es etwas gibt, was wir wirklich aus der Geschichte gelernt haben – wie »die Identifizierung des Problems bedeutet nicht, dass es nur eine Lösung gebe« –, dann, dass es nicht nur eine einzige Identifizierung des Problems gibt. Wenn wir auf ein Problem stoßen (wie eine Weltwirtschaftskrise), erhalten wir eine Vielzahl an Formulierungen, worin dieses Problem besteht und was seine Ursachen sind (oder, um es postmoderner auszudrücken, wir erhalten eine Vielzahl an Narrativen): zu viel staatliche Regulierung, nicht genügend staatliche Regulierung, moralisches Versagen, die überwältigende Macht des Finanzkapitals, der Kapitalismus als solcher und so weiter. Diese unterschiedlichen Identifizierungen des Problems bilden eine dialektische Einheit mit den vorgeschlagenen Lösungen – man könnte sogar sagen, dass die Identifizierung eines Problems bereits vom Standpunkt seiner angeblichen/imaginierten Lösung aus formuliert wird. Der Kommunismus ist daher nicht nur eine der Lösungen, sondern zunächst einmal eine einzigartige Formulierung des Problems, wie es innerhalb des kommunistischen Horizonts erscheint. Mignolos Identifizierung des Problems ist wie seine Formulierung der gemeinsamen Ziele aller vorgeschlagenen Lösungen ein Beweis seiner Beschränkung und als solcher wert, sorgfältig gelesen zu werden: das gemeinsame Ziel – »der Marsch in Richtung auf Harmonie«, »das Anpreisen der Fülle des Lebens«; das Problem – »die Kriegsnotwendigkeit«, »Erfolg und Wettbewerb, der Korruption und Selbstbezogenheit fördert«, »Entwicklung und Tod«. Sein Ziel – Harmonie, Fülle des Lebens – ist ein echtes abstraktes Allgemeines im wahren Sinn des Wortes, ein leerer Behälter, der viele unvereinbare Dinge bedeuten kann (was davon abhängt, wie man »Lebensfülle« und »Harmonie« versteht). (Man könnte ebenfalls in bitterer Manier hinzufügen, dass viele antikapitalistische Bewegungen große Ergebnisse beim »Überwinden des Erfolgs« erzielt haben.) Die einfache Gleichung von Entwicklung und Tod sowie die abstrakte Zurückweisung von Krieg, Korruption und Selbstbezogenheit sind nicht weniger bedeutungslose Abstraktionen. (Die abstrakte Entgegensetzung von Krieg und Harmonie ist übrigens besonders verdächtig, da sie auch als ein Aufruf gegen unangenehme soziale Antagonismen verstanden werden kann und für eine friedliche Harmonie des sozialen Organismus. Wenn das die eingeschlagene Richtung sein soll, dann ziehe ich es vor, »linker

Faschist« genannt zu werden, und beharre auf der emanzipatorischen Dimension des Kampfes.)

Mignolo bietet keine alternativen Modernitäten an, sondern eine Art alternative Postmoderne, das heißt verschiedene Wege, um die europäische (kapitalistische) Moderne zu überwinden. Gegen einen solchen Ansatz sollte man entschieden das universalistische europäische Erbe verteidigen – doch in welcher Bedeutung genau? Folgt man einigen indischen Kulturtheoretikern, dann ist die Tatsache, dass sie zur englischen Sprache gezwungen worden sind, eine Form des kulturellen Kolonialismus, eine Zensur ihrer wahren Identität. Ihr Gedankengang lautet folgendermaßen: »Wir müssen in einer uns aufgezwungenen Sprache reden, um unsere innerste Identität auszudrücken; bringt uns das nicht in die Position einer radikalen Entfremdung? Selbst unser Widerstand gegen die Kolonialisierung muss in der Sprache der Kolonialherren formuliert werden.« Die Antwort darauf lautet: Ja – doch dieses Aufzwingen des Englischen (als Fremdsprache) erzeugt genau das X, was dadurch »unterdrückt« wird: Das heißt, unterdrückt wird nicht das vorkoloniale Indien, sondern der authentische Traum eines neuen universalistischen demokratischen Indien.

Folgte Malcolm X nicht genau derselben Einsicht, als er X als seinen Nachnamen annahm? Die Pointe in der Wahl von X – und damit das Signal, dass die Sklavenhändler, die die versklavten Afrikaner aus ihrem Heimatland verschleppten, sie brutal ihrer familiären und ethnischen Wurzeln beraubten, ihrer gesamten kulturellen Lebenswelt – bestand nicht darin, die Schwarzen für die Rückkehr zu irgendwelchen ursprünglichen afrikanischen Wurzeln zu mobilisieren, sondern genau die Gelegenheit zu ergreifen, die das X bietet, eine unbekannte neue Identität (ihr Fehlen), die durch ebenjenen Prozess der Versklavung erzeugt wird, der die afrikanischen Wurzeln für immer verlorengehen ließ. Die Idee besteht darin, dass dieses X, das die Schwarzen ihrer besonderen Traditionen beraubt, eine einmalige Chance bietet, sich selbst neu zu definieren (neu zu erfinden) und ganz frei eine neue Identität auszubilden, die viel universeller ist als die von den Weißen beteuerte Universalität. (Malcolm X fand diese neue Identität natürlich im Universalismus des Islam.)

Kehren wir zurück nach Indien, wo »Versöhnung« Versöhnung mit der englischen Sprache bedeutet, die man nicht als Hindernis auf dem Weg in ein neues Indien akzeptieren sollte, als etwas, das man zugunsten einer lokalen Sprache loswird, sondern als ein Medium, das etwas möglich macht, als positive Bedingung der Befreiung. Der wahre Sieg über die Kolonialisierung besteht nicht in der Rückkehr zu irgendeiner »authentischen« vorkolonialen Existenz und noch weniger in irgendeiner »Synthese« von moderner Zivilisation und vormodernen Ursprüngen – sondern paradoxerweise im *vollständig erfolgten Verlust dieser vormodernen Ursprünge*. Der Kolonialismus ist mit anderen Worten nicht überwunden, wenn das Eindringen der englischen Sprache als Medium beseitigt worden ist, sondern wenn die Kolonialherren gewissermaßen mit ihren eigenen Waffen geschlagen werden – wenn die neue indische Identität mühelos auf Englisch formuliert wird, das heißt, wenn die englische Sprache »denaturalisiert« wird, wenn sie ihre bevorzugte Verbindung zu den angelsächsischen Muttersprachlern verliert. Es ist ganz zentral, herauszustreichen, dass diese Rolle des Englischen von vielen Intellektuellen unter den Dalits oder den »Unberührbaren«, der untersten Kaste, erkannt worden ist: Ein großer Prozentsatz von Dalits begrüßte tatsächlich das Englische und sogar den kolonialen Zusammenstoß als Ganzes. Für Ambedkar (die führende politische Figur der Dalit-Kaste) und seine Erben verschafft der britische Kolonialismus – unbeabsichtigt und zufällig – der sogenannten Gesetzesherrschaft und der formalen Gleichheit aller Inder Raum. Davor kannten die Inder nur das Recht der Kasten, was den Dalits kaum Rechte und nur Pflichten zuerkannte.[25] Außerdem kämpfen im heutigen Indien die wirklich gefährdeten Stämme (wie diejenigen im Dschungel um Hyderabad) nicht für ihre traditionellen Werte und Bindungen, sondern engagieren sich viel stärker für einen maoistischen Kampf (wie die Guerilla-Bewegung der Naxalite), als dessen universelles Ziel die Überwindung des Kapitalismus formuliert wird. Es sind die postkolonialen Theoretiker aus den oberen Klassen und Kasten, welche die Beharrlichkeit lokaler Traditionen und kommunaler Ethiken als Widerstand gegen den globalen Kapitalismus feiern, und nicht die, die wirklich zu den indigenen Stämmen gehören.

Auf einer allgemeineren Ebene sollte man bedenken, dass der globale Kapitalismus nicht automatisch alle seine Subjekte in Richtung eines hedonistischen/freizügigen Individualismus drängt, wie auch die Tatsache, dass in vielen Ländern, die sich kürzlich auf den Weg einer schnellen kapitalistischen Modernisierung gemacht haben (wie Indien), viele Menschen an den sogenannten traditionellen (vormodernen) Überzeugungen und Ethiken festhalten (Familienwerte, Zurückweisen eines grenzenlosen Hedonismus, starke ethnische Identifizierung, Bevorzugung der Bindungen der Gemeinschaft gegenüber individuellen Errungenschaften, Respekt vor Älteren und so weiter). Das beweist keineswegs, dass sie nicht völlig »modern« sind, als ob die Menschen im liberalen Westen sich die direkte und vollständige kapitalistische Modernisierung leisten können, während die weniger entwickelten Länder in Asien, Lateinamerika und Afrika den Ansturm der kapitalistischen Dynamik nur mit Hilfe der Krücken traditioneller Bindungen überleben könnten, das heißt, als ob traditionelle Werte vonnöten wären, wenn die lokale Bevölkerung nicht in der Lage ist, den Kapitalismus zu überleben, indem sie dessen eigene liberalhedonistische individualistische Ethik übernimmt. Postkoloniale Theoretiker des »Subalternen«, die in der Beharrlichkeit vormoderner Traditionen den Widerstand gegen den globalen Kapitalismus und dessen gewalttätige Modernisierung aufspüren, liegen hier ganz und gar falsch: Die Treue zu vormodernen (»asiatischen«) Werten ist im Gegenteil auf paradoxe Weise *die* zentrale Eigenschaft, die es Ländern wie China, Singapur und Indien erlaubt, dem Pfad der kapitalistischen Dynamik sogar noch radikaler als die westlichen liberalen Länder zu folgen. Die Bezugnahme auf traditionelle Werte ermöglicht es den Individuen, ihr erbarmungsloses Teilnehmen am Wettbewerb des Marktes in ethischen Begriffen zu rechtfertigen (»Ich tue das eigentlich, um meinen Eltern zu helfen, um genug Geld zu verdienen, damit meine Kinder und Cousins studieren können« und so weiter).[26]

Es gibt einen hübsch vulgären Witz über Jesus Christus: In der Nacht vor seiner Verhaftung und Kreuzigung machten sich seine Anhänger Sorgen – Jesus war immer noch Jungfrau, wäre es daher nicht eine nette Geste, ihm die Erfahrung von ein bisschen Lust zu verschaffen, bevor er stirbt? Sie bitten Maria Magdalena, ins Zelt zu gehen, wo

Jesus ruht, um ihn zu verführen; Maria willigt ein und geht hinein. Fünf Minuten später jedoch kommt sie schreiend herausgerannt, erschrocken und wütend. Als die Jünger fragen, was los sei, erklärt sie: »Ich habe mich ausgezogen, meine Beine gespreizt und Jesus meine Möse gezeigt. Er hat sie angeschaut, gesagt: ›Was für eine schreckliche Wunde; sie muss geheilt werden‹, und dann sanft seine Hand auf sie gelegt …« Man hüte sich also vor Leuten, die zu sehr darauf versessen sind, die Wunden anderer zu heilen – was, wenn man seine eigene Wunde genießt? Auf exakt die gleiche Weise wäre das direkte Heilen der Wunde des Kolonialismus (also tatsächlich zur vorkolonialen Realität zurückzukehren) ein Albtraum: Wenn sich die heutigen Inder in einer vorkolonialen Realität wiederfänden, dann würden sie zweifellos die gleichen Schreie wie Maria Magdalena ausstoßen. Und genau wegen der Wunde des Kolonialismus stimmt die finale Botschaft aus Wagners *Parsifal* immer noch: »Die Wunde schließt der Speer nur, der sie schlug.« Genau der Zerfall traditioneller Formen öffnet den Raum für Befreiung. So war für Nelson Mandela und den ANC klar, dass die weiße Vorherrschaft und die Versuchung, zu den Stammeswurzeln zurückzukehren, die zwei Seiten derselben Münze sind.[27]

Den typischen liberalen Mythen zufolge bringt die Universalität der Menschenrechte Frieden mit sich: Sie etablieren die Bedingungen der friedlichen Koexistenz für die Vielfalt der einzelnen Kulturen. Vom Standpunkt der Kolonialisierten aus ist jedoch die liberale Universalität falsch: Sie fungiert als gewaltsames Eindringen einer fremden Kultur und löst unsere besonderen Wurzeln auf. Selbst wenn man diesen Vorwurf ein Stück weit für wahr hält, würde ein Liberaler weiterhin eine »Universalität ohne Wunden«

anstreben, einen universalen Rahmen, der sich nicht gewalttätig auf einzelne Kulturen auswirkt. Aus rein dialektischer Perspektive sollten wir eine genau entgegengesetzte Herangehensweise anstreben (oder vielmehr unterstützen): Die Wunde als solche ist befreiend – oder besitzt vielmehr ein befreiendes Potential –, so dass wir, während wir entschieden den positiven Gehalt der auferlegten Universalität problematisieren sollten (den einzelnen Gehalt, den sie insgeheim bevorzugt), den befreienden Aspekt der Wunde als solcher (für unsere besondere Identität) voll bekräftigen sollten.[28]

Um es noch einmal anders auszudrücken, die Erfahrung des Englischen als eine Zwangsauferlegung verschleiert die Tatsache, dass das Gleiche für *jede* Sprache gilt: Die Sprache als solche ist ein parasitärer fremder Eindringling. In seinem ganzen Werk variiert Lacan Heideggers Motiv der Sprache als Haus des Seins: Die Sprache ist kein Erzeugnis und kein Werkzeug des Menschen, es ist der Mensch, der in der Sprache »haust«. »Die Psychoanalyse«, sagt er, »sollte die Wissenschaft der vom Subjekt bewohnten Sprache sein«.[29] Lacans »paranoide« Wendung, seine zusätzliche Freud'sche Drehung der Schraube, beruht auf seiner Charakterisierung dieses Hauses als einer *Folterkammer*: »In der Freudschen Perspektive ist der Mensch das von der Sprache erfaßte und gepeinigte Subjekt.«[30] Der Mensch haust nicht nur im »Gefängnis der Sprache« (wie man den Titel eines frühen Buchs über Strukturalismus von Fredric Jameson übersetzen könnte), er haust in der Folterkammer der Sprache: Die gesamte Psychopathologie, die Freud entwickelt hat, von den Konversionssymptomen, die dem Körper eingeschrieben sind, bis zum totalen psychischen Zusammenbruch sind Narben dieser permanenten Folter – so viele Zeichen eines ursprünglichen und unheilbaren Grabens zwischen dem Subjekt und der Sprache, so viele Zeichen, dass der Mensch nie Herr in seinem eigenen Haus sein kann. Das ist es, was Heidegger übersehen hat: diese dunkle Kehrseite der Folter unseres Hausens in der Sprache – und deshalb gibt es auch keinen Raum für das Reale der *jouissance*/des Genießens in Heideggers Gebäude, da der Folteraspekt der Sprache vor allem die Launen der Libido betrifft.

A, nicht Ges

Wenn wir daher den obszönen Begriff streichen, dass es besser sei, »authentisch« von der »eigenen« Sprache gefoltert zu werden als von einer fremden, aufgezwungenen, sollten wir zunächst den befreienden Aspekt betonen, zum Gebrauch einer fremden, »universalen« Sprache gezwungen zu werden. Es lag eine gewisse historische Weisheit in der Tatsache, dass die *lingua franca* des Westens vom Mittelalter bis in jüngste Zeiten das Lateinische war, eine »sekundäre«, unauthentische Sprache, eine »Schwundstufe« des Griechischen und nicht das Griechische mit all seiner authentischen Last: Gerade diese Leere und »Unauthentizität« des Lateinischen erlaubte es den Europäern, es mit ihrem eigenen Gehalt anzufüllen im Gegensatz zur brechend vollen und überladenen Natur des Griechischen. Genau diese Lektion lernte Samuel Beckett und begann auf Französisch zu schreiben, in einer fremden Sprache, womit er die »Authentizität« seiner eigenen Wurzeln hinter sich ließ. Um also zusammenzufassen: Die Funktion der Erfahrung einer fremden Sprache als aufgezwungen besteht in der Verschleierung dieser unterdrückenden Dimension unserer eigenen Sprache, das heißt darin, unsere eigene Muttersprache nachträglich zu einem verlorenen Paradies voller authentischen Ausdrucks zu erheben. Der Schritt, den wir machen müssen, wenn wir die aufgezwungene fremde Sprache als Unterdrückung erfahren, als Störung des Einklangs mit unserem innersten Leben, besteht in der Übertragung dieses Missklangs auf unsere eigene Muttersprache. Ein solcher Schritt ist natürlich äußerst schmerzhaft: Er gleicht dem Verlust der ureigensten Substanz unseres Seins, unserer konkreten historischen Wurzeln. Er bedeutet, wie George Orwell es einmal ausgedrückt hat, dass ich mich selbst so vollständig verändern muss, dass ich am Ende kaum mehr als die gleiche Person erkennbar bin. Sind wir dazu bereit? Damals, im Jahr 1937, entfaltete Orwell die Zweideutigkeit der vorherrschenden linken Attitüde gegenüber Klassenunterschieden:

> Wir alle ziehen gegen die Klassenunterschiede los, aber sehr wenige Leute wollen sie im Ernst abschaffen. Hier kommt man zu der wichtigen Tatsache, daß jede revolutionäre Ansicht einen Teil ihrer Kraft aus der geheimen Überzeugung gewinnt, daß nichts verändert werden kann. […] Wir müssen der Tatsache ins Gesicht sehen, daß wir mit der Abschaffung der Klassenunterschiede einen Teil von uns selbst abschaffen. Nehmen Sie zum Beispiel mich, einen typischen Vertreter des Mittelstands. Ich kann leicht sagen, ich wolle die Klassenunterschiede loswerden, aber fast alles, was ich denke und tue, ist eine Folge davon. Alle meine Begriffe – Begriffe von Gut und Böse, von Angenehm und Unangenehm, von Häßlich und Schön – sind im wesentlichen Mittelstandsbegriffe, mein Geschmack in Sachen Bücher, Essen, Kleidung, mein Ehrgefühl, meine Tischmanieren, meine Redewendungen, mein

> Akzent, sogar meine charakteristischen Körperbewegungen, sind das Ergebnis einer besonderen Art von Erziehung und einer besonderen Spanne ungefähr in der Mitte der sozialen Stufenleiter.[31]

Wo ist nun Orwell selbst hier? Er weist gönnerhaftes Mitleid oder jeden Versuch, »wie die Arbeiter zu werden«, zurück – tatsächlich will er, dass die Arbeiter sich mehr waschen und so weiter. Aber heißt das, dass er Mittelklässler bleiben will und daher akzeptiert, dass die Klassenunterschiede bleiben? Das Problem liegt darin, dass die Alternative, so wie Orwell sie formuliert – »seinen Mittelklasse-Werten verhaftet bleiben oder wie Arbeiter zu werden« – eine falsche Alternative ist: ein authentischer Revolutionär zu sein hat ganz und gar nichts damit zu tun, »wie Arbeiter zu werden« und den Lebensstil der armen Klassen zu kopieren. Das Ziel der revolutionären Aktivität besteht im Gegenteil darin, die gesamte soziale Situation zu verändern, damit die Arbeiter selbst nicht länger »Arbeiter« sind. Mit anderen Worten sind beide Pole von Orwells Dilemma – den Werten der Mittelklasse verhaftet bleiben oder wirklich wie Arbeiter zu werden – typische Mittelklasse-Optionen. Sicher waren Robespierre und Lenin erkennbar Mittelklässler in ihrer privaten Empfindsamkeit, aber das tut nichts zur Sache – der Punkt ist der, nicht wie Arbeiter zu werden, sondern das Schicksal der Arbeiter zu verändern. Orwells Einsicht gilt nur für eine bestimmte Art »bürgerlicher« Linker. Es gibt Linke, die sehr wohl den Mut zu ihren Überzeugungen haben, die nicht nur eine »Revolution ohne Revolution« wollen, wie Robespierre sich ausgedrückt hat – Jakobiner und Bolschewiken unter anderem. Ausgangspunkt dieser wahren Revolutionäre kann in der Tat genau diese Position des »bürgerlichen« Linken sein: Was aber geschieht, ist, dass sie mitten in ihrem pseudoradikalen Posieren von ihrem eigenen Spiel eingewickelt werden und wirklich damit beginnen, ihre subjektive Position in Frage zu stellen. Man kann sich kaum ein energischeres politisches Beispiel vom Gewicht der Lacan'schen Unterscheidung zwischen einem »Subjekt, das ausgesprochen wird« und einem »Subjekt, das ausspricht« vorstellen: Zunächst beginnt man in Form einer direkten Negation damit, die »Welt verändern« zu wollen, ohne die subjektive Position in Gefahr zu bringen, von der aus man die Veränderung durchsetzen will; dann, in einer »Negation der Negation«, ist das Subjekt, das die Veränderung durchführt, dazu bereit, den subjektiven Preis dafür zu zahlen, sich selbst zu verändern oder, um Gandhis Formulierung zu zitieren, selbst die Veränderung zu sein, die es in der Welt wahrnehmen möchte.

Ist die Tatsache, dass ich mich selbst so vollständig verändern muss, dass ich am Ende kaum mehr als die gleiche Person erkennbar bin, nicht ein Ereignis radikaler Selbstveränderung, das mit einer Wiedergeburt verglichen werden kann? Orwells Pointe liegt darin, dass die Radikalen sich auf das Bedürfnis nach einem revolutionären Wandel als eine Art abergläubisches Zeichen berufen, das sein Gegenteil hervorrufen soll, das heißt, den Wandel daran zu *hindern*, tatsächlich einzutreten, in dem Sinn wie die heutigen akademischen Linken, die den kapitalistischen kulturellen Imperialismus kritisieren, in Wirklichkeit aber vor der Idee Angst haben, dass ihr Arbeitsgebiet zusammenbricht. Man denke an die Welt der großen internationalen Kunst-Biennalen, echte kapitalistische Unternehmungen, die in der Regel von einer »antikapitalistischen« Ideologie begleitet werden, deren vorherrschende Form in einer Mischung aus

Anti-Eurozentrismus, Kritik an der Moderne (»wir leben in einem postkantianischen Zeitalter«) und Warnungen besteht, wie sogar Kunstereignisse Momente der Zirkulation des Kapitals sind – und worauf man nur mit einer Abwandlung des alten Bonmots der Marx Brothers antworten kann: »Sie behaupten, dass die Kunstszene von heute Teil der kapitalistischen Maschinerie ist, aber das sollte dich nicht täuschen – sie ist wirklich Teil der kapitalistischen Maschinerie!« Die berühmten Zeilen aus dem zweiten Akt von *Othello* – »O Gnädige Frau, setzt mich nicht in Versuchung; ich bin nichts, oder ich bin ein Criticus« [Übersetzung Wieland] – scheinen die Haltung des Kunstkritikers heutzutage perfekt wiederzugeben: In dem Moment, in dem er seine Arbeit beginnt, kann er nicht anders, als durch und durch die Art zu denunzieren, wie die Kunstproduktion und -distribution, der Kunstgebrauch und die Kritik von globalen kapitalistischen Koordinaten bestimmt werden. Im Morast einer solchen ideologischen Verleugnung ist es erfrischend, ja sogar subversiv, auf eine direkte Beteuerung der »bürgerlichen« Werte zu stoßen, wie bei Robert Pippin, der kürzlich behauptet hat, sein gesamtes philosophisches Projekt bestehe in der Verteidigung des bürgerlichen Lebensstils. Wenn man in dieser Behauptung konsequent genug ist, erkennt man bald die Ungereimtheiten im bürgerlichen Lebensstil, die einen dazu bringen, diesen Stil hinter sich zu lassen, um gerade dasjenige von ihm zu retten, was es zu retten wert ist.

Ist dann eine Konferenz über die Idee des Kommunismus, wie sie in Seoul vom 24. bis zum 29. September 2013 abgehalten wurde, ebenfalls dazu bestimmt, ein vergleichbares Pseudoereignis zu werden, eine kommunistische Biennale? Oder setzen wir etwas in Bewegung, das das Potential dazu hat, sich zur realen Kraft einer sozialen Veränderung zu entwickeln? Es könnte scheinen, dass man heutzutage nicht mehr handeln kann, dass alles, was man wirklich tun kann, darin besteht, die Dinge festzustellen. In einer Situation wie heute aber festzustellen, was ist, kann viel stärker sein als zum Handeln aufzurufen, was in der Regel so viele Ausreden sind, *überhaupt nichts* zu tun. Zitieren wir Alain Badious provokante These: »Es ist besser, nichts zu tun, als zur Erfindung formaler Wege beizutragen, dasjenige sichtbar zu machen, was das Empire schon als existent erkannt hat.« Man macht besser nichts, als sich in lokalen Aktionen zu engagieren, deren Funktion letztlich darin besteht, das System noch geschmeidiger laufen zu lassen (wie zum Beispiel für Raum für die Vielfalt neuer Subjektivitäten zu sorgen und so weiter). Passivität ist heutzutage nicht die Bedrohung, sondern Pseudoaktivität, der Drang, »aktiv zu sein«, »teilzunehmen«, das Nichts dessen zu maskieren, was passiert. Die Leute greifen die ganze Zeit ein, »machen etwas«, während die Akademiker an sinnlosen »Debatten« teilnehmen und so weiter, und die wahrhaft schwere Aufgabe ist es, einen Schritt zurückzutreten und sich von alledem zurückzuziehen. Die Machthaber ziehen oft sogar eine »kritische« Teilnahme dem Schweigen vor, einen Austausch über was auch immer – nur um uns in einen »Dialog« zu ziehen und sicherzustellen, dass unsere bedrohliche Passivität gebrochen ist. Daher war das Motto des vierten Treffens der Konferenz in Seoul ganz und gar gerechtfertigt: »Hört mit dem Denken auf!«

Selbst in einem Land wie Südkorea mit seiner explosionsartigen wirtschaftlichen Entwicklung weisen Ereignisse in diese Richtung. Es gibt in Südkorea weitverbreiteten Widerstand der Arbeiter gegen den raschen Übergang in eine posthistorische Gesellschaft, und dieser Widerstand reicht weit über einen einfachen Arbeitskampf für bessere Löhne und Arbeitsbedingungen hinaus – es ist ein Kampf für eine ganze Lebensart, Widerstand gegen die Bedrohung einer *Welt* durch die rapide Modernisierung Südkoreas. »Welt« steht hier für einen spezifischen Bedeutungshorizont, für eine gesamte Zivilisation oder eher *Kultur* mit ihren Alltagsritualen und Sitten, die durch die posthistorische Verdinglichung bedroht sind. Ist dieser Widerstand daher konservativ? Die heutigen selbsterklärten politischen und kulturellen Mainstream-Konservativen sind nicht wirklich konservativ: Indem sie die beständige kapitalistische Selbstrevolutionierung vollständig unterstützen, wollen sie diese nur effizienter machen, indem sie sie durch traditionelle Institutionen ergänzen (wie zum Beispiel die Religion), um deren destruktive Konsequenzen für das Sozialleben in Zaum zu halten und den sozialen Zusammenhalt aufrechtzuerhalten. Ein echter Konservativer ist heute derjenige, der die Widersprüche und Blockierungen des globalen Kapitalismus vollständig anerkennt, derjenige, der ein simples Fortschrittsdenken ablehnt und der dunklen Kehrseite des Fortschritts gegenüber aufmerksam ist. So verstanden kann nur ein radikaler Linker heute wahrhaft konservativ sein. Eine solche Haltung hat vor langer Zeit John Jay Chapman (1862–1933) beschrieben, ein heute halb vergessener politischer Aktivist und Essayist,[32] der Folgendes über politische Radikale geschrieben hat:

> Die Radikalen sagen wirklich immer das Gleiche. Sie verändern sich nicht; jeder andere verändert sich. Sie werden der unvereinbarsten Verbrechen angeklagt, Egoismus und Machtwahn, Gleichgültigkeit gegenüber ihrer eigenen

> Sache, Fanatismus, Trivialität, Humorlosigkeit, Possenreißerei und Respektlosigkeit. Aber sie mahnen zu einer gewissen Vorsicht. Daher stammt die große praktische Macht konsistenter Radikaler. Ganz offenkundig folgt ihnen keiner, doch alle glauben ihnen. Sie halten eine Stimmgabel in der Hand, die nach A klingt, und jeder weiß, dass es wirklich ein A ist, obwohl die altehrwürdige Tonhöhe ges ist. Die Gemeinschaft bekommt das A aber nicht aus ihrem Kopf. Niemand kann eine Tendenz nach Höherstimmung im populären Ton verhindern, solange das echte A am Klingen gehalten wird.[33]

Man sollte hier das Moment der Passivität und Unbeweglichkeit betonen: In Kierkegaards Begriffen ist ein Radikaler kein kreatives Genie, sondern ein Apostel, der schlicht eine Wahrheit verkörpert und ausspricht – er macht einfach weiter und wiederholt dieselbe Botschaft (»der Klassenkampf geht weiter«, »der Kapitalismus erzeugt einen Widerspruch« und so weiter), und auch wenn es so scheinen mag, als folge ihm niemand, glaubt ihm jeder, das heißt, alle wissen insgeheim, dass er die Wahrheit sagt. Deshalb wird er andauernd »der unvereinbarsten Verbrechen angeklagt, Egoismus und Machtwahn, Gleichgültigkeit gegenüber ihrer eigenen Sache, Fanatismus, Trivialität, Humorlosigkeit, Possenreißen und Respektlosigkeit«. Und das bedeutet, dass in der Wahl zwischen Würde und dem Risiko, wie ein Possenreißer zu erscheinen, ein echter politischer Radikaler mühelos auf Würde verzichtet.

Das Motto, das die Türken während ihres Protests auf dem Istanbuler Taksim-Platz geeint hat, lautete »Würde!« – ein guter, aber zweideutiger Slogan. Der Begriff »Würde« ist insofern angemessen, als er deutlich macht, dass die Proteste sich nicht nur um einzelne materielle Bedürfnisse drehen, sondern um die Freiheit und Emanzipation der Protestierenden. Im Fall der Proteste vom Taksim-Platz bezog sich der Ruf nach Würde nicht nur auf institutionelle Korruption und Bestechlichkeit, sondern richtete sich auch – ganz zentral – gegen die paternalistische Ideologie des türkischen Ministerpräsidenten Recep Tayyip Erdoğan. Das direkte Ziel der Proteste war weder der neoliberale Kapitalismus noch der Islamismus, sondern die Persönlichkeit von Erdoğan: Die Forderung erging an *ihn*, abzutreten – doch warum? Was war an Erdoğan, das ihn zur Zielscheibe weltlich erzogener Protestierender und der antikapitalistischen moslemischen Jugend machte, das Hassobjekt, das sie einte? Hier ist die Erklärung von Bülent Somay:

> Alle wollten, dass der Premierminister Erdoğan abtritt. Weil, wie viele Aktivisten während und nach dem Widerstand erklärten, er sich andauernd in ihren Lebensstil einmischte, den Frauen erklärte, dass sie mindestens drei Kinder haben müssten, aber keinen Kaiserschnitt, keine Abtreibung, den Leuten sagte, sie sollen nicht trinken, rauchen, in der Öffentlichkeit Händchen halten, und gehorsam und religiös sein. Andauernd sagte er ihnen, was das Beste für sie sei (»shoppen und beten«). Das war vielleicht das beste Indiz für den neoliberalen (»shoppen«) soft-islamistischen (»beten«) Charakter der Herrschaft der AKP: Ministerpräsident Erdoğans Vision für Istanbul (und wir sollten uns daran erinnern, dass er vier Jahre lang Bürgermeister von Istanbul war) war ein riesiges Einkaufszentrum und eine riesige Moschee am Taksim-Platz und am Gezi-Park. Er war »Papa weiß, was am besten für dich ist« auf allen Lebenswegen, und das in unbeholfen paternalistischer Maskierung, was während der Ereignisse am Gezi-Park ziemlich schnell beiseitegeschoben wurde, um den zutiefst autoritären Charakter hinter dem Image freizulegen.[34]

Ist »shoppen und beten« nicht eine perfekte spätkapitalistische Version des alten christlichen *ora et labora*, wo die Identität des Arbeiters (des sich abplagenden Bauern) durch einen Konsumenten ersetzt worden ist? Die zugrundeliegende Wette besteht natürlich darin, dass beten (ein Codename für die Treue zu alten kommunalen Traditionen) uns sogar zu noch besseren »Shoppern« macht, das heißt zu Teilnehmern am globalen kapitalistischen Markt. Der Ruf nach Würde ist jedoch nicht nur ein Protest gegen solche paternalistischen Ermahnungen: Würde ist auch der Anschein von Würde, und in diesem Fall bedeutet die Forderung nach Würde, dass ich so getäuscht und kontrolliert werden will, dass die reine Erscheinung aufrechterhalten wird, dass ich nicht mein Gesicht verliere. Ist das nicht eine zentrale Eigenschaft von Demokratien? Walter Lippmann, die Ikone des amerikanischen Journalismus im 20. Jahrhundert, spielte eine zentrale Rolle im Selbstverständnis der US-Demokratie; in *Die öffentliche Meinung* (1922) schrieb er, dass eine herrschende Klasse entstehen muss, um sich der Herausforderung zu stellen – er betrachtete das Volk wie Platon als große Bestie oder verwirrte Herde, die im »Chaos der einzelnen Meinungen« zappelt. Daher muss die Herde der Bürger von einer »speziellen Klasse regiert werden, deren Interessen über das Lokale hinausgehen«, und diese Elite muss als Wissensmaschine agieren, die den grundlegenden Defekt der Demokratien umgeht, das unmögliche Ideal des »omni-kompetenten« Bürgers. So funktionieren unsere Demokratien – mit unserer Zustimmung. Es liegt kein Geheimnis in dem, was Lippmann sagt: Es ist eine offenkundige Tatsache. Das Rätsel liegt darin, dass wir das Spiel mitmachen, obwohl wir das wissen. Wir handeln, *als ob* wir frei wären und frei entscheiden würden, und akzeptieren nicht nur stillschweigend, sondern *fordern* auch, dass eine unsichtbare Ermahnung (die in ebenjene Form unserer freien Rede eingeschrieben ist) uns sagt, was wir tun und denken sollen. Wie Marx schon vor langer Zeit erkannt hat, liegt das Geheimnis in der Form selbst. In diesem Sinn ist in einer Demokratie jeder gewöhnliche Bürger tatsächlich ein König – allerdings ein König in einer konstitutionellen Demokratie, ein König, der nur formal entscheidet und dessen Funktion darin besteht, Maßnahmen zu unterschreiben, die die Exekutive ihm vorlegt. Aus diesem Grund entspricht das Problem der demokratischen Rituale dem großen Problem der konstitutionellen Demokratie: Wie lässt sich die Würde des Königs schützen? Wie kann man den Anschein aufrechterhalten, dass der König tatsächlich entscheidet, wenn alle wissen, dass das nicht wahr ist? Was wir »Krise der Demokratie« nennen, entsteht nicht, wenn die Leute aufhören, an ihre eigene Macht zu glauben, sondern, wenn sie den Eliten nicht mehr trauen, denjenigen, von denen man annimmt, dass sie für einen Bescheid wissen und die Richtlinien festlegen, wenn die Erfahrung von Angst signalisiert, dass »der (wahre) Thron leer ist«, dass die Entscheidung nun *wirklich* ihre ist. Daher gibt es bei »freien Wahlen« immer auch einen Aspekt der Höflichkeit: Die Machthaber behaupten höflich, dass sie keine echte Macht hätten, und bitten uns um die freie Entscheidung, ihnen die Macht zu verleihen – auf eine Art und Weise, welche die Logik des Angebots, das man nicht ablehnen kann, wie oben dargelegt, spiegelt. Zurück zur Türkei: Ist es nur diese Art Würde, welche die Protestierenden wollen, der primitiven und direkten Art und Weise müde geworden, in der sie betrogen und manipuliert werden? Lautet ihre Forderung wirklich »Wir wollen auf angemessene Weise betrogen werden – macht wenigstens einen ehrlichen Versuch, uns zu betrügen, ohne unsere Intelligenz zu beleidigen!«, oder geht es um mehr? Wenn wir mehr wollen, dann sollten wir uns bewusst werden, dass es der erste Schritt zur Befreiung ist, den Anschein falscher Freiheit loszuwerden und offen unsere Unfreiheit zu verkünden. Zum Beispiel ist der erste Schritt für die Befreiung der Frau der, den Anschein von Respekt für Frauen abzuwerfen und offen zu verkünden, dass Frauen unterdrückt werden – mehr denn je wollen die heutigen Herren nicht als Herren erscheinen.[35]

Auf dem Weg zu einem neuen Herrn

Auf den letzten Seiten seines monumentalen Werks *Der zweite Weltkrieg* sinniert Winston Churchill über die Rätsel militärischer Entscheidungen. Wenn die Spezialisten (die Wirtschafts- und Militär-Analytiker, die Psychologen, Meteorologen und so weiter) ihre vielfältigen, ausgearbeiteten und raffinierten Analysen vorgebracht haben, muss jemand den einfachen und daher höchst schwierigen Akt auf sich nehmen, diese komplexe Vielheit in ein schlichtes »Ja« oder »Nein« zu übertragen – in einer Situation, in der bei jedem Grund dafür zwei dagegen stehen: Sollen wir angreifen, oder sollen wir weiterhin warten? Diese Geste, die niemals zur Gänze durch Vernunft begründet werden kann, ist die eines Herrn. Die Experten müssen die Situation in ihrer Komplexität darlegen, und die Aufgabe des Herrn besteht darin, sie zu einer Entscheidung zu vereinfachen.

Eine solche Herrenfigur wird besonders in Situationen

tiefer Krise gebraucht. Die Aufgabe des Herrn ist es, eine authentische Teilung zu verordnen – zwischen denen, die innerhalb der alten Parameter weitermachen wollen, und denjenigen, denen die Notwendigkeit eines Wandels bewusst ist. Präsident Obama wird oft dafür kritisiert, das amerikanische Volk zu spalten, anstatt alle zusammenzubringen, um eine breite, von allen Parteien getragene Lösung zu finden – was aber, wenn genau das gut an ihm ist? Eine solche Teilung ist der einzige Weg zu einer echten Einigkeit, nicht die opportunistischen Kompromisse. Betrachten wir ein Beispiel, das sicher unproblematisch ist: Frankreich im Jahr 1940. Sogar Jacques Duclos, zweiter Mann der Kommunistischen Partei, räumte in privaten Gesprächen ein, dass, wenn zu dieser Zeit freie Wahlen stattgefunden hätten, Marschall Pétain mit 90 Prozent der Stimmen gewonnen hätte. Als es de Gaulle in einem historischen Akt ablehnte, Pétains Kapitulation vor Deutschland anzuerkennen, und weiterhin Widerstand leistete, behauptete er, dass nur er, nicht aber das Vichy-Regime für ganz Frankreich sprechen würde (für das wahre Frankreich als solches, nicht nur für die »Mehrheit der Franzosen«). Was er sagte, war zutiefst wahr, auch wenn es »demokratisch« gesehen ohne Legitimierung und ganz klar in Opposition zur Mehrheitsmeinung der Franzosen stand. Margaret Thatcher, die »Dame, die sich nicht verbiegen lässt«, war ebenfalls ein solcher Herr, indem sie an ihrem Plan der wirtschaftlichen Liberalisierung festhielt, der auf den ersten Blick als verrückt galt, nach und nach aber ihren individuellen Wahnsinn zu einer akzeptierten Norm erhob. Als Thatcher nach ihrer größten Leistung gefragt wurde, antwortete sie ohne Zögern: »New Labor«. Und sie hatte recht: Ihr Triumph war, dass selbst ihre politischen Gegner ihre grundlegende Wirtschaftspolitik übernahmen. Der wahre Triumph ist nicht der Sieg über den Feind, sondern er beginnt dann, wenn der Feind selbst deine Sprache benutzt, so dass deine Ideen die Grundlage des gesamten Feldes bilden.

Was aber bleibt von Thatchers Erbe heute? Die neoliberale Hegemonie ist klar im Auseinanderfallen begriffen. Die einzige Lösung besteht darin, Thatchers Geste in entgegengesetzter Richtung zu wiederholen. Thatcher war vermutlich die einzige echte Thatcherianerin – sie hat sicher an ihre Ideen geglaubt. Der heutige Neoliberalismus dagegen »bildet sich nur noch ein, an sich selbst zu glauben, und verlangt von der Welt dieselbe Einbildung«, um Marx zu zitieren. Kurz, der Zynismus wird heute offen gezeigt. Erinnern wir uns noch einmal an den bereits erwähnten Witz aus Lubitschs *Sein oder Nichtsein* [*To Be Or Not to Be*]: Nach den deutschen Konzentrationslagern im besetzten Polen gefragt, bellt der verantwortliche Nazi-Offizier, »Konzentrationslager-Erhardt«, zurück: »Wir besorgen das Konzentrieren, und die Polen wandern in die Lager.« Gilt das Gleiche nicht für den Bankrott von Enron im Januar 2002 (wie auch für die finanzielle Kernschmelze, die darauf folgte), der als eine Art ironischer Kommentar zum Begriff der Risikogesellschaft interpretiert werden kann? Die Tausende von Angestellten, die ihren Job und ihre Einlagen verloren, waren sicher dem Risiko ausgesetzt, aber ohne eine echte Wahl: Das Risiko erschien ihnen als Schicksal. Diejenigen, die tatsächlich einen Einblick in die Risiken wie auch die Interventionsmöglichkeiten hatten (die Top-Manager), minimierten dagegen ihr Risiko, indem sie ihre Aktien und Optionen vor dem Bankrott verkauften – es ist also zutreffend, dass wir in einer Gesellschaft riskanter Wahlmöglichkeiten leben, aber die einen wählen (die Wall-Street-Manager), während die anderen riskieren (die normalen Leute, die Hypotheken zahlen).

Wie schon erwähnt, war eine der verrückten Konsequenzen der Finanzkatastrophe und der Gegenmaßnahmen (enorme Geldsummen, um den Banken zu helfen) das neue Interesse am Werk von Ayn Rand; näher als sie kann man nicht an die Ideologie des radikalen »Gier ist gut«-Kapitalismus kommen. Die Verkäufe ihres magnum opus *Der Streik* [*Atlas Shrugged*] explodierten. Einigen Berichten zufolge gibt es bereits Anzeichen dafür, dass das Szenario von *Der Streik* – die kreativen Kapitalisten streiken jetzt selbst – aufgeführt worden ist. John Campbell, ein Kongressabgeordneter der Republikaner, sagte zur Unterstützung der Tea-Party-Bewegung: »Die Leistungsbringer streiken. Ich nehme in kleinem Maßstab eine Art Protest der Leute wahr, die Jobs schaffen ... die ihren Ehrgeiz zurückfahren, weil sie sehen, dass sie dafür bestraft werden.« Das Absurde dieser Reaktion besteht darin, dass sie die Situation völlig missdeutet: Der Großteil der gigantischen Summen zur Rettung ging genau an die deregulierten Rand'schen »Titanen«, die bei ihren »kreativen« Machenschaften versagten und dadurch die Kernschmelze der Finanzen herbeiführten. Es sind nicht die großen kreativen Genies, die jetzt den faulen gewöhnlichen Leuten helfen, sondern die gewöhnlichen Steuerzahler, die den gescheiterten »kreativen Genies« aushelfen.

Der andere Aspekt von Thatchers Erbe, auf den ihre linken Kritiker abzielen, war ihr »autoritärer« Führungsstil, das Fehlen ihres Sinns für demokratische Abstimmung. Hier ist die Lage aber komplizierter, als es erscheinen mag. Der anhaltende Protest der Bürger überall in Europa gipfelt in einer Reihe von Forderungen, die in ihrer Spontaneität und

Direktheit eine Art »epistemologisches Hindernis« für jede echte Konfrontation mit der andauernden Krise unseres politischen Systems darstellen. Diese Forderungen lassen sich gewissermaßen als populäre Versionen der Deleuze'schen Politik verstehen: Die Leute wissen, was sie wollen, sind in der Lage, dies zu entdecken und zu formulieren, aber nur durch ihr eigenes kontinuierliches Engagement und Handeln, so dass wir eine aktive partizipatorische Demokratie benötigen und nicht nur eine repräsentative mit ihrem Wahlritual, das alle vier Jahre die Passivität der Wähler unterbricht; wir brauchen die Selbstorganisation der Multitude und keine zentralisierte leninistische Partei mit einem Führer.

Ist aber dieser Mythos von der nichtrepräsentativen direkten Selbstorganisation die letzte Falle, die größte Illusion, auf die man am schwersten verzichtet? Sicher gibt es in jedem revolutionären Prozess ekstatische Momente von Gruppensolidarität, wenn Tausende, Hundertausende gemeinsam einen öffentlichen Platz besetzen wie den Tahrir-Platz im Jahr 2011; sicher gibt es Momente intensiver kollektiver Teilnahme, wo lokale Gemeinschaften debattieren und entscheiden, wo die Leute in einer Art permanentem Ausnahmezustand leben und die Dinge in die eigene Hand nehmen, ohne dass ein Führer sie anleitet. Solche Zustände sind jedoch nicht von Dauer – und »Müdigkeit« ist dabei nicht eine schlichte psychologische Tatsache, sondern eine Kategorie der Sozialontologie. Die breite Mehrheit – mich eingeschlossen – *will* passiv sein und sich auf einen effizienten Staatsapparat verlassen, um das geschmeidige Funktionieren des gesamten sozialen Gefüges zu garantieren, damit ich in Ruhe meiner Arbeit nachgehen kann.

Dem Geist der heutigen Ideologie folgend, die den Übergang von einer traditionellen Hierarchie, einer pyramidenartigen Unterordnung unter einen Herrn, zu pluralisierenden rhizomatischen Netzwerken fordert, weisen die Politikanalysten gerne darauf hin, dass die neuen antiglobalen Proteste in ganz Europa und in den USA, von Occupy Wall Street bis Griechenland und Spanien, keine zentrale Dienststelle kennen, kein Zentralkomitee haben, das ihre Aktivitäten koordiniert. Es handelt sich eher um multiple Gruppen, die meist über neue Medien wie Facebook oder Twitter zusammenarbeiten und ihre Aktivitäten spontan koordinieren. Wenn die Polizeiapparate deshalb nach den geheimen Organisationskomitees suchen, dann verfehlen sie den springenden Punkt. In Sloweniens Hauptstadt Ljubljana versammelten sich im Februar 2014 10000 Demonstranten vor dem Parlament und verkündeten stolz: »Die Demonstration hat 10000 Organisatoren.« Ist aber diese »molekulare« spontane Selbstorganisation wirklich die effizienteste Form des »Widerstands«? Ist es nicht so, dass die Gegenseite und insbesondere das Kapital eigentlich zunehmend auf eine Weise reagiert, welche die Deleuze'sche Theorie postödipale Multitude nennt?[36] Die Macht selbst muss auf dieser Ebene in einen Dialog treten und einen Tweet mit einem Tweet beantworten – wo jetzt schon der Papst und Premierminister bei Twitter sind. Wir sollten nicht zögern, diesem Gedankengang bis an sein Ende zu folgen: Der Gegensatz zwischen einer zentralisierten hierarchischen vertikalen Macht und horizontalen Multitudes ist der existierenden sozialen und politischen Ordnung inhärent: Keines der beiden Aprioris ist »besser« oder »progressiver«.[37]

Was des weiteren die molekulare sich selbst organisierende Multitude gegenüber der hierarchischen Ordnung betrifft, die durch den Bezug auf einen charismatischen Führer getragen wird, muss man auf die Ironie hinweisen, dass Venezuela, ein Land, das von vielen für seine Versuche gelobt worden ist, Modi direkter Demokratie zu entwickeln (lokale Räte, Kooperativen, Arbeiter, die Fabriken betreiben), auch ein Land ist, dessen Präsident Hugo Chávez war, ein starker und charismatischer Führer, wie er im Buche steht. Es ist, als wäre die Freud'sche Übertragungsregel hier ebenfalls am Werk: Damit der Einzelne »sich selbst übertreffen« und aus der Passivität der repräsentativen Politik ausbrechen und selbst ein direkt politisch Handelnder werden kann, braucht es die Bezugnahme auf einen Führer, der es ihm gestattet, sich wie der Baron von Münchhausen aus dem Sumpf zu ziehen, einen Führer, dem »zu wissen unterstellt wird«, was er will. Deshalb hatten Elisabeth Roudinesco und Alain Badiou in ihrem Gesprächsband mit ihrem Hinweis recht, dass während horizontales Netzwerken den klassischen Herrn und Meister unterläuft, dies gleichzeitig zu neuen Formen der Herrschaft führt, die viel stärker sind als der klassische Herr. Badious These besagt, dass ein Subjekt einen Meister braucht, um sich über das »menschliche Tier« zu erheben und Treue zu einem Wahrheitsereignis zu praktizieren:

> Roudinesco: Was letztendlich in den psychoanalytischen Gesellschaften verlorengegangen ist, ist die Position des Herrn zum Vorteil der Position kleiner Bosse.
> Aeschimann: Was verstehen Sie unter »Herr«?
> Roudinesco: Die Position des Herrn erlaubt Übertragung: Dem Psychoanalytiker wird »das Wissen unterstellt«, was der Analysand entdecken wird. Ohne dass dieses Wissen dem Psychoanalytiker zugeschrieben wird, ist die Suche nach dem Ursprung des Leidens quasi unmöglich.

Aeschimann: Müssen wir wirklich über die Wiedereinsetzung des Herrn gehen?

Badiou: Der Herr ist derjenige, der dem Individuum dabei hilft, Subjekt zu werden. Das heißt, wenn man davon ausgeht, dass das Subjekt in der Spannung zwischen dem Individuellen und dem Universalen entsteht, dann braucht das Individuelle offensichtlich eine Vermittlung und damit eine Autorität, um auf diesem Weg voranzuschreiten. Die Krise des Herrn ist eine logische Konsequenz der Krise des Subjekts, und die Psychoanalyse ist dem nicht entkommen. Man muss die Position des Herrn erneuern; es ist nicht wahr, dass man es ohne sie schafft, sogar und besonders im Hinblick auf die Emanzipation.

Roudinesco: Wenn der Herr verschwindet, wird er durch den Boss ersetzt, durch seine autoritäre Einstellung, und das endet früher oder später immer im Faschismus – das hat uns unglücklicherweise die Geschichte gelehrt.[38]

Und Badiou scheut sich nicht davor, die notwendige Rolle des Herrn unserer »demokratischen« Sensibilität entgegenzustellen:

Ich bin davon überzeugt, dass man die zentrale Funktion der Führer im kommunistischen Prozess wiederherstellen muss, bei welcher Etappe auch immer. Zwei entscheidende Episoden, bei denen die Führung unzureichend war, sind die Pariser Kommune (kein würdiger Führer mit Ausnahme von Dombrowski auf strikt militärischem Gebiet) und die Große Proletarische Kulturrevolution (Mao war zu alt und zu müde, und die »Gruppe der GPKR« war von Ultralinken infiltriert). Das war eine bittere Lektion.

Diese zentrale Funktion der Führer ist nicht mit den vorherrschenden »demokratischen« Milieus vereinbar, weshalb ich mich für einen erbitterten Kampf mit diesen Milieus einsetze

> (schließlich muss man mit der Ideologie beginnen). Wenn ich es mit Leuten zu tun habe, deren Jargon lacanianisch ist, sage ich immer »Herrensignifikant«. Wenn ich es mit Militanten zu tun habe, dann sage ich »Diktatur« (im Sinne von Carl Schmitt). Wenn es sich um Arbeiter handelt, dann sage ich »Anführer der Massen« und so weiter. So werde ich am schnellsten verstanden.[39]

Aber ist das tatsächlich zutreffend? Gibt es zum Herrn als Alternative nur den (potentiell »totalitären«) »Boss«? In der Psychoanalyse ist der Herr per definitionem ein Hochstapler, und der ganze analytische Prozess besteht darin, die Übertragung auf den Herrn als »Subjekt, dem zu wissen unterstellt wird« aufzulösen – der Abschluss der Analyse beinhaltet den Sturz des Subjekts-dem-zu-wissen-unterstellt-wird. Während Jacques-Alain Miller (als Analytiker) diesen Sturz unterstützt, stimmt er dennoch mit Badiou darin überein, dass der Bereich der Politik der Bereich des Herrendiskurses ist. Der Unterschied zwischen ihnen liegt in der Tatsache, dass, während Badiou auf volles Engagement setzt, Miller eine zynische Distanz zum Herrn befürwortet: Ein Psychoanalytiker

> besetzt die Position des Ironikers, der darauf achtet, nicht in das politische Feld einzugreifen. Er handelt so, dass der Schein erhalten bleibt, während er sicherstellt, dass die Subjekte, für die er Sorge trägt, ihn nicht für *real* halten … Man sollte sich irgendwie dazu bringen, *auf sie hereinzufallen* (von ihnen in die Irre geführt zu werden). Lacan konnte sagen »les non-dupes errent«: Wenn man nicht so handelt, als ob der Schein real wäre, wenn man seine Effizienz nicht ungestört lässt, dann wird alles schlimmer.[40]

Man sollte diese gemeinsame Prämisse zurückweisen: Ein Axiom radikaler emanzipatorischer Politik lautet, dass der Herr *nicht* der letzte Horizont unseres Soziallebens ist, dass man ein Kollektiv bilden kann, das nicht von einer Herrenfigur zusammengehalten wird. Ohne ein solches Axiom gibt es keine echte kommunistische Politik, sondern lediglich pragmatische Verbesserungen der existierenden Ordnung. Trotzdem sollten wir gleichzeitig der Lektion der Psychoanalyse folgen: Der einzige Weg zur Befreiung führt durch die Übertragung, und deshalb ist die Figur des Herrn unvermeidbar. Wir sollten also ohne Furcht Badious Empfehlung folgen: Um die Individuen wirklich aus ihrem dogmatischen »demokratischen« Schlummer zu wecken, aus ihrem blinden Vertrauen auf institutionalisierte Formen repräsentativer Demokratie, sind Appelle an direkte Selbstorganisation nicht ausreichend: Eine neue Herrenfigur ist nötig. Man erinnere sich an die berühmten Zeilen aus Arthur Rimbauds »Beweg-Grund«:

> Ein Schlag deines Fingers auf die Trommel setzt alle
> Töne frei und beginnt die neue Harmonie.
> Ein Schritt von dir, das ist die Erhebung neuer
> Menschen und ihr Ausschreiten.
> Dein Kopf wendet sich: die neue Liebe! Dein Kopf
> wendet sich wieder – die neue Liebe![41]

In diesen Zeilen liegt nichts inhärent »Faschistisches«. Das größte Paradox politischer Dynamik liegt darin, dass ein Herr vonnöten ist, um die Individuen aus dem Morast ihrer Starre zu ziehen und sie für den selbsttranszendierenden emanzipatorischen Kampf um die Freiheit zu motivieren. Was wir heute, in dieser Situation brauchen, ist daher eine linke Thatcher: Ein Führer, der Thatchers Geste in entgegengesetzter Richtung wiederholt und das gesamte Feld der Annahmen verändert, die von der gegenwärtigen politischen Elite der großen politischen Parteien geteilt werden. Daher sollten wir auch die Ideologie dessen zurückweisen, was Saroj Giri »anarchistischen Horizontalismus« nennt, das Misstrauen gegen alle hierarchischen Strukturen – wir sollten der Idee der »Avantgarde« wieder schamlos Geltung verschaffen, wenn ein Teil einer progressiven Bewegung die Führung übernehmen und andere Teile mobilisieren würde:

> Wenn Konsens und Horizontalismus nicht in der Pflege quasiliberaler Egos steckenbleiben sollen, dann müssen wir beschreiben, wie sie zu einem substantielleren Begriff von Politik beitragen können – der einen Vertikalismus beinhaltet. Vielleicht wäre es besser, eine kommunistische Politik wiederzubeleben, anstelle von politisch korrekten Gelöbnissen von Horizontalismus und Konsens.[42]

Giris Beispiel sind die Sprecherräte von Oaklands »Occupy Wall Street«-Bewegung, ein Gremium abseits der Hauptversammlung,

> das man nicht mit der Bewegung verwechseln darf und das zentrale Entscheidungen fällte und sie umsetzte: Verletzte dieser (beginnende) Vertikalismus demokratisches Entscheiden, oder war es das natürliche Wirken des Horizontalismus, das uns einen Vertikalismus bescherte, der die Entfaltung des Horizontalismus ist, die Wahrheit des Horizontalismus? … *Die Minderheit, die der Bewegung ihre Marschroute weist, kommt nicht verdinglichter Subjektivität gleich.*[43]

Das Gleiche gilt für sogenannte »extreme« Taktiken, die kontraproduktiv sein, aber trotzdem einen größeren Kreis von Unterstützern radikalisieren können: »Solche Praktiken einer radikalen Minderheit führen nicht zu Uneinigkeit, sondern zu einer höheren revolutionären Einheit.«[44]

»Das Notrecht«

Worin besteht nun die elementare Geste dieses Herrn? Überraschenderweise zeigt Hegel hier den Ausweg. Beginnen wir mit seiner Darstellung des Notrechts:

> § 127: Die *Besonderheit* der Interessen des natürlichen Willens, in ihre einfache *Totalität* zusammengefaßt, ist das persönliche Dasein als *Leben*. Dieses *in der letzten Gefahr* und in der Kollision mit dem rechtlichen Eigentum eines anderen hat ein *Notrecht* (nicht als Billigkeit, sondern als Recht) anzusprechen, indem auf der einen Seite die unendliche Verletzung des Daseins und darin die totale Rechtlosigkeit, auf der andern Seite nur die Verletzung eines einzelnen beschränkten Daseins der Freiheit steht, wobei zugleich das Recht als solches und die Rechtsfähigkeit des nur in *diesem* Eigentum Verletzten anerkannt wird.
>
> Aus dem Notrecht fließt die Wohltat der Kompetenz, daß einem Schuldner Handwerkszeuge, Ackergeräte, Kleider, überhaupt von seinem Vermögen, d.i. vom Eigentum der Gläubiger so viel gelassen wird, als zur Möglichkeit seiner – sogar standesgemäßen – Ernährung dienend angesehen wird. [...]
>
> *Zusatz*. Das Leben, als Gesamtheit der Zwecke, hat ein Recht gegen das abstrakte Recht. Wenn es z.B. durch Stehlen eines Brotes gefristet werden kann, so ist dadurch zwar das Eigentum eines Menschen verletzt, aber es wäre ungerecht, diese Handlung als gewöhnlichen Diebstahl zu betrachten. Sollte dem am Leben gefährdeten Menschen nicht gestattet sein, so

zu verfahren, daß er sich erhalte, so würde er als rechtlos bestimmt sein, und indem ihm das Leben abgesprochen würde, wäre seine ganze Freiheit negiert. [...]
§ 128: Die Not offenbart sowohl die Endlichkeit und damit die Zufälligkeit des Rechts als [auch] des Wohls – des abstrakten Daseins der Freiheit, ohne daß es als Existenz der besonderen Person ist, und der Sphäre des besonderen Willens ohne die Allgemeinheit des Rechts.[45]

Hegel spricht hier nicht von humanitären Erwägungen, die unseren legalistischen Eifer mäßigen sollten (wenn ein verarmter Vater Brot stiehlt, um sein verhungerndes Kind zu ernähren, sollten wir Gnade und Verständnis zeigen, selbst wenn er das Gesetzt bricht). Die Anhänger eines solchen Vorgehens, die ihren Eifer im Bekämpfen von Leid zügeln, während sie das wirtschaftlich-gesetzliche Gebäude unangetastet lassen, in dem dieses Leiden geschieht, »beweisen nur, daß trotz allem ihrem bluttriefenden und humanistisch sich aufspreizenden Gebelfer, sie die gesellschaftlichen Bedingungen, worin die Bourgeoisie herrscht, für das letzte Produkt, für das *non plus ultra* der Geschichte halten«[46] – Marx' Charakterisierung, die perfekt zu den heutigen Philanthropen wie Bill Gates passt. Hegel spricht über einen grundlegenden Rechtsanspruch, der *als ein Recht* über anderen partikularen Rechtsansprüchen steht. Wir haben es mit anderen Worten nicht einfach mit dem Konflikt zwischen den Lebensbedürfnissen und den Einschränkungen durch das gesetzliche Rechtssystem zu tun, sondern mit einem Recht (auf Leben), das alle formalen Rechte übersteigt, das heißt mit einem Konflikt, der der Rechtssphäre innewohnt, einem Konflikt, der unvermeidlich und *notwendig* ist, insofern er als ein Hinweis auf die Endlichkeit, Inkonsistenz und den »abstrakten« Charakter des Systems der

Rechtsansprüche als solches dient. »Sollte dem am Leben gefährdeten Menschen nicht gestattet sein, so zu verfahren, daß er sich erhalte, *so würde er als rechtlos bestimmt sein.*« Noch einmal, der Punkt ist nicht der, dass die Bestrafung für einen gerechtfertigten Diebstahl das Subjekt seines Lebens berauben würde, sondern dass sie es aus dem Bereich des Rechts ausschließen würde, das heißt, dass es auf ein bloßes Leben außerhalb der Rechtssphäre, der Rechtsordnung reduziert wäre. Diese Zurückweisung beraubt in anderen Worten das Subjekt seines *Rechts, Rechte zu haben*. Darüber hinaus wendet die zitierte *Anmerkung* diese Logik auf die Situation eines Schuldners an, indem sie dafür eintritt, dass es ihm erlaubt sein soll, von seinen Ressourcen so viel zu behalten, wie als unverzichtbar betrachtet wird, wenn er sein Leben nicht nur als bloßes Überleben weiterführen soll, sondern »sogar standesgemäß« – eine Behauptung, die heute im Hinblick auf die verarmte Mehrheit in verschuldeten Staaten wie Griechenland große Relevanz hat. Die zentrale Frage hier jedoch lautet: Können wir dieses »Notrecht« verallgemeinern und auf eine ganze soziale Klasse und ihr Handeln gegen das Eigentum einer anderen Klasse ausweiten? Obwohl Hegel diese Frage nicht direkt anspricht, drängt sich eine positive Antwort durch Hegels Beschreibung des »Pöbels« als Gruppe oder Klasse auf, deren Ausschluss aus dem Bereich sozialer Anerkennung *systematisch* ist:

> § 244. *Zusatz.* Gegen die Natur kann kein Mensch ein Recht behaupten, aber im Zustande der Gesellschaft gewinnt der Mangel sogleich die Form eines Unrechts, was dieser oder jener Klasse angetan wird.[47]

In einer solchen Situation, in der eine gesamte Klasse systematisch unterhalb der Ebene eines würdigen Überlebens gedrückt und einem Menschen die Erlaubnis verweigert wird, »so zu verfahren, daß er sich erhalte« (was in diesem Fall nur eine offene Rebellion gegen die etablierte Gesetzesordnung bedeuten kann), bedeutet, *sie als rechtlos zu bestimmen*. Was wir, kurz gesagt, mit einer solchen Lesart von Hegel erhalten, ist ein maoistischer Hegel, ein Hegel, der uns das sagt, was Mao der Jugend am Anfang der Kulturrevolution gesagt hat, nämlich dass es ein Recht sei, zu rebellieren! Das ist die Lektion eines wahren Herrn.

Ein wahrer Herr ist kein Agent der Disziplin und des Verbots. Seine Botschaft lautet nicht »Du kannst nicht!« oder »Du musst …«, sondern ist ein befreiendes »Du kannst!«. Kannst was? Das Unmögliche vollbringen, das heißt, was innerhalb der Koordinaten der vorliegenden Konstellation als unmöglich erscheint – und heute meint das etwas ganz Bestimmtes: Du kannst über den Kapitalismus und die liberale Demokratie als letztgültigen Rahmen unseres Lebens hinausdenken. Ein Herr ist ein verschwindender Mediator, der einem sich selbst zurückgibt, der einen an den Abgrund der eigenen Freiheit führt: Wenn wir einem wahren Anführer zuhören, dann entdecken wir, was wir wollen (oder eher was wir schon immer gewollt haben, ohne es zu wissen). Ein Herr ist nötig, weil wir unsere Freiheit nicht direkt erreichen können – um diesen Zugang zu ihr zu bekommen, bedarf es eines Anstoßes von außen, da unser »natürlicher Zustand« der eines trägen Hedonismus ist, dessen, was Badiou das »menschliche Tier« nennt. Das zugrundeliegende Paradox ist hier: Je mehr wir als »freie Individuen ohne Herr« leben, desto unfreier sind wir tatsächlich, gefangen im vorherrschenden Rahmen der Möglichkeiten: Wir müssen von einem Herrn in die Freiheit gestoßen und aufgestört werden.

In Udi Alonis Dokumentarfilm *Art/Violence*, eine Hommage an Juliano Mer Khamis, den Begründer des Jenin Freedom Theatre, beschreibt eine junge palästinensische Schauspielerin, was Juliano ihr und ihren Kollegen bedeutet hat: Er hat ihnen ihre Freiheit gegeben, das heißt, er hat ihnen bewusstgemacht, was sie leisten können, er hat ihnen eine neue Möglichkeit eröffnet, ihnen, den obdachlosen Kindern aus einem Flüchtlingscamp. Das ist die Rolle eines authentischen Herrn und Meisters: Wenn wir uns vor etwas fürchten (und die Angst vor dem Tod ist die äußerste Angst, die uns zu Sklaven macht), wird ein wahrer Freund so etwas sagen wie: »Fürchte dich nicht, ich werde tun, wovor du Angst hast, und ich tue es umsonst – nicht weil ich muss, sondern aus meiner Liebe zu dir heraus; ich fürchte mich nicht!« Er tut es und gibt uns damit frei, indem er *in actu* beweist, dass es getan werden kann, dass wir es auch tun können, dass wir keine Sklaven sind …

In Obamas Slogan aus seinem ersten Präsidentschaftswahlkampf gab es eine Spur dieses authentischen Rufs des Herrn: »Yes, we can!«, »Ja, wir können das!«, ein Satz, der dadurch eine neue Möglichkeit eröffnete. Aber könnte man nicht sagen, dass Hitler etwas formal Gleiches getan hat? Lautete seine Botschaft an das deutsche Volk nicht »Ja, wir können Juden umbringen, die Demokratie unterdrücken, rassistisch handeln, andere Nationen angreifen«? Eine eingehendere Analyse fördert sofort den Unterschied zutage: Fern davon, ein authentischer Herr zu sein, war Hitler ein populistischer Demagoge, der sorgsam mit den dunklen Sehnsüchten des Volkes spielte. Es scheint, als ob Hitler damit Steve Jobs' berüchtigtem Motto folgte: »Oft wissen die Leute nicht, was sie wollen, bis man es ihnen zeigt.« Egal was man auch immer an Jobs kritisieren muss, er kam darin nahe an einen authentischen Herrn und Meister heran, wie er sein Motto verstanden hat. Als er gefragt wurde, wie sehr Apple erforscht, was die Kunden wollen, antwortete er: »Gar nicht. Es ist nicht die Aufgabe des Kunden zu wissen, was er will ... Wir finden heraus, was wir wollen.«[48] Man beachte die überraschende Wende dieses Gedankengangs: Nachdem er geleugnet hat, dass Kunden wissen, was sie wollen, fährt Jobs nicht mit der erwartbaren direkten Umkehrung fort – »Es ist unsere Aufgabe (die Aufgabe kreativer Kapitalisten) herauszubekommen, was Kunden wollen, und es ihnen dann auf dem Markt ›zu zeigen‹.« Stattdessen fährt er fort: »Wir finden heraus, was *wir* wollen.« So funktioniert ein echter Herr und Meister. Er versucht nicht zu erraten, was die Leute wollen; er befiehlt ihnen einfach seinen eigenen Wunsch, so dass es an den Leuten ist zu entscheiden, ob sie ihm folgen wollen. Seine Macht stammt mit anderen Worten aus seiner Treue zu seinen Wünschen, seinem Begehren, daher, es nicht zu kompromittieren. Darin besteht der Unterschied zwischen einem wahren Herrn und zum Beispiel einem stalinistischen Führer, der zu wissen vorgibt (und besser als das Volk selbst), was die Leute wirklich wollen (was wirklich gut für sie ist), und dann bereit ist, ihnen dies dann sogar gegen ihren Willen aufzunötigen.

Hegels Lösung für die Blockade des Herrn – einen Herrn zu haben (wie einen König), der auf seinen Namen reduziert ist, eine rein symbolische Autorität und völlig losgelöst von allen realen Qualifikationen für seinen Job, einen Monarchen, dessen einzige Funktion darin besteht, mit seinem Namen Vorschläge zu unterzeichnen, die von Experten vorbereitet worden sind – sollte nicht mit der zynischen Haltung verwechselt werden, »Lass uns einen Herrn haben, von dem wir wissen, dass er ein Idiot ist«. Man kann nicht auf diese Weise schummeln, da man eine Wahl treffen muss: Entweder nehmen wir die Herren-Figur wirklich nicht ernst (und in diesem Fall funktioniert der Herr schlicht nicht auf performative Weise), oder wir nehmen den Herrn dadurch ernst, wie wir handeln, trotz unserer unverblümt bewussten Ironie (die sich bis zu dem Punkt der tatsächlichen Verachtung des Herrn entwickeln kann). Im letzteren Fall haben wir es einfach mit einer Verleugnung zu tun, einem »Ich weiß sehr wohl, aber dennoch …«: Unsere ironische Distanz ist Teil der Übertragungsbeziehung auf die Herren-Figur; sie funktioniert als subjektive Illusion, die uns in die Lage versetzt, den Herrn tatsächlich auszuhalten – was bedeutet, dass wir vortäuschen, den Herrn nicht ernst zu nehmen, damit wir die Tatsache ertragen können, dass der Herr wirklich unser Meister ist.

Ein ähnlicher Täuschungsmechanismus besteht darin, die Notwendigkeit einer politischen Herren-Figur zu akzeptieren, aber zu behaupten, dass einer solchen Figur der Aufstieg nur nach einem Prozess kollektiver Beratung erlaubt sein sollte: Der Herr kann nicht direkt angerufen werden, die Lösung zu bringen, wenn die Menschen in einer Sackgasse stecken. In einem solchen Fall würden wir nur einen Diktator bekommen, der nicht wirklich wüsste, was zu tun ist. Die Leute müssten erst ihren Willen um ein bestimmtes Projekt herum einen, und erst dann könnten sie einer herrenähnlichen Figur gestatten, sie auf den Weg zu führen, den sie in ihrem Projekt skizziert haben. Wie logisch das auch immer erscheinen mag, ein solches Verständnis spannt den Karren vor das Pferd: Wie gezeigt, machen Führer nicht das, was die Leute von ihnen wollen oder was sie planen, sondern sie sagen dem Volk, was sie wollen, und nur durch sie wird dem Volk klar, was es will. Darin besteht das Werk eines wahren politischen Führers: Nachdem die Leute ihm oder ihr zugehört haben, wird ihnen plötzlich klar, was sie schon immer wollten – dem Herrn zuzuhören klärt ihnen ihre eigene Position und versetzt sie in die Lage, sich selbst, ihre innersten Bedürfnisse in dem Projekt zu erkennen, das ihnen vorgeschlagen wird.

Ein authentischer Herr muss jedoch kein Führer sein. Marek Edelman (1919–2009) war ein polnisch-jüdischer Polit- und Sozialaktivist. Vor dem Zweiten Weltkrieg war er im linken Allgemeinen Jüdischen Arbeiterbund aktiv (der gegen das zionistische Projekt war). Während des Krieges gründete er mit anderen die Jüdische Kampforganisation, nahm am Aufstand im Warschauer Ghetto 1943 teil (und wurde dessen Anführer nach dem Tod von Mordechaj Anielewicz) sowie an den Aufständen von 1944 in der gesamten Stadt. Nach dem Krieg wurde Edelman ein renommierter Kardiologe. Von 1970 an arbeitete er mit dem Komitee zur Verteidigung der Arbeiter zusammen, und als Mitglied von Solidarność nahm er am »Runden Tisch« 1989 in Polen teil. Während er den Antisemitismus in Polen bekämpfte, blieb Edelman sein ganzes Leben lang Antizionist: In einem Interview von 1985 sagte er, der Zionismus sei eine »verlorene Sache«, und stellte Israels Überlebensfähigkeit in Frage. Gegen Ende seines Lebens verteidigte er den palästinensischen Widerstand und behauptete, dass die jüdische Selbstverteidigung, für die er gekämpft hatte, Gefahr liefe, die Grenze zur Unterdrückung zu überschreiten. Im August 2002 schrieb er einen offenen Brief an die Führer des palästinensischen Widerstands; obwohl der Brief die palästinensischen Selbstmordattentate kritisierte, verärgerte dessen Ton die israelische Regierung und Presse, da er in einem Geist der Solidarität eines Kameraden des Widerstandskampfes abgefasst war, eines ehemaligen Anführers eines jüdischen Aufstands, der in seiner Verzweiflung dem palästinensischen Aufstand in den besetzten Gebieten nicht unähnlich war. Aus diesem Grund erhielt Edelman nie irgendeine offizielle israelische Anerkennung seines Heldentums; als Jitzhak Rabin als Premierminister Polen besuchte und Edelman zu der Delegation gehörte, die ihn am Warschauer Flughafen empfing, weigerte Rabin sich, Edelman die Hand zu schütteln (als Grund gab er an, dass er nicht die Hand eines Bundisten schütteln wollte).[49] Edelman nun als einen »Juden mit Selbsthass« zu bezeichnen wäre der Gipfel der Obszönität gewesen angesichts dessen, dass er für eine bestimmte ethische Haltung steht, der man heute nur selten begegnet: Er wusste, wann er handeln musste (gegen die Deutschen), wann er öffentliche Statements abgeben musste (für die Palästinenser), wann man sich politisch engagieren muss (für Solidarność) und wann man einfach vor Ort sein muss. Als seine Frau und seine Kinder als Folge der wachsenden antisemitischen Kampagnen 1968 emigrierten, entschied er sich, in Polen zu bleiben, und setzte sich mit den Ruinen vom Lager in Auschwitz gleich: »Schließlich musste jemand bei all denen bleiben, die hier umgekommen sind.« Das sagt alles: Was zählte, war letztendlich seine pure und schweigende Anwesenheit dort, nicht seine Erklärungen – es war das Bewusstsein von Edelmans Anwesenheit, die nackte Tatsache, dass er »da ist«, was die Leute befreite.

Appendix: Nota bene!

Die zwei Bedeutungen von nota bene – »wohlgemerkt« (die richtige) und »good night«, »gute Nacht« (die falsche, die auf einem Missverständnis im Englischen beruht, wenn »nota« als »night« verstanden wird) – verdeutlichen allzu akkurat das Schicksal der heutigen Ideologiekritik. In unserem Zeitalter zynischer Gleichgültigkeit lautet die Botschaft der Ideologiekritik »Merke wohl, was ich dir sage, mach dir deine Realität bewusst!«, während die Antwort darauf oft heißt: »Du bist langweilig, du schläferst mich ein, also gute Nacht!« Wie lässt sich dieser dogmatische Schlummer unterbrechen, wie kann man von »Gute Nacht« zu »Ich höre sehr wohl, was du mir sagst« übergehen?

Diese Aufgabe ist so schwierig, weil ideologische Träume nicht einfach das Gegenteil der Realität sind: Sie strukturieren (das, was wir als) Realität (wahrnehmen). Wenn jedoch dasjenige, was wir als Realität erfahren, durch Phantasie strukturiert wird und Phantasie als Schild dient, der uns vor der direkten Überwältigung durch das rohe Reale schützt, *dann kann die Realität selbst als eine Flucht vor der Begegnung mit dem Realen funktionieren.* In der Gegenüberstellung von Traum und Realität ist die Phantasie aufseiten der Realität, und in unseren Träumen begegnen wir dem traumatischen Realen. Es ist also nicht so, dass Träume etwas für diejenigen sind, die die Realität nicht aushalten; es ist vielmehr so, dass die Realität etwas für diejenigen ist, die ihre Träume nicht aushalten können (das Reale, das sich selbst darin ankündigt). Das ist die Lehre, die Lacan aus dem berühmten Traum zieht, von dem Freud in seiner *Traumdeutung* berichtet, wo ein Vater beim Wachen am Sarg seines Sohnes einschläft. In seinem Traum erscheint ihm sein toter Sohn und richtet den schrecklichen Appell an ihn: »Vater, siehst du denn nicht, daß ich verbrenne?« Als der Vater aufwacht, entdeckt er, dass das Tuch auf dem Sarg seines Sohnes Feuer gefangen hat, das durch eine umgefallene Kerze entfacht worden ist. Warum ist der Vater also aufgewacht? Weil der Geruch des Rauchs so stark geworden ist, dass es nicht länger möglich war, im Schlaf zu verharren, indem dieses Ereignis in einen improvisierten Traum eingebunden wird? Lacan schlägt eine viel interessantere Lesart vor: Nicht das Eindringen eines Signals aus der äußeren Realität hat den unglücklichen Vater aufgeweckt, sondern der unerträglich traumatische Charakter dessen, was ihm im Traum begegnet ist – wenn »träumen« phantasieren bedeutet, um die Konfrontation mit dem Realen zu vermeiden, ist der Vater buchstäblich aufgewacht, damit er weiterträumen konnte. Das Szenario war folgendes: Als der Rauch seinen Schlaf störte, konstruierte der Vater schnell einen Traum, der das störende Element (Rauch/Feuer) inkorporierte, um den Schlaf zu verlängern. In dem Traum war er jedoch mit einem Trauma konfrontiert (seiner Verantwortung für den Tod des Sohnes), das viel stärker als die Realität war, so dass er in die Realität erwachte, um das Reale zu vermeiden.

Das bedeutet, dass Ideologiekritik nicht mit der Kritik an der Realität beginnen sollte, sondern mit der Kritik an unseren Träumen. Die Kunst revolutionärer Träume kann eine wesentliche Rolle in vorrevolutionären Zeiten spielen. Ein solches Träumen ist nicht nur auf radikale Kräfte beschränkt: Man kann auch viel aus der verdrehten Art lernen, wie ein konservativer oder liberaler historischer Akteur den bedrohlichen Schatten eines emanzipatorischen Projekts imaginiert. Selbst ein virtuelles Ereignis kann Spuren hinterlassen, kann als ein zweideutiger Bezugspunkt dienen – darin gründet das Interesse an Christopher Nolans Batman-Film *The Dark Knight Rises*, den man nur vor dem Hintergrund der Ereignisse verstehen kann, die er imaginiert. Hier ist der (leicht vereinfachte) Inhalt des Films.

Acht Jahre nach den Ereignissen von *The Dark Knight* herrschen Recht und Ordnung in Gotham City: Unter der außergewöhnlichen Macht, die der Dent-Act einräumt, hat Kommissar Gordon das organisierte und gewalttätige Verbrechen nahezu ausgelöscht. Er fühlt sich dennoch schuldig, dass Harvey Dents Verbrechen aufgedeckt worden sind (als Dent versuchte, Gordons Sohn zu töten, bevor Batman ihn rettete, stürzte er in den Tod, und Batman hielt den Kopf für den Dent-Mythos hin, wodurch er selbst als Gothams Bösewicht dämonisiert wurde), und plant, die Verschwörung bei der öffentlichen Feier von Dent einzugestehen, entschließt sich dann aber, dass die Stadt noch nicht reif dafür sei, die Wahrheit zu hören. Bruce Wayne, der nicht mehr als Batman aktiv ist, lebt isoliert in seinem Anwesen. Währenddessen zerfällt sein Geschäft, nachdem er in ein Projekt erneuerbarer Energien investiert hat, das dazu dienen sollte, Fusionsenergie nutzbar zu machen, aber abgebrochen worden ist, als bekannt wurde, dass der Kern so modifiziert werden kann, dass er zu einer Nuklearwaffe wird. In der Zwischenzeit ermutigt Miranda Tate, ein Mitglied des Aufsichtsrats der Wayne Enterprises, Wayne, sich wieder der Gesellschaft anzuschließen und sein philanthropisches Werk fortzuführen.

Hier nun tritt der (erste) Schurke des Films auf. Bane, ein Terroristenführer, der Mitglied der Liga der Schatten war, ergattert eine Kopie der Rede von Gordon. Nachdem Banes Machenschaften Waynes Unternehmen fast in den Bankrott getrieben haben, betraut Wayne Miranda mit der Kontrolle über seinen Konzern und geht außerdem eine kurze Liebesaffäre mit ihr ein. (Dabei konkurriert sie mit Selina Kyle, einer Katzeneinbrecherin, die die Reichen beraubt, um den Reichtum neu zu verteilen, sich letztlich aber Wayne und den Mächten von Recht und Gesetz anschließt.) Als er erfährt, dass Bane seines Fusionskernstücks habhaft geworden ist, kehrt Wayne als Batman zurück und stellt Bane, der sagt, dass er die Liga der Schatten nach dem Tod von deren Führer Ra's al Ghul übernommen hätte. Bane verletzt Batman im Nahkampf und steckt ihn in ein Gefängnis, aus dem die Flucht so gut wie unmöglich ist: Mithäftlinge erzählen Wayne die Geschichte der einzigen Person, der ein Ausbruch gelang, eines Kindes, das vom Elend und der schieren Willenskraft angetrieben worden sei. Während der inhaftierte Wayne sich von seinen Verletzungen erholt und sich selbst wieder zu Batman trainiert, gelingt es Bane, Gotham City in einen isolierten Stadtstaat zu verwandeln. Zunächst lockt er die Polizei von Gotham in die U-Bahn-Schächte und hält sie dort gefangen; dann sprengt er fast alle Brücken, die Gotham mit dem Festland verbinden, und kündigt an, dass jeder Versuch, die Stadt zu verlassen, in der Detonation von Waynes Fusionskern enden werde, der in eine Bombe umgebaut worden ist.

Hier nun gelangen wir zum zentralen Moment des Films: Banes Übernahme wird von einer enormen politisch-ideologischen Offensive begleitet. Bane macht die Vertuschung von Dents Tod öffentlich und befreit die Gefangenen, die unter dem Dent-Act inhaftiert worden sind. Er verdammt die Reichen und Mächtigen und verspricht, die Macht der gewöhnlichen Leute wiederherzustellen, indem er sie dazu aufruft, sich »die Stadt wieder zu nehmen«. Bane zeigt sich als »äußerster Wall Street Occupier, der an die 99 Prozent appelliert, sich zusammenzuschließen und die gesellschaftliche Elite zu stürzen«.[1] Was nun folgt, ist die Vorstellung des Films von der Macht des Volkes: kurz, Schauprozesse und Exekutionen der Reichen, Straßen übersät mit Verbrechen und Gemeinheit und so weiter.

Nach einigen Monaten entkommt Wayne erfolgreich aus dem Gefängnis, kehrt als Batman nach Gotham zurück und verpflichtet seine Freunde dazu, die Stadt zu befreien und die Fusionsbombe zu stoppen, bevor sie explodiert. Batman stellt Bane und überwältigt ihn, doch Miranda greift ein und stößt Batman ein Messer in den Rücken; sie gibt sich als Talia al Ghul zu erkennen, die Tochter von Ra's: Sie war es, die als Kind aus dem Gefängnis entkam, und Bane war die andere Person, die ihr bei der Flucht geholfen hatte. Nachdem sie den Plan verkündet hat, das Werk ihres Vaters zu vollenden, indem sie Gotham zerstört, entkommt Talia. Im darauf folgenden Chaos entfernt Gordon die Fernzündung der Bombe, während Selina Bane tötet und es Wayne ermöglicht, Talia nachzujagen. Er versucht sie zu zwingen, die Bombe in die Fusionskammer zu bringen, wo sie stabilisiert werden kann, aber sie flutet die Kammer. Talia stirbt, als ihr Lastwagen von der Straße abkommt, und Batman schleppt die Bombe jenseits der Stadtgrenze, wo sie über dem Ozean detoniert und ihn augenscheinlich tötet.

Nun wird Batman als Held gefeiert, dessen Opfer Gotham City gerettet hat, während man von Wayne glaubt, dass er in den Aufständen umgekommen ist. Als Waynes Vermögen aufgeteilt worden ist, sieht ihn sein treuer Butler Alfred zusammen mit Selina in einem Café in Florenz, während Blake, ein rechtschaffener junger Polizist, der Batmans Identität kennt, Batmans Höhle erbt. Kurz, »Batman rettet die Situation, entkommt unversehrt und geht zu einem normalen Leben über, während ihn jemand anderes in seiner Rolle bei der Verteidigung des Systems ersetzt«.[2]

Batman, Joker, Bane

Den ersten Hinweis auf die ideologische Untermauerung dieses Endes liefert der Butler Alfred, der bei Waynes (Schein-)Begräbnis die letzten Zeilen aus Dickens' Roman *Tale of Two Cities* [dt. *Eine Geschichte von zwei Städten*] verliest: »Es ist etwas weit, weit Besseres, was ich tue, als was ich je getan habe; und die Ruhe, in die ich eingehe, ist eine weit, weit bessere, als mir je zuteil wurde.«[3] Einige Kritiker des Films haben dieses Zitat als einen Hinweis darauf verstanden, dass er

> sich auf die vornehmste Ebene der westlichen Kunst erhebt ... Der Film appelliert an das Herz der amerikanischen Tradition – das Ideal des ehrenhaften Opfers für das gemeine Volk. Batman muss sich erniedrigen, um erhöht zu werden, und er muss sein Leben hingeben, um ein neues zu finden ... Als ultimative Christus-Figur opfert sich Batman, um andere zu retten ... Der Film setzt sich nicht primär für eine politische Philosophie gegenüber einer anderen ein, sondern zeigt die zentrale Voraussetzung der westlichen Zivilisation.[4]

Und tatsächlich ist es aus dieser Perspektive nur ein Schritt zurück von Dickens zu Christus auf dem Kalvarienberg: »Denn wer sein Leben erhalten will, der wird's verlieren; wer aber sein Leben verliert um meinetwillen, der wird's finden. Was hülfe es dem Menschen, so er die ganze Welt gewönne und nähme Schaden an seiner Seele?« (Matth. 16,25-26). Batmans Opfer als Wiederholung von Christi Tod? Wird diese Idee nicht durch die letzte Szene des Films kompromittiert (Wayne mit Selina in einem Café in Florenz)? Ist die religiöse Entsprechung zu diesem Ende nicht eher die wohlbekannte blasphemische Idee, dass Christus seine Kreuzigung tatsächlich überlebt habe und ein langes und friedliches Leben führte (in Indien oder Tibet nach einigen Quellen)? Die einzige Möglichkeit, diese letzte Szene zu rehabilitieren, wäre gewesen, sie als einen Tagtraum (eine Halluzination) Alfreds zu interpretieren, der alleine in dem Café in Florenz sitzt. Eine weitere Dickens'sche Eigenschaft des Films ist die entpolitisierte Klage über die Kluft zwischen den Reichen und den Armen. Schon früh im Film flüstert Selina, während sie auf einer Oberklassen-Gala tanzen, Wayne zu: »Glauben Sie, das kann so weitergehen? Ein Sturm zieht auf, Mr Wayne. Wenn er losbricht, werden sie sich alle fragen, wie sie je so maßlos leben konnten, während sie uns anderen so wenig lassen.« Christopher Nolan, der Regisseur und Co-Autor des Drehbuchs, ist (wie jeder gute Linksliberale) durch die Ungleichheit »verstört«, und er räumt ein, dass diese Verstörung den Film durchdringt:

> [W]as ich in dem Film sehe und was sich auf die reale Welt bezieht, ist die Idee der Unehrlichkeit. Im Film geht es darum, wie es zur Krise kommt ... Der Begriff wirtschaftlicher Fair-

> ness kriecht in den Film hinein, und das aus zwei Gründen. Erstens ist Bruce Wayne Milliardär. Das muss angesprochen werden … Aber zweitens gibt es eine Menge Dinge im Leben, und Wirtschaft ist eines davon, wo wir dem, was uns darüber gesagt wird, vertrauen müssen, weil die meisten von uns sich so fühlen, als ob sie nicht über die analytischen Werkzeuge verfügen würden, um zu wissen, was passiert … Ich habe nicht das Gefühl, dass es eine rechte oder linke Perspektive in dem Film gibt. Was es gibt, ist nur eine ehrliche Bewertung oder eine ehrliche Untersuchung der Welt, in der wir leben – der Dinge, die uns verstören.[5]

Obwohl der Zuschauer weiß, dass Wayne superreich ist, neigt er dazu, zu vergessen, woher dessen Reichtum stammt: Waffenfabrik plus Spekulationen an der Börse, weshalb Banes Spiele an der Börse sein Imperium zerstören können. Waffenhändler und Spekulant; *das* ist das wahre Geheimnis hinter Batmans Maske. Wie geht der Film damit um? Er belebt die archetypische Dickens'sche Trope eines guten Kapitalisten wieder, der sich für die Finanzierung von Waisenhäusern einsetzt (Wayne), gegen einen gierigen Kapitalisten (Stryver, wie bei Dickens). In einer solchen Dickens'schen Übermoralisierung wird die wirtschaftliche Ungleichheit zwischen Reich und Arm in »Unehrlichkeit« übersetzt, die »ehrlich« analysiert werden sollte, obwohl wir keinerlei verlässliche kognitive Karte dazu haben. Eine solche »ehrliche« Herangehensweise führt zu einer weiteren Parallele mit Dickens – wie Jonathan Nolan, Bruder und Co-Autor des Regisseurs, ganz offen sagt: »*Eine Geschichte von zwei Städten* war für mich das erschütterndste Porträt einer glaubhaften, wiedererkennbaren Zivilisation, die vollständig auseinandergefallen ist. Bei dem Terror in Paris, in Frankreich in dieser Zeit, ist es nicht sehr schwer sich vorzustellen, dass alles so schlecht und schieflaufen konnte.«[6] Die Szenen des rachsüchtigen Volksaufstandes im Film (der Mob, den es nach dem Blut der Reichen dürstet, die ihn missachtet und ausgebeutet haben) beschwören Dickens' Beschreibung des Terrors herauf, so dass der Film, obwohl er »nichts mit Politik zu tun hat« (wie Christopher Nolan behauptet), Dickens' Roman »ehrlich« in dessen Porträt der Revolutionäre als besessene Fanatiker folgt und damit

> eine Karikatur dessen zeichnet, was im wirklichen Leben ein ideologisch engagierter revolutionärer Kampf gegen strukturelle Ungerechtigkeit wäre. Hollywood sagt nur, was das Establishment einen wissen lassen möchte – Revolutionäre sind brutal und haben keinen Respekt vor dem menschlichen Leben. Trotz der emanzipatorischen Rhetorik über Befreiung haben sie einen finsteren Plan im Hintergrund. Daher müssen sie auch eliminiert werden, was auch immer ihre Gründe sein mögen.[7]

Tom Charity lag richtig mit der Bemerkung über »die Verteidigung des Establishments im Film in Form philanthropischer Milliardäre und einer unbestechlichen Polizei«[8] – mit seinem Misstrauen gegenüber Menschen, die die Dinge in ihre eigenen Hände nehmen, »drückt der Film sowohl seinen Wunsch nach sozialer Gerechtigkeit aus als auch eine Angst davor, wie so etwas in den Händen eines Mobs tatsächlich aussehen kann«.[9] Karthick Ramakrishnan wirft in diesem Zusammenhang eine scharfsinnige Frage im Hinblick auf die immense Popularität der Figur des Jokers im vorangegangenen Film auf: Warum ist Bane so hart angelegt worden, wenn der Joker im früheren Film mit Nachsicht behandelt worden ist? Die Antwort ist schlicht und überzeugend:

> Indem der Joker zur Anarchie in Reinform aufruft, […] unterstreicht er kritisch die Heuchelei der existierenden bürgerlichen Gesellschaft, [aber] seine Ansichten sind ungeeignet, um in Massenaktionen übersetzt zu werden […] Demgegenüber stellt Bane für das Unterdrückungssystem eine existentielle Bedrohung dar […] Seine Stärke liegt nicht nur in seiner Physis, sondern genauso in seiner Fähigkeit, Menschen anzuführen und zu mobilisieren, um ein politisches Ziel zu erreichen. Er repräsentiert die Avantgarde, die organisierte Repräsentation der Unterdrückten, die einen Kampf in eigenem Namen wagen, um einen strukturellen Wandel herbeizuführen. Für eine solche Macht mit größtem subversivem Potential hat das System keinen Platz. Sie muss eliminiert werden.[10]

Auch wenn Bane die Faszination von Heath Ledgers Joker abgeht, gibt es eine Eigenschaft, die ihn von Letzterem unterscheidet: unbedingte Liebe, der genaue Ursprung seiner Härte. In einer kurzen, aber berührenden Szene erzählt er Wayne, wie er in einem Akt der Liebe inmitten schrecklichen Leids das Kind Talia rettet, sich nicht um die Folgen kümmert und einen schrecklichen Preis dafür zahlen muss (Bane wurde fast totgeschlagen, während er sie verteidigte).[11] Ramakrishnan hat völlig recht, dieses Ereignis in die lange Tradition von Christus bis Che Guevara einzureihen, die Gewalt als ein »Werk der Liebe« rühmt, wie es in den berühmten Zeilen aus Che Guevaras Tagebuch heißt: »Selbst wenn ich lächerlich erscheinen sollte, muß ich sagen, daß der wahre Revolutionär von einem starken Gefühl der Liebe geleitet wird. Es ist fast unmöglich, sich ihn ohne diese Eigenschaft vorzustellen.«[12] Was uns hier begegnet, ist nicht so sehr eine »Christifizierung« von Che«, sondern eher eine »Cheifizierung« von Christus selbst – des Christus, dessen

»skandalöse« Worte aus dem Lukas-Evangelium (»So jemand zu mir kommt und hasst nicht seinen Vater, Mutter, Weib, Kinder, Brüder, Schwestern, auch dazu sein eigen Leben, der kann nicht mein Jünger sein«; Lk 14,26) in genau die gleiche Richtung weisen wie Ches berühmter Ausspruch: »Ihr werdet vielleicht hart sein müssen, aber verliert nicht eure Zärtlichkeit.« Die Behauptung, dass »jeder wahre Revolutionär von starken Gefühlen der Liebe geleitet wird«, muss man zusammen mit der viel »problematischeren« Behauptung über die Revolutionäre als »Tötungsmaschinen« lesen:

> Der Hass als Faktor des Kampfes, der unbeugsame Hass dem Feinde gegenüber, der den Menschen über seine physischen Grenzen hinaus antreibt und ihn in eine wirksame, gewaltsame, selektive und kalte Tötungsmaschine verwandelt. Unsere Soldaten müssen so sein; ein Volk ohne Hass kann über einen brutalen Feind nicht siegen.[13]

Oder, um Kant und Robespierre noch einmal zu paraphrasieren: Liebe ohne Grausamkeit ist machtlos; Grausamkeit ohne Liebe ist blind, eine kurzlebige Leidenschaft, die ihre beharrliche Schärfe verliert. Guevara paraphrasiert hier Christi Erklärung von der Einheit von Liebe und Schwert – beiden Fällen liegt das Paradox zugrunde, dass dasjenige, was Liebe engelhaft werden lässt, was sie über bloße und schwankende Sentimentalität erhebt, die Grausamkeit ist, ihre Verbindung mit Gewalt. Diese Verbindung hebt die Liebe über die und jenseits der natürlichen Begrenzungen des Menschen und transformiert sie dadurch in einen unbedingten Trieb. Während also Guevara sicherlich an die verändernde Kraft der Liebe glaubte, hätte man ihn nie »all you need is love« summen hören. Man muss *mit Hass lieben*, oder wie Kierkegaard es ausdrückt, ist die »notwendige« Folge (die »Wahrheit«) der christlichen Forderung der Feindesliebe,

> aus Liebe und in Liebe den Geliebten zu hassen. [...] So hoch, menschlich gesprochen zu einem solchen Wahnsinn, kann das Christentum die Forderung treiben, falls die Liebe des Gesetzes Erfüllung sein soll. Deshalb lehrt es, daß der Christ, wenn es gefordert ist, Vater und Mutter und Schwester und die Geliebte soll hassen können.[14]

Im Gegensatz zur erotischen Liebe sollte man diesem Begriff der Liebe hier all sein paulinisches Gewicht verleihen: *Der Bereich reiner Gewalt*, der Bereich außerhalb des Gesetzes (der legalen Macht), der Bereich der Gewalt, der weder ein Gesetz begründet noch das Recht stützt, *ist der Bereich der agape* (der unbedingten Liebe).[15] Folglich haben wir es hier nicht mit einfachem brutalem Hass zu tun, der von einem grausamen und eifersüchtigen Gott verlangt wird: Der »Hass«, den Christus einfordert, ist keine Art pseudodialektisches Gegenteil von Liebe, sondern ein direkter Ausdruck der *agape*. Es ist die Liebe selbst, die von uns verlangt, uns von unserer organischen Gemeinschaft »abzulösen«, in die wir hineingeboren worden sind, oder wie Paulus es ausdrückt, gibt es für einen Christen weder Männer noch Frauen, weder Juden noch Griechen. Wenn also der Akt revolutionärer Gewalt eine »Liebestat« im strikten Kierkegaard'schen Sinn des Begriffs ist, dann nicht, weil die revolutionäre Gewalt »wirklich« auf die Errichtung einer gewaltlosen Harmonie zielen würde. Die authentische revolutionäre Befreiung wird im Gegenteil viel direkter mit Gewalt gleichgesetzt – es ist die Gewalt als solche (die gewaltsame Geste des Ausschließens, des Errichtens eines Unterschieds, des Ziehens einer Trennungslinie), die befreit. Freiheit ist kein neutraler seliger Zustand der Harmonie und Ausgeglichenheit, sondern ebenjener gewalttätige Akt, der dieses Gleichgewicht stört. Deshalb, um auf *The Dark Knight Rises* zurückzukommen, ist die einzig authentische Liebe in dem Film diejenige, die Bane zum Ausdruck bringt, in klarem Gegensatz zu Batman.

Entsprechend verdient die Figur von Ra's al Ghul, Talias Vater, eine nähere Untersuchung. Ra's ist eine Mischung arabischer und orientalischer Merkmale, ein Agent virtuosen Terrors, der einen Kampf führt, um ein Gegengewicht zur korrupten westlichen Zivilisation herzustellen. Er wird von Liam Neeson gespielt, einem Schauspieler, dessen Rollen für gewöhnlich würdevolle Güte und Weisheit ausstrahlen (er spielt den Zeus in *The Clash of Titans*). Er verkörpert ebenfalls Qui-Gon Jinn in *The Phantom Menace*, der ersten Folge der Star-Wars-Serie. Qui-Gon ist ein Jedi-Ritter und sowohl Mentor von Obi-Wan Kenobi wie derjenige, der Anakin Skywalker entdeckt und glaubt, dass Anakin der Auserwählte ist, der das Gleichgewicht des Universums wiederherstellen wird. Er ignoriert Yodas Warnung bezüglich der labilen Natur von Anakin; am Ende von *The Phantom Menace* wird Qui-Gon von Darth Maul getötet.[16]

In der *Batman*-Trilogie ist Ra's ebenfalls der Lehrer des jungen Wayne. Als er in *Batman Begins* den jungen Wayne in einem chinesischen Gefängnis findet, stellt er sich als »Henri Ducard« vor und bietet dem Jungen einen »Weg« an. Nach seiner Befreiung klettert Wayne zum Wohnort der Liga der Schatten, wo Ducard wartet und sich als Diener eines Mannes namens Ra's al Ghul ausgibt. Am Ende eines langen und schmerzhaften Trainings erklärt Ducard, dass Bruce alles tun muss, um das Böse zu bekämpfen, und offenbart ihm, dass sie Bruce in der Absicht trainiert haben, die Liga bei der Zerstörung von Gotham City anzuführen, von der sie glauben, dass sie hoffnungslos korrupt geworden ist. Monate später erscheint Ra's al Ghul unerwartet wieder und enthüllt seine wahre Identität. In der nachfolgenden Begegnung legt Ra's die Heldentaten der Liga im Verlauf der Geschichte dar (die Plünderung Roms, die Verbreitung der schwarzen Pest, der Große Brand von London). Er erklärt, dass die Zerstörung von Gotham City lediglich eine weitere Mission der Liga sei, die wiederkehrenden Anwandlungen von Dekadenz der Menschheit zu korrigieren und vermeintlich die Umwelt zu schützen. Dann lässt Ra's seine Handlanger das Anwesen Waynes niederbrennen in der Absicht, diesen zu töten, und stellt fest: »Gerechtigkeit ist Ausgleich. Du hast mein Haus niedergebrannt und mich dem Tod überlassen. Wir sind quitt.« Wayne überlebt das Feuer und stellt, als Batman, Ra's. Nachdem er ihn überwältigt hat, überlässt Batman ihn dem Tod auf einem Zug, der explodiert; Ra's nutzt seinen letzten Moment zur Meditation, und er wird für tot erklärt, obwohl man keine Leiche in den Trümmern findet. Ra's ist daher keine schlichte Verkörperung des Bösen: Er steht für die Kombination von Tugend und Terror, für einen Verfechter des Egalitarismus, der gegen ein korruptes Imperium kämpft. Damit gehört er in die Reihe, die (in jüngeren Filmen) von Paul Atreides in *Dune* bis zu Leonidas in *300* reicht. Und es ist wichtig, dass Wayne sein Schüler ist: Wayne wurde durch ihn zu Batman gemacht.

Spuren von Utopia

Wir können nun erkennen, wie Nolans *Batman*-Trilogie ganz klar einer immanenten Logik folgt.[17] In *Batman Begins* verbleibt der Held innerhalb der Grenzen einer liberalen Ordnung: Das System kann mit moralisch akzeptablen Methoden verteidigt werden. *The Dark Knight* ist in Wirklichkeit eine neue Version der beiden Western-Klassiker von John Ford (*Bis zum letzten Mann* [*Fort Apache*] und *Der Mann, der Liberty Valance erschoss*), die zeigen, wie man, um den Wilden Westen zu zivilisieren, »die Legende drucken« und die Wahrheit ignorieren muss – kurz, wie unsere Zivilisation auf einer Lüge beruht: Man muss die Regeln brechen, um das System zu retten.[18] Oder, um es anders auszudrücken, der Held in *Batman Begins* ist schlicht ein klassisches urbanes Mitglied einer Bürgerwehr, das die Verbrecher bestraft, wenn die Polizei es nicht kann. Das Problem besteht darin, dass die Polizei als offizielles Organ zur Durchsetzung des Rechts sich in zweideutiger Weise auf Batmans Hilfe bezieht: Während sie seine Effizienz schätzen, betrachten die Polizeikräfte Batman dennoch als Bedrohung ihres Gewaltmonopols und als Beweis ihrer eigenen Ineffizienz. Dennoch ist Batmans Überschreitung hier rein formal. Sie besteht in seinem Handeln im Namen des Gesetzes, ohne dafür legitimiert zu sein: In seinem Handeln verletzt er nie das Gesetz. *The Dark Knight* verschiebt diese Koordinaten: Batmans wahrer Rivale ist nicht der Joker, sein Gegenspieler, sondern Harvey Dent, der »weiße Ritter«, der aggressive neue Staatsanwalt, eine Art offizielles Mitglied einer Bürgerwehr, dessen fanatischer Kampf gegen das Verbrechen ihn dazu bringt, unschuldige Menschen zu töten, und ihn schließlich zerstört. Es ist, als wäre Dent die Antwort des Rechtssystems auf die Bedrohung durch Batman: Gegen Batmans Bürgerwehr-Kampf erzeugt das System seinen eigenen illegalen Exzess, seine eigene Bürgerwehr, die – um vieles gewalttätiger als Batman – direkt das Recht bricht. Es liegt daher eine poetische Gerechtigkeit in der Tatsache, dass, als Bruce plant, seine Identität als Batman in der Öffentlichkeit zu enthüllen, Dent einspringt und sich selbst als Batman ausgibt – er *ist* »mehr Batman als Batman selbst«, indem er der Versuchung nachgibt, der Batman immer noch widerstehen konnte. Wenn also am Ende des Films Batman die Verbrechen auf sich nimmt, die Dent begangen hat, um den Ruf des Volkshelden zu retten, der für das gemeine Volk Hoffnung verkörpert, enthält seine selbstverleugnende Tat ein Körnchen Wahrheit: In gewisser Weise revanchiert sich Batman bei Dent. Seine Tat ist eine Geste des symbolischen Austauschs: Zuerst nimmt Dent Batmans Identität auf sich, und dann nimmt Wayne – der echte Batman – Dents Verbrechen auf sich.

The Dark Knight Rises treibt die Dinge schließlich noch weiter: Ist Bane nicht Dent, der in sein Extrem getrieben ist, in seine Selbstnegation? Ein Dent, der die Schlussfolgerung zieht, dass das System selbst ungerecht ist, so dass man sich, um die Ungerechtigkeit effektiv zu bekämpfen, direkt gegen das System wenden und es zerstören muss? Und, als Teil derselben Bewegung, ein Dent, der alle Hemmungen verliert und bereit ist, jegliche tödliche Brutalität einzusetzen, um dieses Ziel zu erreichen? Das Auftauchen einer solchen Figur verändert die gesamte Konstellation: Für alle Teilnehmenden, Batman eingeschlossen, wird die Moral relativiert und zu einer Angelegenheit der Bequemlichkeit, etwas, das durch die Umstände festgelegt wird. Es handelt sich um offenen Klassenkampf, und alles ist erlaubt, um das System zu verteidigen, wenn wir es nicht einfach mit verrückten Gangstern zu tun haben, sondern mit einem Volksaufstand.

Ist das alles? Muss der Film von allen, die sich in radikalen emanzipatorischen Kämpfen engagieren, entschieden zurückgewiesen werden? Nicht unbedingt. Die Dinge sind zweideutiger, und man muss den Film so interpretieren, wie man ein chinesisches politisches Gedicht deutet: Es zählen Abwesenheit und überraschende Anwesenheit. Erinnern wir uns an die alte französische Geschichte von einer Frau, die sich dem besten Freund ihres Mannes gegenüber beklagt, dass er ihr verborgene sexuelle Avancen mache: Es dauert etwas, bis der überraschte Freund die Pointe kapiert: Auf verdrehte Weise fordert sie ihn dazu auf, sie zu verführen. Es ist wie beim Freud'schen Unbewussten, das keine Negation kennt. Es zählt kein negatives Urteil über irgendetwas, sondern die bloße Tatsache, dass dieses Etwas erwähnt worden ist – in *The Dark Knight Rises* ist die Macht des Volkes *da*, sie wird als Ereignis inszeniert, in einem entscheidenden Schritt von den üblichen Gegenspielern Batmans (kriminelle Megakapitalisten, Gangster und Terroristen) nach vorn.

Hier erhalten wir nun einen ersten Hinweis auf die tiefere Zweideutigkeit des Films – der Blick auf die Occupy-Wall-Street-Bewegung, die die Macht übernimmt und eine Volksdemokratie in Manhattan errichtet, ist so offenkundig absurd, so ausgesprochen unrealistisch, dass man nur folgende Frage stellen kann: Warum träumt ein großer Hollywood-Blockbuster davon? Warum beschwört er dieses Gespenst? Warum überhaupt davon träumen, dass Occupy in eine gewalttätige Übernahme ausartet? Die offensichtliche Antwort (Occupy durch Anschuldigungen verleumden, dass ihm ein terroristisch-totalitäres Potential innewohnt) reicht nicht hin, um der seltsamen Anziehung Rechnung zu tragen, die der Ausblick auf die »Macht des Volkes« ausübt. Es erstaunt nicht, dass das eigentliche Funktionieren dieser Macht leer bleibt, abwesend: Es werden keine Details geliefert, wie diese Volksmacht funktioniert, was die mobilisierten Menschen tun (erinnern wir uns daran, dass Bane den Leuten sagt, sie können tun, was sie wollen – er zwingt ihnen nicht seine eigene Ordnung auf). Man kann hier sogar von notwendiger *Zensur* sprechen: Jede Darstellung der Selbstorganisation des Volkes während Banes Herrschaft hätte die Wirkung des Films ruiniert und seine Inkonsistenz offengelegt.

Deswegen verdient der Film eine eingehendere Betrachtung:[19] Das Ereignis – die »Volksrepublik Gotham City«, die Diktatur des Proletariats in Manhattan – ist dem Film immanent; sie ist (um den abgedroschenen Ausdruck aus den 1970er Jahren zu verwenden) dessen »abwesendes Zentrum«. Daher reicht eine äußerliche Kritik des Films (»seine Darstellung der Herrschaft der Occupy-Wall-Street-Bewegung ist eine lächerliche Karikatur«) nicht aus: Die Kritik muss immanent sein, sie muss im Film selbst eine Vielheit an Zeichen ermitteln, die auf das authentische Ereignis hinweisen. (Denken wir zum Beispiel daran, dass Bane nicht nur ein brutaler Terrorist ist, sondern eine Person mit tiefempfundener Liebe und Opferbereitschaft.) Kurz, reine Ideologie ist nicht möglich. Banes Authentizität *muss* eine Spur im Gewebe des Films hinterlassen.[20]

Gewalt, welche Gewalt?

Dennoch gibt es zwei Standardvorwürfe, die sich angesichts unserer Interpretation von Nolans Film aufdrängen. Erstens *gab es* monströse Massentötungen und Gewalt in realen Revolutionen, vom Stalinismus bis zu den Roten Khmer, so dass der Film sich ganz eindeutig nicht nur auf eine reaktionäre Phantasie einlässt. Und zweitens gibt es den entgegengesetzten Vorwurf: Die aktuelle Occupy-Wall-Street-Bewegung war nicht gewalttätig, und ihr Ziel war bestimmt kein neues Terrorregime. Insofern Banes Revolte unterstellt wird, die immanente Tendenz der Occupy-Wall-Street-Bewegung zu extrapolieren, werden ihre Ziele und Strategien lächerlich falsch dargestellt. Der anhaltende Antiglobalisierungsprotest ist das genaue Gegenteil von Banes brutalem Terror: Bane steht für das Spiegelbild des Staatsterrors, für eine mörderische fundamentalistische Sekte, die durch Terror an die Macht kommen und herrschen will, und nicht für die Überwindung des Staatsterrors durch die Selbstorganisation des Volkes. Was beide Vorwürfe teilen, ist die Ablehnung der Figur Banes. Es gibt mehrere Antworten auf diese beiden Vorwürfe.

Zunächst sollte man sich das aktuelle Ausmaß der Gewalt klarmachen. Die beste Antwort auf die Behauptung, dass die Gewaltreaktion des Mobs auf die Unterdrückung schlimmer sei als die ursprüngliche Unterdrückung, gab Mark Twain in seinem Buch *Ein Yankee am Hof König Arthurs* (Kap. 13):

> Zwei Schreckensherrschaften hat es gegeben, wenn wir uns nur darauf besinnen und darüber nachdenken wollten: Während der einen wurde in heißer Leidenschaft gemordet und

> während der anderen in herzloser Kaltblütigkeit [...]. Wir aber schaudern immer nur vor den »Schrecken« der geringeren Terrorherrschaft, des vorübergehenden Terrors, sozusagen; was aber bedeutet der Schrecken eines schnellen Todes durch das Beil im Vergleich zum lebenslänglichen Sterben durch Hunger, Kälte, Demütigung, Grausamkeit und Leid? [...] Ein Stadtfriedhof könnte die Särge fassen, die jene kurze Schreckensherrschaft gefüllt hat und über die zu schaudern und zu trauern wir alle so eifrig belehrt worden sind, aber ganz Frankreich könnte kaum die von jener älteren und echten Schreckensherrschaft gefüllten Särge fassen – jener unaussprechlich bitteren und entsetzlichen Schreckensherrschaft, die in ihrer ganzen Größe zu erkennen und mit dem Mitleid, das sie verdient, zu betrachten keinem von uns gelehrt worden ist.[21]

Um diese parallaxartige Natur der Gewalt zu verstehen, sollte man sich auf Kurzschlüsse zwischen verschiedenen Ebenen konzentrieren, sagen wir zwischen Macht und sozialer Gewalt: Eine verheerende Wirtschaftskrise wird als unkontrollierbare und quasi natürliche Macht erfahren – sie sollte aber als Gewalt wahrgenommen werden.

Zweitens ist nicht nur Nolans Film unfähig, sich eine authentische Macht des Volkes vorzustellen. Auch die »echten« emanzipatorischen Bewegungen selbst waren dazu nicht in der Lage: Sie blieben in den Koordinaten der alten Gesellschaft verfangen, weshalb die tatsächliche »Macht des Volkes« oft ein solch gewalttätiger Schrecken war.[22] Es gibt eine gewisse revolutionäre Rücksichtslosigkeit, die Vernachlässigung der menschlichen Kosten unserer Handlungen, die zu Recht in Frage gestellt werden können. Wenn ein Land zum Beispiel unter Besatzung steht und die Mehrheit der Bevölkerung unschlüssig ist und sich nicht entscheiden kann, am Kampf teilzunehmen oder nicht, verführt der radikale Widerstand manchmal die Besatzer zu harten Vergeltungsmaßnahmen (Niederbrennen von Dörfern, Erschießen von Geiseln), um die Wut der Bevölkerung zu steigern – die entsetzlichen humanitären Kosten werden als der Preis akzeptiert, der für die Mobilisierung der Bevölkerung zu zahlen ist. (Auf das Gegenargument, dass dies eine radikale Taktik sei, die ein Risiko jenseits pragmatischer Erwägungen beinhalte, sollte man mit einer weiteren Paraphrase des bereits erwähnten Witzes aus Lubitschs *Sein oder Nichtsein*, »Wir übernehmen das Konzentrieren, die Polen wandern in die Lager«, antworten: Die Anführer riskieren nicht ihr eigenes Leben, sie provozieren die Besatzer, und die normale Bevölkerung leidet unter den Folgen.)

Darüber hinaus sollte man das Problem der Gewalt entmystifizieren und die vereinfachenden Behauptungen zurückweisen, dass der Kommunismus des 20. Jahrhunderts zu viel mörderische Gewalt eingesetzt hat und dass wir vorsichtig sein sollten, jemals wieder in diese Falle zu tappen. Als Tatsache ist das natürlich auf entsetzliche Weise wahr – aber eine solche direkte Konzentration auf Gewalt verschleiert die zugrundeliegende Frage: Was war an dem kommunistischen Projekt des 20. Jahrhunderts von Natur aus falsch, und welche immanente Schwäche dieses Projekts zwang die machthabenden Kommunisten (und nicht nur die Kommunisten), Zuflucht in hemmungsloser Gewalt zu suchen? Ist es in anderen Worten nicht ausreichend zu sagen, dass die Kommunisten »das Problem der Gewalt vernachlässigt haben«? Es war ein tiefer gehendes soziopolitisches Versagen, das sie zur Gewalt gedrängt hat. (Das Gleiche gilt für die Vorstellung, dass die Kommunisten »die Demokratie vernachlässigt haben«: Ihr Globalprojekt der sozialen Transformation zwang sie zu dieser »Vernachlässigung«.)

Wir sollten mit anderen Worten genau das Thema der »ethischen Suspension des Theologisch-Politischen« unbedingt zurückweisen – die Idee, dass wir unser politisches (oder religiös-politisches) Engagement einschränken, wenn es uns dazu führt, elementare moralische Normen zu verletzen, wenn es uns zu Massentötungen und anderen Formen des Leidens führt. Was ist also an dem Argumentationsgang falsch, »wenn du von einer politischen (oder religiösen) Vision besessen bist, arbeite nicht nur daran, sie in der Realität umzusetzen, tritt einen Schritt zurück und versuche zu sehen, wie sie andere in Mitleidenschaft ziehen wird, wie sie ihr Leben durcheinanderbringen wird – es gibt bestimmte grundlegende moralische Regeln (keine Folter, kein instrumenteller Einsatz von Mord usw.), die über jeglichem politischen Engagement stehen«? Die Pointe besteht nicht darin, die Suspension umzudrehen und zu behaupten, dass ein radikal(theologisch-)politisches Engagement Verletzungen grundlegender moralischer Normen rechtfertigen würde. Die Pointe ist vielmehr, dass unsere Kritik einer (theologisch-)politischen Vision, die Massentötungen und so weiter rechtfertigt, *immanent* sein sollte. Es reicht nicht, eine solche Vision im Namen externer moralischer Skrupel zurückzuweisen: Es muss etwas mit dieser Vision als solcher falsch sein, in ihren eigenen (theologisch-)politischen Begriffen. Auf diese Weise muss der Stalinismus nicht zurückgewiesen werden, weil er unmoralisch und mörderisch war, sondern weil er aus sich selbst heraus scheiterte, weil er seine eigenen Prämissen verraten hat.

Und schließlich ist die Behauptung allzu einfach, dass es bei Occupy Wall Street und vergleichbaren Bewegungen kein gewalttätiges Potential gebe. Gewalt *ist* in jedem authentischen emanzipatorischen Prozess am Werk: Das Problem mit dem Film *The Dark Knight Rises* besteht darin, dass er diese Gewalt fälschlich in mörderischen Terror übersetzt hat. Ich möchte diesen Punkt durch einen Umweg über meine Kritiker klären, die, wenn sie anzuerkennen gezwungen sind, dass meine Behauptung »Hitler war nicht gewalttätig genug« nicht als Aufruf zu noch mehr entsetzlichen Massentötungen gemeint ist, dazu neigen, ihre Vorwürfe auf den Kopf zu stellen und zu sagen, dass ich nur eine provokative Sprache benutze, um einen uninteressanten Commonsense-Punkt zu machen. Hier ist nun, was einer von ihnen anlässlich meiner Behauptung geschrieben hat, dass Gandhi gewalttätiger als Hitler gewesen sei:

> Žižek verwendet hier die Sprache in einer Weise, die dazu dient, provokant zu sein und die Leute zu verwirren. Er meint nicht *wirklich*, dass Gandhi gewalttätiger als Hitler war [...]. Was er stattdessen zu tun meint, ist, das typische Verständnis des Wortes »gewalttätig« so zu verändern, dass Gandhis gewaltlose Protestmittel gegen die Briten als gewalttätiger angesehen werden als Hitlers unglaublich gewalttätige Bemühungen um die Weltherrschaft und den Genozid. Gewalt bedeutet für Žižek an dieser Stelle wirklich das, was massiven sozialen Umsturz hervorruft. In dieser Hinsicht betrachtet er Gandhi als gewalttätiger als Hitler. Das ist aber, wie vieles, was Žižek schreibt, tatsächlich nichts Neues oder Interessantes oder Überraschendes. Und daher schreibt er es auf provokante, verwirrende und bizarre Weise, die er anstelle einer unkomplizierten wählt. Wenn er geschrieben hätte, dass Gandhi durch Gewaltfreiheit, die auf einen Systemwechsel abzielte, mehr erreicht hätte als Hitler durch gewalttätige Mittel, würden wir alle zustimmen [...], aber ebenfalls wissen,

> dass in einer solchen Behauptung nichts Tiefsinniges steckt. Stattdessen versucht uns Žižek zu schockieren, und indem er das tut, verschleiert er die völlig langweilige Schlussfolgerung über Gandhi und Hitler, die jeder schon für wahr hielt, noch bevor er Žižek gelesen hatte.
> Das Gleiche gilt für Žižeks kontroverse Pointe über Juden und Antisemiten. Am Argument, dass im Geist jedes Nazis, der Juden hasst, auch ein fiktionaler Jude sein muss, den dieser Nazi hassen kann, ist nichts Bemerkenswertes. Daher würde jeder Versuch, die Nazis von den Juden in ihnen selbst zu befreien, was Žižek zufolge von Hitler selbst einmal geäußert worden ist, zur Zerstörung der Nazis selbst führen (da die Antisemiten in ihnen die durchgehende Existenz von Juden in ihnen selbst erforderlich mache). Žižek richtet mit anderen Worten wieder einmal schlicht einen Wortsalat an bei dem Versuch, Allgemeinplätze als Tiefsinn herauszuputzen. Gandhis Methode, Dinge zu verändern, funktionierte, weil er sich um das System selbst bemühte. Der Antisemit kann nie sein Hassobjekt töten, weil seine Weltsicht den fiktionalen Juden braucht.[23]

In beiden Fällen ist der Vorwurf derselbe: dass ich versuche, die bekannte These zu verkaufen, dass Gandhi das System ändern wollte und nicht Leute vernichten, dass ich aber, da das ein Allgemeinplatz sei, sie provokanter formuliere und die Bedeutung des Wortes »Gewalt« sonderbar ausdehnen würde, um institutionelle Veränderungen mit einzuschließen. Und das Gleiche gelte für meine Behauptung, »der Jude ist im Antisemiten, aber der Antisemit ebenso im Juden«. Das sei lediglich eine entstellte Art und Weise, den Allgemeinplatz zu übermitteln, dass im Geist jedes Nazis, der Juden hasse, es ebenfalls einen fiktionalen Juden für diesen Nazi gebe, den er hassen könne. Aber ist das der Fall? Was, wenn die zentrale Pointe in dieser Übersetzung meines »Wortsalats« in Commonsense verlorenginge? Im zweiten Fall ist mein Punkt nicht bloß die (tatsächlich offenkundige) Behauptung, dass der »Jude«, auf den sich der Nazi in seiner ideologischen Fiktion bezieht, in dieser Funktion gründet (und nicht einfach von ihr abhängt), sondern auch die Behauptung, dass gleichzeitig auch seine eigene ideologische Identität darin gründet: Der Nazi ist – in seiner Selbstwahrnehmung – *eine Figur in seinem eigenen Traum von den »Juden«*. Das ist weit davon entfernt, ein offenkundiger Allgemeinplatz zu sein.

Warum soll man also Gandhis Versuche, den britischen Staat in Indien zu untergraben, »gewalttätiger« nennen als Hitlers Massentötungen? Eben um Aufmerksamkeit auf die fundamentale Gewalt zu lenken, die ein »normales« Funktionieren des Staates stützt (Benjamin hat sie »mythische Gewalt« genannt), und auf die nicht weniger fundamentale Gewalt, die jeden Versuch stützt, das Funktionieren des Staates zu untergraben (Benjamins »göttliche Gewalt«).[24] Aus diesem Grund ist die Reaktion der Staatsmacht auf diejenigen so brutal, die sie in Gefahr bringen, und deshalb ist diese Reaktion, in ihrer Brutalität, gerade »reaktiv«, beschützend. Fern jeder Exzentrizität beruht also die Ausdehnung des Begriffs der Gewalt auf einer zentralen theoretischen Einsicht – und es ist die Beschränkung der Gewalt auf ihren direkt sichtbaren physischen Aspekt, die, weit davon entfernt, »normal« zu sein, auf einer ideologischen Verdrehung beruht. Daher geht auch der Vorwurf, dass ich von einer Art ultraradikalen Gewalt fasziniert sei, im Vergleich zu der Hitler und die Roten Khmer »nicht weit genug gegangen seien«, völlig an meinem Punkt vorbei, nicht bei *dieser* Art Gewalt weiter zu gehen, sondern das gesamte Feld zu verändern.

Es ist schwierig, wirklich gewalttätig zu sein, eine Handlung auszuführen, die auf gewaltsame Art die grundlegenden Parameter des sozialen Lebens durcheinanderbringt. Als Bertolt Brecht eine japanische Maske eines bösen Dämons sah, schrieb er, wie die geschwollenen Stirnadern und die grässlichen Grimassen andeuten, »wie anstrengend es ist / böse zu sein«. Das Gleiche gilt für Gewalt, die eine Wirkung auf das System hat. Die chinesische Kulturrevolution dient hier als Lektion: Das Zerstören alter Denkmäler beweist keine wahre Negation der Vergangenheit. Viel eher war sie eine machtlose *passage à l'acte*, ein Ausagieren, das Zeugnis für das Versagen ablegte, die Vergangenheit loszuwerden. Es liegt eine Art poetische Gerechtigkeit in der Tatsache, dass das Endergebnis von Maos Kulturrevolution die aktuelle und unübertroffene Explosion der kapitalistischen Dynamik in China ist: Es existiert eine tiefe strukturelle Homologie zwischen der maoistischen permanenten Selbstrevolution, dem permanenten Kampf gegen die Verknöcherung staatlicher Strukturen, und der inhärenten Dynamik des Kapitalismus. Um Brecht noch einmal zu zitieren: »Was ist der Einbruch in eine Bank gegen die Gründung einer Bank?« Was waren die gewalttätigen und destruktiven Ausbrüche eines in der Kulturrevolution engagierten Rotgardisten, verglichen mit der wahren Kulturrevolution, der permanenten Auflösung aller Lebensformen, die die kapitalistische Reproduktion vorschrieb?

Das Gleiche gilt natürlich auch für Nazi-Deutschland, wo das Schauspiel der brutalen Auslöschung von Millionen uns nicht täuschen sollte. Die Charakterisierung Hitlers als Bösewicht, der verantwortlich für den Tod von Millionen ist und trotzdem ein Mann mit »Eiern«, der seinen eisernen Willen bis zum bitteren Ende verfolgt hat, ist nicht nur ethisch abstoßend, sondern schlicht auch *falsch*. Nein, Hitler hatte nicht wirklich »die Eier«, um die Dinge zu verändern. Alle seine Aktionen waren im Grunde Reaktionen: Er hat so gehandelt, dass sich nichts wirklich ändern würde; er handelte, um die vom Kommunismus ausgehende Drohung einer echten Veränderung zu verhindern. Sein Abzielen auf die Juden war letztendlich ein Akt der Verschiebung, bei der er dem wahren Feind auswich – dem Kern der kapitalistischen sozialen Verhältnisse selbst. Hitler führte ein Revolutions-Schauspiel auf, damit die kapitalistische Ordnung überleben konnte. Die Ironie lag darin, dass seine großen Gesten der Verachtung bürgerlicher Selbstzufriedenheit letztlich dieser Zufriedenheit das Fortdauern ermöglichten: Weit davon entfernt, die höchst verachtete »dekadente« bürgerliche Ordnung durcheinanderzubringen, weit davon entfernt, die Deutschen aufzurütteln, war der Nazismus ein Traum, der sie in die Lage versetzte, das Aufwachen zu vertagen. Deutschland wachte erst mit der Niederlage von 1945 wirklich auf.

Die Familienwerte der Weathermen

Durch die stalinistische Erfahrung traumatisiert, neigt ein Großteil der heutigen Linken dazu, das heikle Thema der Gewalt zu vernebeln, wie aus Robert Redfords Film *The Company You Keep* [dt. *The Company You Keep – Die Akte Grant*, 2012] deutlich wird, der von ehemaligen radikalen Linken handelt, die mit ihrer Vergangenheit konfrontiert werden. Stark vereinfacht, dreht sich die Geschichte um einen kürzlich verwitweten Singlevater, Jim Grant, einen ehemaligen Anhänger der Weathermen, einer studentischen Untergrundorganisation, und militanten Vietnamkriegsgegner, der wegen Bankraub und Mord gesucht wird und sich über dreißig Jahre vor dem FBI versteckt hat, indem er sich für einen Anwalt in Albany, New York, ausgegeben hat. Als seine wahre Identität enthüllt wird, flieht er und muss seine ehemalige Geliebte Mimi finden, die einzige Person, die seinen Namen reinwaschen kann, bevor das FBI ihn in die Fänge bekommt – andernfalls wird er alles verlieren, inklusive seiner elfjährigen Tochter Isabel. Seine Suche nach Mimi führt ihn durch die Vereinigten Staaten, wo er mit vielen seiner ehemaligen Genossen der Weathermen Kontakt aufnimmt; schließlich treffen sich Jim und Mimi in einer abgeschiedenen Waldhütte auf einer Halbinsel nahe der kanadischen Grenze. Sie brennt immer noch für die Ziele der Weathermen und verteidigt ihre Aktionen vor dreißig Jahren, aber Jim antwortet schroff: »Ich bin nicht müde geworden. Ich bin erwachsen.« Selbst wenn er immer noch an die Sache glaubt, ist er nun ein verantwortlicher Familienmensch geworden. Jim bittet Mimi, sich zu stellen und ihm um seiner Tochter Isabel willen ein Alibi zu verschaffen: Er will Isabel nicht zurücklassen und den Fehler wiederholen, den er und Mimi vor dreißig Jahren gemacht haben, indem sie ihre gemeinsame Tochter aufgaben. Am nächsten Morgen flieht Mimi aus der Hütte, um nach Kanada überzusetzen, wendet jedoch ihr Boot und kehrt in die Vereinigten Staaten zurück, um sich zu stellen. Am nächsten Tag wird Jim aus dem Gefängnis entlassen und kehrt zu Isabel zurück.

Es ist richtig, wie ein Kritiker bitter meinte, dass *The Company You Keep* Nostalgie für die Zeit verströmt, als Terroristen noch Menschen waren, die so aussahen und so angezogen waren wie wir und vertraute angelsächsische Namen trugen. Trotzdem hat der Film etwas Authentisches darin, wie er in fast unerträglicher Art und Weise das Verschwinden der radikalen Linken aus unserer politischen und ideologischen Realität wiedergibt. Die Überlebenden der alten radikalen Linken sind wie sympathische lebende Tote, Überreste eines anderen Zeitalters, Fremde, die ziellos in einer fremden Welt herumwandern – kein Wunder, dass Redford von Konservativen wegen Sympathie und Komplizenschaft mit Terroristen angegriffen wurde. Die authentische Aura des Films (und ebenfalls des Romans von Neil Gordon, auf dem der Film basiert) kommt nicht nur im generell sympathischen Porträt der Ex-Weathermen zum Vorschein, sondern mehr noch in wunderbaren Details der Erzählung wie den langen und genauen Beschreibungen des Lebens im Untergrund (wie man herausbekommt, ob einem jemand auf den Fersen ist, und wie man mögliche Verfolger abschüttelt, wie man sich eine neue Identität verschafft usw.).

Was die Weathermen selbst betrifft, kann man nicht genug betonen, dass sie nicht auf der Seite des Post-68-Terrors stehen, des Rückzugs aus der eigentlichen Politik in das Reale rohen Handelns: Ihre Aktionen zielten auf die Zerstörung von Gebäuden, nicht auf das Töten von Menschen. (Der Überfall auf die Michigan Bank wurde von einer Splittergruppe nach der formalen Auflösung der Weathermen verübt.) Die Weathermen werden oft dafür angeklagt, die Linke in den Vereinigten Staaten zerstört und der Unterstützung des breiten Spektrums von Protestierenden entfremdet zu haben – und sogar vom FBI manipuliert worden zu sein –, aber eine solche Kritik geht fehl. Die Anwendung von Gewalt durch die Weathermen war ein verzweifelter Versuch, auf das Scheitern des SDS (Students for a Democratic Society, etwa: Studenten für eine demokratische Gesellschaft) zu reagieren, die Menschen zu mobilisieren und den Vietnamkrieg zu beenden: Die Gewalt der Weathermen war das Symptom dieses Scheiterns, seine Wirkung und nicht seine Ursache. Wenn man nach Fehlern der Weathermen schaut, dann sollte man sie woanders suchen, in ihrer Organisationsstruktur und Praxis. Zum Beispiel praktizierten die »Weather-Kollektive« sexuelle Rotation: Von allen weiblichen Mitgliedern wurde verlangt, Sex mit allen männlichen Mitgliedern zu haben, und Frauen mussten ebenfalls sexuelle Beziehungen mit anderen Frauen eingehen, weil monogame Beziehungen als konterrevolutionär betrachtet wurden. Der Punkt ist nicht der, dass diese sexuellen Praktiken »zu radikal« gewesen seien; im Gegenteil passt eine solche regulierte Promiskuität sehr gut zur heutigen Freizügigkeit und zur Angst vor »exzessiven« Bindungen. Während sie dachten, die bürgerliche Ideologie zu untergraben, legten die Weathermen lediglich die Grundlage für ihr spätkapitalistisches Stadium.

The Company You Keep scheitert jedoch dabei, sich dem Aspekt der Aktivitäten der Weathermen zu stellen, der für uns heute der problematischste ist: der Entscheidung, den Weg der Gewalt einzuschlagen. Während der Film offenkundig mit der Sache der radikalen Linken sympathisiert, liegt sein vorherrschender Ton auf der Zurückweisung der Gewalt in Begriffen von Reife, vom Übergang vom jugendlichen Enthusiasmus (der leicht in gewalttätigen Fanatismus umschlagen kann) zur reifen Einsicht, dass es Dinge wie Familienleben und Verantwortung gegenüber den eigenen Kindern gibt, die wir keiner politischen Überzeugung opfern sollten – oder wie der Held zu seiner Exfreundin sagt: »Wir haben eine Verantwortung jenseits der Sache. Wir haben ein Baby.« Auf diese Weise interpretiert, ist *The Company*

You Keep, wie jemand über Neil Gordons zugrundeliegenden Roman geschrieben hat, *le roman des illusions perdues.*[25]

Stellt eine solche Bezugnahme auf das Erwachsenwerden, auf Verantwortung für die Familie und so weiter nicht eine neutrale, unpolitische Weisheit dar, die unserem politischen Engagement eine Grenze setzt – oder ist sie im Gegenteil ein Weg für die Ideologie, zu intervenieren und uns an der endlosen Analyse der politischen Sackgasse zu hindern, in der wir stecken? Die zweite Option beläuft sich nicht auf einen versteckten Versuch zur Rechtfertigung von Gewalt, sondern ist eine Verpflichtung, sie in ihren eigenen Begriffen zu analysieren und zu beurteilen. Stellen wir uns vor, Jim hätte keine Tochter: Das Problem der Strategie der Weathermen würde dennoch existieren. Ohne diesen Typ radikaler Selbstprüfung enden wir bei der Unterstützung der existierenden rechtlichen und politischen Ordnung als Rahmen, der die Stabilität unseres privaten Familienlebens garantiert. Da ist es kaum überraschend, dass sich, in rechtlichen Begriffen, *The Company You Keep* um die gesetzliche Rehabilitierung des Helden dreht, seine Bemühung, ein normaler Bürger zu werden, den keine dunkle Vergangenheit umtreibt.

Doch auch hier sind die Dinge viel subtiler. Man kann nur die mythische Atmosphäre bewundern, in der die finale Vereinigung von Jim und Mimi im Film wiedergegeben wird, viel stärker noch als im Roman: Es gibt eine ethisch-metaphysische Notwendigkeit, dass sie sich treffen, wie in der Schlussbegegnung von Moose Malloy und Velma in Chandlers Meisterwerk *Farewell, My Lovely*. Als Jim und Mimi auf dem Weg zu ihrem Treffen in der verlassenen Hütte inmitten eines Waldes und auf einer Halbinsel sind, greift der Roman auf ein raffiniertes Erzählverfahren zurück: Ihre Reise wird als eine Reihe kurzer E-Mail-Berichte wiedergegeben, die abwechselnd von ihm und von ihr geschrieben werden. Jedoch beschreibt er detailliert *ihre* Reise und sie *seine*, als ob eine Art mystische Kommunion die Reise koordiniert hätte. Als die beiden Ex-Liebenden sich schließlich treffen, ist es daher kein Wunder, dass ihr Wiedersehen in zeitlosen Begriffen wiedergegeben wird, als ein Moment der Ewigkeit: Die Lücke von zwanzig Jahren zu ihrem letzten Treffen verschwindet einfach. Es ist, als ob die beiden Liebenden einen Punkt der Ewigkeit betreten hätten, in dem Vergangenheit und Gegenwart sich direkt überlappen.

Die Geschichte endet mit einem hübschen Dreh: Es entsteht ein neues Pärchen – nicht das von Jim und Mimi, sondern das von Ben Shepard, dem investigativen Journalisten, der Jim Grants Tarnung aufgedeckt hat, und Rebeccah Osborne, der Tochter von Jim und Mimi, die von einem aufrichtigen FBI-Agenten adoptiert worden ist. Obwohl es so scheinen könnte, als ob der Film der üblichen Hollywood-Formel folgen und ein Paar produzieren würde, klingt hier das Thema einer ethischen Probe an. Wer wird auf die Probe gestellt? Jim nicht und auch nicht Mimi (die auf ihrer Flucht nach Kanada ihr Boot wendet und in die Vereinigten Staaten zurückkehrt, um sich auszuliefern und Jim zu retten), sondern Ben selbst, der am Ende des Films entscheidet, die große Story über Rebeccah als Tochter von Jim und Mimi nicht zu veröffentlichen, und damit beweist, dass er sie verdient hat.

Die Mobilisierung der Familie dient daher als ein Lückenfüller, der es dem Film (und uns Zuschauern) ermöglicht, das heikle Thema der Gewalt und ihrer Rechtfertigung oder ihrer Unzumutbarkeit zu umgehen. Es ist klar, dass eine rücksichtslose und völlige Hingabe an einen gewalttätigen »terroristischen« Kampf in einem Land unter Besatzung oder Diktatur auf vernünftige Weise legitimiert werden könnte – wenn zum Beispiel ein Kämpfer der französischen Résistance im Zweiten Weltkrieg seinen Kollegen erzählt hätte, dass er den Kampf gegen die Deutschen verlassen werde, da er in einer Familie aufgewachsen sei und ihm seine Verantwortung gegenüber der Familie klargeworden wäre, dann wäre sein Schritt weit davon entfernt, ethisch selbsterklärend zu sein. In einer bekannten Stelle aus *Der Existentialismus ist ein Humanismus* entfaltet Sartre das Dilemma eines jungen Manns im Frankreich von 1942, der hin- und hergerissen ist zwischen der Pflicht, seiner einsamen und kranken Mutter zu helfen, und der Pflicht, der Résistance beizutreten und die Deutschen zu bekämpfen. Es gibt auf dieses Dilemma keine Antwort a priori: Der junge Mann muss die volle Verantwortung für seine Entscheidung übernehmen. Es ist nicht so, dass die Überzeugung Vorrang genießen würde und die Wahl familiärer Verpflichtungen einem moralischen Betrug gleichkäme. Es ist ein echtes Dilemma, und es gibt keinen Ausweg, Verletzungen zu vermeiden.

Aus *Malttukbakgi*

Wo stehen wir nun heute? Vielleicht stehen wir gar nicht, sondern lehnen uns nur auf bestimmte Weise nach vorne. In der Nähe des Kindermuseums in Seoul gibt es eine verrückte Skulptur, die dem Nichteingeweihten nur als Inszenierung einer extremem Obszönität erscheinen kann. Sie stellt eine Reihe von Jungen dar, die sich hintereinander vornüberbeugen und ihren Kopf jeweils in das Rektum des

Vordermanns stecken; ein weiterer Junge steht mit nacktem Bauch vor der Schlange und hat den Kopf des ersten nach vorn gebeugten Jungen zwischen den Beinen. Wenn wir uns fragen, wovon das handelt, werden wir darüber informiert, dass diese Skulptur ganz einfach *malttukbakgi* zeigt, ein lustiges Spiel, dass die koreanischen Jungen und Mädchen bis zur Oberschule spielen. Es gibt zwei Mannschaften; Mannschaft A besteht aus einer Person, die sich gegen eine Wand lehnt, und dem restlichen Team, die alle ihre Köpfe in die Gegend von jemandes Schritt oder Hintern stecken, um etwas zu bilden, was wie ein langes Pferd aussieht. Mannschaft B springt dann, einer nach dem

anderen, mit so viel Kraft wie möglich auf das menschliche Pferd. Wenn jemand aus einem Team zu Boden geht, dann hat das Team verloren.

Ist diese Skulptur nicht eine perfekte Metapher für uns normale Menschen, für unser Dilemma im heutigen globalen Kapitalismus? Unser Blick ist auf das beschränkt, was wir mit unserem Kopf sehen, der im Hintern eines Typen vor uns steckt, und unsere Idee davon, wer unser Herr und Meister ist, ist der Typ am Anfang der Reihe, dessen Penis und/oder Eier vom ersten Typ in der Reihe anscheinend geleckt werden – aber der wahre Herr und Meister ist für uns unsichtbar derjenige, der ungehindert auf unseren Rücken springt, die autonome Bewegung des Kapitals.

Es gibt ein wunderbares schottisches Verb, *tartle*, was den peinlichen Moment bezeichnet, wenn ein Sprecher vorübergehend einen Namen vergessen hat (in einem Gespräch für gewöhnlich der Name seines oder ihres Partners), und das Verb wird verwendet, um die vorübergehende Verlegenheit zu vermeiden, wie in »Verzeihung, ich habe hier einen Moment lang *getartelt*«. Haben nicht wir alle in den letzten Jahrzehnten getartelt und den Begriff »Kommunismus« vergessen, um den äußersten Horizont unserer emanzipatorischen Kämpfe zu bezeichnen? Es ist an der Zeit, sich wieder voll und ganz an dieses Wort zu erinnern.

Das vorliegende Buch könnte auch den Anschein erwecken zu tartlen, so wie es von unserer schuldengetriebenen Wirtschaft zum Kampf um die Kontrolle des Cyberspace springt, von den Sackgassen des Arabischen Frühlings zur Sinnlosigkeit des Anti-Eurozentrismus, vom Druck des Über-Ichs der Ideologie zur zweideutigen Rolle der Gewalt in unseren Kämpfen. Keine einheitliche Idee liegt diesem *bric-à-brac*, diesem Tand zugrunde, nichts wie Negris »Multitude« oder Pikettys »schröpft die Reichen«, um die Analysen des Buchs auf eine klare politische Strategie auszurichten. Der Autor hofft dennoch, dass der aufmerksame Leser unter den vielen Themen den kommunistischen Horizont erkennen wird.

Kommunismus ist heute nicht der Name für eine Lösung, sondern der Name *eines Problems*, des Problems der *Commons*, der Allmende, in all seinen Dimensionen – der Commons der Natur als Grundlage unseres Lebens, des Problems unserer biogenetischen Commons, des Problems unserer kulturellen Commons (»geistiges Eigentum«), und zu guter Letzt der Commons als universellen Raums der Humanität, aus dem niemand ausgeschlossen werden sollte. Was immer auch die Lösung sein mag, sie wird mit *diesen* Problemen zurechtkommen müssen. Deshalb muss, wie Alvaro García Linera es einmal ausgedrückt hat, unser Horizont kommunistisch bleiben – Horizont nicht als unerreichbares Ideal, sondern als ein Raum von Ideen, in dem wir uns bewegen.

Anmerkungen

Einleitung – Getrennt sind wir stark!

1 »That's paradise / while arms entwine and lips are kissing / but if there's something missing / that signifies / trouble in paradise.«

2 Aaron Schuster, »Die Komödie in Zeiten der Sparsamkeit«, in: *Neue Rundschau*, Heft 4, 2013, S. 39 und 45.

3 James Harvey, *Romantic Comedy in Hollywood: From Lubitsch to Sturges*, New York: Da Capo 1987, S. 56.

4 G. K. Chesterton, »Eine Verteidigung der Kriminalgeschichte«, in: Ders., *Verteidigung des Nonsense. Skizzen*, Leipzig u. a.: Kiepenheuer 1991, S. 106 f.

5 http://th-rough.eu/writers/bifo-eng/journey-seoul-1.

6 Wir sollten trotzdem nicht vergessen, *dass es keine »normale« Zeit für die Modernisierung gibt*: Modernisierung kommt nie zur rechten Zeit, sondern ereignet sich immer »zu schnell« als traumatischer Bruch.

7 Siehe Stacey Abbott, *Celluloid Vampires: Life After Death in the Modern World*, Austin: University of Texas Press 2007.

8 Richard Taruskin, »Prokofiev, Hail … and Farewell?«, *New York Times*, 21. April 1991.

9 Zit. n. B. R. Myers, *The Cleanest Race*, New York: Melville House 2011, S. 6. Es ist schwierig, sich folgenden Kommentars zu enthalten: Was, wenn der Vater nicht der Ehemann ist?

10 Jacques-Alain Miller, »The Phallus and Perversion«, in: *Lacanian Ink* 33, S. 23.

11 Jacques-Alain Miller, »The Logik of the Cure«, in: *Lacanian Ink* 33, S. 19.

12 Jacques-Alain Miller, »The Phallus …«, a. a. O., S. 28.

13 Zit. n. http://www.theatlantic.com/magazine/archive/2004/09/mother-of-all-mothers/3403/.

14 Myers, *Cleanest Race*, a. a. O., S. 8.

15 Sind also – um es direkt zu sagen – Nordkoreaner inzestuöse Psychotiker, die den Eintritt in die symbolische Ordnung verweigern? Die Antwortet lautet: nein. Warum? Aufgrund des Abstands zur symbolischen Ordnung selbst, der sich sogar in den offiziellen ideologischen Texten fortsetzt. Das heißt, dass selbst Nordkoreas offizieller ideologischer Diskurs (»Text«, wie Myers ihn nennt) sich nicht direkt an der Vergöttlichung des Führers beteiligt; stattdessen wird die Vergöttlichung elegant den »naiven« westlichen Besuchern zugeschrieben, die von der Weisheit des Führers fasziniert sind: »Während der Text gerne die amüsierte Aufmerksamkeit von Ausländern auf sich zieht, einschließlich Amerikaner und Südkoreaner, die Kim Il Sung vermeintlich als göttliches Wesen betrachten, stellt er solche Behauptungen über sich selbst nie auf.« (Myers, *Cleanest Race*, S. 111) Ist dies nicht ein klarer Fall eines »Subjekts, dem zu glauben unterstellt wird«, des naiven Anderen, auf den unser eigener Glaube übertragen wird? In ähnlicher Weise sollte die Tatsache, dass in nordkoreanischen Schulbüchern der Führer (Kim Il Sung, Kim Jong Il …) als Person präsentiert wird, dessen Körper so rein ist, dass er nicht scheißen muss, nicht als ideologischer Wahnsinn abgetan werden, da

sie nur die Logik der »zwei Körper des Königs« auf die Spitze treibt: Nordkoreaner sind keine Psychotiker, die »tatsächlich glauben, dass ihr Führer nicht scheißt«, sie sind nur der Auffassung, dass das Scheißen nicht Teil des erhabenen Körpers des Führers ist.

1 Diagnose – *Hors d'œuvre?*

1 Charles Dickens, »Eine Geschichte von zwei Städten«, http://gutenberg.spiegel.de/buch/eine-geschichte-von-zwei-stadten-7744/3.

2 http://www.spectator.co.uk/the-week/leading-article/878998I/glad-tidings/.

3 Matt Ridley, *Wenn Ideen Sex haben*, München: Deutsche Verlagsanstalt 2011.

4 Steven Pinker, *Gewalt. Eine neue Geschichte der Menschheit*, Frankfurt am Main: S. Fischer 2011.

5 Fredric Jameson, *Representing Capital*, London: Verso Books 2011, S. 149.

6 Fredric Jameson, *Valences of the Dialectic*, London: Verso Books 2009, S. 580 f.

7 Jameson, *Representing Capital*, a. a. O., S. 149.

8 Jameson, *Valences of the Dialectic*, a. a. O., S. 580.

9 Die faktische Zersplitterung – oder eher »Kongoisierung« – Libyens nach der französisch-britischen Intervention (das Land setzt sich nun aus von lokalen bewaffneten Gruppen beherrschten Territorien zusammen, die das Öl direkt an ihre Kunden verkaufen) weist darauf hin, dass der Kongo keine Ausnahme mehr ist: Eine Strategie des heutigen Kapitalismus, der eine stabile Versorgung mit billigen Rohstoffen ungehindert

durch eine Staatsmacht benötigt, besteht darin, die Zersplitterung von Staaten aufrechtzuerhalten, die mit dem Fluch reicher Rohstoffvorkommen belegt sind.

10 Carlo Vercellone, »The Crisis of the Law of Value and the Becoming-Rent of Profit«, in: Fumagalli/Mezzadra (Hg.), *Crisis in the Global Economy*, Los Angeles: Semiotext(e) 2010, S. 88.

11 André Gorz, *L'immatériel*, Paris: Galilee 2005, S. 55.

12 Vercellone, »The Crisis of the Law of Value«, S. 117.

13 Ibid., S. 86.

14 Wang Hui, »Debating for Our Future: Intellectual Politics in Contemporary China« (vom Autor zur Verfügung gestelltes Manuskript).

15 Ibid.

16 Karl Marx, *Das Kapital*, Band 1, Berlin (DDR): Dietz Verlag 1962, S. 168.

17 Ibid., S. 152.

18 Das »comme d'habitude« im französischen Original bezieht sich natürlich nicht auf »wie gewöhnlich« als leeres Ritual verstanden, sondern auf ein persönliches alltägliches Ritual, das genau den Kern meiner Persönlichkeit zum Ausdruck bringt und in diesem Sinne für das »my way« steht. Das unterläuft aber keinesfalls den Bezugspunkt beider Versionen des Liedes – allenfalls macht es deutlich, dass das französische »comme d'habitude« in authentischerer Weise persönlich ist als das amerikanische »my way«, das in der Regel den leeren konformistischen Individualismus evoziert. Gilt außerdem nicht dasselbe für eine Gesellschaft? Die allgemeine Krankenversicherung ist »unser Weg«, Solidarität zu üben, und nicht einfach eine graue, unpersönliche rechtliche Regulierung.

19 So lautete der Titel eines Editorials der *New York Times* vom 11. Dezember 2012.

20 Zit. n. *Der Spiegel*, 6. August 2012.

21 Zit. n. Luciano Canfora, *Critica della retorica democratica*, Roma – Bari: Laterza 2011, S. 33.

22 Siehe Paul Goble, »Window on Eurasia: Andropov Wanted to Do Away with National Republics«, online unter http://windowoneurasia2.blogspot.com/2012/11/window-on-eurasia-andropov-wanted-to-do.html.

23 Als Warren Buffett sich darüber empörte, dass er – der drittreichste Mann der Welt – weniger Steuern zahlt als seine Sekretärin, versuchte einer seiner Kritiker und Verfechter des freien Markts diesen Tatbestand in folgender Weise zu rechtfertigen: Die Sekretärin zahlt ihre Steuern auf ihr stabiles und garantiertes Einkommen, während Buffett sein Geld mit riskanten Investitionen verdient, so dass er einen niedrigeren Steuersatz als Ausgleich für seine Risiken erhält. Das Problem bei dieser Logik ist, dass sie das Offensichtliche vergisst: Ja, Buffett nimmt mit seinen Investitionen Risiken auf sich, aber den Ausgleich erhält er bereits mehr als reichlich durch seinen Profit.

24 Maurizio Lazzarato, *Die Fabrik des verschuldeten Menschen. Ein Essay über das neoliberale Leben*, Berlin: b_books 2012.

25 Ibid., S. 87 f.

26 Ich stütze mich hier auf Lazzaratos Theorie über Martin O'Shaughnessy – siehe http://lafranceetlacrise.org/2012/08/23/lazzarato-and-the-government-power-of-debt-la-fabrique-de-lhomme-endette-or-the-making-of-the-indebted-man.

27 Karl Marx, *Das Kapital*, Band 1, Berlin (DDR): Dietz Verlag 1962, S. 191.

28 Eine solche Verwendung des Begriffs »Unternehmer« ist folglich ein beispielhafter Fall für das, was Hegel »abstrakte Allgemeinheit« nennt. Was bedeutet abstrakte Allgemeinheit? Es ist die Abstraktion von einem spezifischen Inhalt, die eine wesentliche Unterscheidung tilgt, die für diese Abstraktion selbst konstitutiv ist. Man kann beispielsweise Diäthalten und Hungern als Arten derselben Gattung verstehen: weniger als nötig zu essen. Beides zu vergleichen ist allerdings in sich eine Obszönität, die u.a. in einem Bericht in der *New York Times* mit dem Titel »The Mental Strain of Making Do With Less« zum Ausdruck kommt: »Diäten verringern nicht nur das Gewicht, sie können auch geistige Fähigkeiten verringern. In anderen Worten, Diäthalten kann einen dümmer machen. Zu verstehen, warum das so ist, könnte helfen, eine ganze Reihe von Erfahrungen zu erhellen, einschließlich derjenigen, die denkbar weit von freiwilliger Kalorienreduktion entfernt ist, nämlich der Qualen absoluter Armut. [...] Vielleicht ist das Problem weniger die Armut, sondern die geistige Belastung, die Armut jedem auferlegt, der sie erleiden muss.« (Sendhill Mullainathan, *New York Times*, 21. September 2013)

29 http://www.operone.de/libretto/mozaclde.html.

30 Ibid.

31 Man konnte dieselbe Situation in staatssozialistischen Regimen beobachten: Wenn Stalin in einer mythischen Szene der Sowjet-Hagiographie bei einem Spaziergang durch die Felder einen Fahrer trifft, dessen Traktor liegengeblieben ist, und ihm mit klugen Ratschlägen beim Reparieren hilft, bedeutet dies gewissermaßen, dass nicht einmal ein Traktor im staatssozialistischen Wirtschaftschaos normal funktioniert.

32 Peter Buffett, »The Charitable-Industrial Complex«, *New York Times*, 26. Juli 2013.

33 Peter Sloterdijk, *Zorn und Zeit*, Frankfurt am Main: Suhrkamp 2006, S. 55.

2 Cardiognosis – *Du jambon cru?*

1 Alenka Zupančič, »When I Count to Ten, You Will Be Dead …«, *Mladina-Alternative*, Ljubljana 2013, S. 31.

2 Jaron Lanier, *Wem gehört die Zukunft?*, Hamburg: Hoffmann und Campe 2014.

3 Siehe Alain Badiou und Jean-Claude Milner, *Kontroverse*, Wien: Turia und Kant 2014.

4 Zit. n. http://krugman.blogs.nytimes.com/2013/06/17/1984-hungarian-edition/?_r=o.

5 Ibid.

6 Karl Marx/Friedrich Engels, *Zur Kritik der Hegelschen Rechtsphilosophie*, in: *Werke*, Band 1, Berlin (DDR): Dietz Verlag 1976, S. 382.

7 Ibid., S. 381.

8 Persönliche Information von Engin Kurtay, Istanbul.

9 Zit. n. Bein Stein, »In Class Warfare, Guess Which Class Is Winning«, *New York Times*, 26. November 2006.

10 Die Haltung gegenüber der Realität, die diesem Thema zugrunde liegt, wird in der sogenannten »Hohlwelttheorie« auf die Spitze getrieben (der einigen Quellen zufolge selbst Hitler anhing): Die Idee ist, dass wir Menschen auf der inneren Oberfläche einer hohlen runden Welt leben, einem gigantischen runden Loch in der endlosen Masse von ewigem Stein und Eis, mit der Sonne als unbewegliches Gestirn im Mittelpunkt

des Lochs. (Wie können wir dann Sonnenaufgang und -untergang erklären? Die Verfechter dieser Hypothese entfalteten unglaublich komplexe Theorien von gedrehten Lichtstrahlen.)

11 Zwei Jahre später wurde eine ähnliche Geschichte in Michael Andersons *Flucht ins 23. Jahrhundert* [*Logan's Run*] erzählt, wo eine hedonistische Gesellschaft in einer großen Blase lebt und es für erwiesen ansieht, dass es außerhalb ihrer kein Leben gibt.

12 Siehe Peter Sloterdijk, *Im Weltinnenraum des Kapitals. Für eine philosophische Theorie der Globalisierung*, Frankfurt am Main: Suhrkamp 2005.

13 Ibid., S. 26.

14 Ibid., S. 79.

15 Ibid., S. 267 f.

16 Ibid., S. 268.

17 Siehe http://reuters.com/article/2013/12/01/us-italy-fire-idUSBRE9BooED20131201.

18 Zit. n. http://www.nbcnews.com/news/other/deadly-factory-fire-highlights-near-slavery-conditions-italy-fsD11681836.

19 Louis Nayman, »Lincoln: Better Off Undead«, in: *These Times*, 15. November 2012.

20 Ibid.

21 Ibid.

22 In seinem Vortrag bei der Konferenz »Global Capitalism and the New Left« in Istanbul, 11.–12. Oktober 2013.

23 Peter Sloterdijk, *Kritik der zynischen Vernunft*, Band 1, Frankfurt am Main: Suhrkamp 1981, S. 37.

24 Karl Marx, *Die Klassenkämpfe in Frankreich 1848 bis 1850*, in: Ders., *Ausgewählte Schriften in zwei Bänden*, Band 1, Berlin (DDR): Dietz Verlag 1985, S. 59.

25 Ibid.

26 Siehe Robert Proctor und Londa Schiebinger (Hg.), *Agnotology: The Making and Unmaking of Ignorance*, Stanford: Stanford University Press 2008.

27 Zit. n. http://boston.com/news/nation/articles/2008/01/21/kings_complexity_often_ignored/.

28 Ibid.

29 Ibid.

30 Gerard Wajcman, »Intimate Extorted, Intimate Exposed«, *Umbr(a)*, 2007, S. 47.

31 Siehe http://www.haaretz.com/blogs/routine-emergencies/why-ultra-orthodox-men-wearing-modesty-glasses-is-a-fabulous-idea-1.457453.

32 Siehe Sergio González, *The Femicide Machine*, Los Angeles: Semiotext(e), 2012.

33 Siehe Wally T. Opal (Polizeipräsidentin von British Columbia): *Forsaken: The Report of the Missing Women Commission of Inquiry, 19. November 2012*, online verfügbar unter www.ag.gov.bc.ca/public-inquiries/docs/Forsaken-ES.pdf.

34 Überraschenderweise tritt diese obszöne Kehrseite des Gesetzes auch in Selbsthilferatgebern zutage. Die grundlegende Haltung wird am besten vom Titel eines neueren Bestsellers von Phil McGraw, *Self Matters* [deutscher Titel: *Authentisch leben – aber wie?*], zusammengefasst, in dem er uns lehrt, »dein Leben von vorne bis hinten zu erschaffen«; seine logische Ergänzung findet sich in Büchern mit Titeln wie *How to Disappear Completely* [auf Deutsch etwa: Wie man vollständig verschwindet] – Ratgeber darüber, wie man alle Spuren seiner vorherigen Existenz tilgt und sich selbst »neu erfindet«. Doug Richmonds *How to Disappear Completely*

and Never Be Found (Secausus: A Citadel Press Book 1999) gehört zu der Reihe von »How-to«-Ratgebern, die ein erfrischend obszönes Double »offizieller« Ratgeber zu diejenigen von Dale Carnegie bilden; Bücher, die in direkter Weise unsere öffentlich nicht akzeptablen Wünsche ansprechen – andere Titel dieser Reihe sind beispielsweise *Cheaters Always Prosper, Advanced Backstabbing and Mudslinging Techniques, Revenge Tactics, Spying on Your Spouse* etc. Diesen Beispielen ist ihre direkte Vermarktung der Kehrseite des Gesetzes, von geheimen, transgressiven Wünschen gemeinsam.

35 In strikt entsprechender Weise wollen zionistische Verteidiger der israelischen Politik uns wissen lassen, dass sie die Medien kontrollieren (Fernsehen und Presse) und zu viel Kritik an Israel darin verhindern. Während wir das zwar wissen dürfen (um die Macht der Zionisten zu fürchten), dürfen wir nicht öffentlich darüber reden – sobald wir es tun, werden wir des Antisemitismus bezichtigt.

36 Eine weitere zynische Strategie besteht darin, den Feind zu beschuldigen: Die katholische Kirche der USA bezog sich auf eine Studie, deren vermeintliches Ergebnis war, es sei die sexuelle Freizügigkeit der 1960er Jahre, die für die weitverbreitete Pädophilie verantwortlich zu machen sei.

37 Zit. n. www.siol.net/slovenija/novice/2010/04/rode_za_vecernji_list.aspx.

38 Ibid.

39 Gilbert Keith Chesterton, *Orthodoxie*, Frankfurt am Main: Eichborn 2001, S. 291.

40 Was man für gewöhnlich von Theoretikern hört, ist ein privates Eingeständnis, dass dies – selbstverständ-

lich – widersprüchlich sei, aber dass ein derartiges widersprüchliches ideologisches Gebäude *funktioniere*, und zwar auf spektakuläre Weise: Es sei der einzige Weg, schnelles Wirtschaftswachstum und Stabilität in China zu gewährleisten. Müssen wir hinzufügen, dass dies »privater Gebrauch der Vernunft« in Reinform ist?

41 Siehe »Even What's a Secret is a Secret in China«, *Japan Times*, 16. Juni 2007, S. 17.

42 Shakespeare, *Der Kaufmann von Venedig*, in: Ders., *Gesammelte Werke*, Frankfurt am Main: Zweitausendeins 2007, S. 164.

43 Ich verdanke diesen Gedanken Udi Aloni.

44 http://news.yahoo.com/australian-court-oks-logo-ban-cigarette-packs-004107919–finance-html.

45 Charles Rosen, *Schoenberg*, London: Fontana/Collins 1975, S. 77.

46 Jean Laplanche, *Problématiques I: L'angoisse*, Paris: PUF 1975, S. 77.

47 Sigmund Freud, »Dostojewski und die Vatertötung«, in: Ders., *Studienausgabe, Band X, Bildende Kunst und Literatur*, Frankfurt am Main: S. Fischer 2000, S. 282 f.

48 Jacques Derrida, *Préjugés: Vor dem Gesetz*, Wien: Passagen Verlag 1992, S. 51 f.

49 Umweltaktivisten betonen, wie die Einführung fremder Arten in ein spezifisches Ökosystem dieses in verhängnisvoller Weise aus dem Gleichgewicht bringen kann; ein neues Raubtier, das die lokalen Tierarten frisst, stört den gesamten Lebenszyklus, eine neue Pflanze erstickt andere Pflanzenarten und zerstört die gesamte Nahrungskette etc. Aber die Haupteindringlinge sind wir Menschen, deren explosive Vermehrung

alle Ökosysteme vernichtet, so dass die Natur neue fragile ökologische Gleichgewichte herstellen muss.

50 Zit. n. www.siol.net/slovenija/novice/2010/04/rode_za_vecernji_list.aspx.

3 Prognosis – *Un faut-filet, peut-être?*

1 Friedrich Nietzsche, *Ecce Homo*, zit. n. http://gutenberg.spiegel.de/buch/ecce-homo-7354/4.

2 Verfügbar u.a. in der Aufnahme seines berüchtigten Moskauer Konzerts 1949 (Russian Revelation, RV 70004) mit einer kurzen, von Robeson selbst gesprochenen Einführung in perfektem Russisch.

3 »… you gets a little drunk, an' you land in jail. But I gets weary, and sick of tryin', I'm tired of livin', and scared of dyin'. But ol' man river, he just keeps rollin' along.«

4 »… you show a little grit, an' you lands in jail. But I keeps laughin', instead of cryin', I must keep fightin', until I'm dyin'. And ol' man river, he'll just keep rollin' along.«

5 Siehe Paul Fussell, *The Great War and Modern Memory*, Oxford: Oxford University Press 2000.

6 Ich beziehe mich hier auf Paul Fussell, *The Great War*.

7 Diese Idee wurde übrigens in einer berühmten Szene aus Hitchcocks *Der Auslandskorrespondent* [Originaltitel: *Foreign Correspondent*] aufgegriffen. Die Guten, die einen Nazi-Spion verfolgen, befinden sich in einer idyllischen holländischen Landschaft mit Windmühlen. Alles wirkt friedlich, und es gibt keine Spuren des Spions, als einer von ihnen etwas Seltsames bemerkt, das die malerische Szene ent-naturalisiert. Er ruft: »Schaut

euch die Windmühle an! Warum dreht sie sich entgegen der Windrichtung?«, und die idyllische ländliche Szenerie verliert ihre Unschuld und lädt sich semiotisch auf.

8 Matthew Shadle, »Theology and the Origin of Conflict: The Shining Path Insurgency in Peru«, *Political Theology*, Vol. 14, Nr. 2 (2013), S. 293.

9 Ibid.

10 Ibid., S. 295.

11 Weit davon entfernt, sich an den Rändern Europas aufzuhalten, traten die Juden im 20. Jahrhundert als eine Art all-europäischer *Ur-Vater* [dt. im Original], der Anführer der prä-ödipalen Bande, hervor. Genau wie in Freuds Mythos über den Mord am Ur-Vater wurden sie gemeinschaftlich von Europäern ermordet (mit dem Holocaust als dem endgültigen Verbrechen), um dann wieder als die Über-Ich-Instanz aufzutauchen, die alle Europäer zu Schuldigen macht.

12 In seinem Vortrag beim vierten Treffen zu »Die Idee des Kommunismus« in Seoul, 27.–29. September 2013.

13 Im Gegensatz zu dem, was man erwarten würde, bringt die Betonung der Klassenpolitik nicht zwingend »Totalitarismus« mit sich. Die kommunistische Volksfrontpolitik (Stalin in den 1930er Jahren, Mao in den 1940er Jahren) war anscheinend »offener« und trat für eine vereinte Front aller progressiven Kräfte ein, einschließlich der »patriotischen Bourgeoisie«, unter Ausschluss der Verräter. Es stellt ein Paradox dar, dass eine solche »offene« Politik tatsächlich viel »totalitärer« war: In protofaschistischer Weise stellte sie die nationale Einheit her, die Überwindung der »sektiererischen« Klassenunterscheidungen, zum Preis jedoch der Dämonisierung

und des Ausschlusses des Feindes aus dem Staatskörper. Dieser Feind ist nicht nur ein Klassenfeind, sondern ein Verräter, dessen Ermordung allein nationale Harmonie garantieren kann (wie die Juden für die Faschisten).

14 Diejenigen, die behaupten, dass die Arbeiterklasse verschwindet, haben bis zu einem gewissen Grad recht – sie verschwindet aus unserem Blick. Es gibt eine neue Arbeiterklasse, die überall um uns herum entsteht, von den Vereinigten Arabischen Emiraten bis Südkorea, eine nomadische Klasse unsichtbarer migrantischer Arbeiter, von ihrer Heimat und ihren Familien getrennt, die in isolierten Schlafstätten an den Rändern wohlhabender Städte hausen, mit fast keinen politischen oder gesetzlichen Rechten, keiner Gesundheitsversorgung und ohne Rentenansprüche. Sie zu mobilisieren und zu befähigen, sich an einem emanzipatorischen Kampf zu beteiligen, wäre ein wahrhaft politisches Ereignis.

15 In einer Debatte im Rahmen des vierten Treffens zu »Die Idee des Kommunismus« in Seoul, 27.–29. September 2013.

16 Zitiert aus http://www.zionism-israel.com/ezine/New_Antizionism.htm.

17 Jane Perlez/Pir Zubair Shah, »The Taliban Exploit Class Rifts to Gain Ground in Pakistan«, *New York Times*, 16. April 2009.

18 John Caputo/Gianni Vattimo, *After the Death of God*, New York: Columbia University Press 2007, S. 113.

19 Der Stalinismus war alles andere als ein eindeutiges Beispiel für einen starken Staat – in einer seltsamen dialektischen Wendung zu »organlosen Körpern« bemerkte Stalin einmal, dass der Staat während des Auf-

baus des Sozialismus verschwinden würde in ebenjenem Prozess der Stärkung seiner Organe (mit denen er selbstverständlich vor allem den Apparat der Geheimpolizei meinte).

20 In seinem berühmten Vorwort zu *Beitrag zur Kritik der politischen Ökonomie* schrieb Marx (in seiner schlimmsten evolutionären Art), dass die Menschheit sich nur Aufgaben auferlegt, die sie auch zu lösen vermag. Man ist versucht, diese Aussage umzudrehen und zu behaupten, dass die Menschheit sich in der Regel Aufgaben auferlegt, die sie nicht lösen kann, und dabei einen unvorhersehbaren Prozess auslöst, in dessen Verlauf die Aufgabe (das Ziel) selbst neu definiert wird.

21 John Caputo/Gianni Vattimo, *Death of God*, a.a.O., S. 124f.

22 Vgl. seinen Artikel »A Loving Attack on Caputo's ›Caputolism‹ and his Refusal of Communism«, in: *Political Theology*, Vol. 14, Nr. 3, 2013.

23 Ayn Rand, *Der Streik*, München: Verlag Kai M. Mohn 2012, S. 452.

24 Marx, *Das Kapital*, Band 1, a.a.O., S. 86.

25 Zufällig weiß man nicht, auf wen sich »es ist gesagt worden« bezieht – ist es ein bestimmtes Individuum oder nur ein Verweis auf eine allgemeine Weisheit?

26 In der Logik und der Urteilstheorie finden wir manchmal ein ähnliches Paradox der Intransitivität: Wenn A besser als B ist und B besser als C, folgt daraus nicht immer, dass A besser als C ist – wenn man A und C direkt vergleicht, kann C als besser erscheinen. Es wäre zu einfach, dieses Paradox durch veränderte Kriterien zu erklären (wenn man auf alle Systeme schaut, wendet man eine Reihe von Kriterien an, aber wenn man

sie einzeln vergleicht, wird sich das Kriterium kaum wahrnehmbar verändern): In gewisser Weise muss das stimmen, aber der Punkt ist, dass diese Änderung immanent und nicht zufällig ist. Das heißt, die Änderung kann aufgrund der Differentialität der Merkmale geschehen: Vergleicht man beispielsweise die Schönheit dreier Menschen – A erscheint schöner als B und B schöner als C. Wenn wir aber A und C vergleichen, könnte es passieren, dass ein starker Kontrast in einem unwichtigeren Merkmal die Schönheit von A ruinieren wird, so dass A weniger schön als C erscheint.

27 www.reuters.com/article/2012/06/24/us-usa-campaign-healthcare-idUSBRE85No1M20120624.

28 www.dailypaul.com/170397/whos-afraid-of-ron-paul.

29 Rony Brauman, »From Phillanthropy to Humanitarianism«, *South Atlantic Quarterly* 103:2/3 (Frühjahr/Sommer 2004), S. 398 f. und 416.

30 G. K. Chesterton, »The Man Who Thinks Backwards«, http://www.online-literature.com/chesterton/2573, letzter Abschnitt.

31 Franco Bifo Berardi, *After the Future*, Oakland: AK Press 2011, S. 175. Ist aber diese Inkonsequenz wirklich ein neues Phänomen? Sind »langweilige Revolutionen« nicht Teil unserer Tradition, von den Bauernaufständen im Mittelalter bis zu den Chartisten? Im November 1914 drangen Emiliano Zapata und Pancho Villa mit ihren Truppen in Mexiko-Stadt ein – und gingen, nach ein paar Wochen des Debattierens, wieder nach Hause, weil sie im Grunde genommen nicht wussten, was sie mit ihrer Macht anfangen sollten.

32 Ibid., S. 176.

33 Ibid., S. 176.

34 Michael Hardt/Antonio Negri, *Multitude*, Frankfurt am Main/New York: Campus Verlag 2004, S. 373.

35 Ibid., S. 370.

36 Louis Althusser, *Philosophy of the Encounter*, London: Verso Books 2006, S. 37.

37 Siehe *»Accelerate«. The Accelerationist Reader*, hg. von Robin McKay und Armen Avanessian, Falmouth: Urbanomic 2014.

38 Bei all der wachsenden Bedeutung geistiger Arbeit sollten wir nicht die massive Auslagerung physischer Arbeit nach China, Indonesien usw. aus dem Blick verlieren – doch gestattet uns dieses globale Outsourcen materieller Arbeit wirklich, an der sogenannten »Arbeitswerttheorie« festzuhalten? Ist Wissen als ein Wertfaktor heutzutage keine Tatsache, eine Tatsache, die vor langer Zeit von Marx vorhergesagt worden ist?

39 Berardi, a. a. O., S. 177 f.

40 Ich beziehe mich hier auf Rowan Williams Vortrag »On Representation«, gehalten anlässlich des Kolloquiums *The Actuality of the Theologico-Political* an der Birkbeck School of Law am 24. Mai 2014 in London.

41 Jacques-Alain Miller, »Un réel pour le XXIe siècle«, in: Ders., *Un réel pour le XXIe siècle*, Paris: Scilicet 2013, S. 18.

42 Siehe T. J. Clark, »For a Left with No Future«, *New Left Review* 74 (März/April 2012).

43 Franco Bifo Berardi, »Die Menschheit erreicht ihr Ende« (auf Slowenisch), *Ljubljanski dnevnik*, 24. Mai 2014, S. 11.

44 Bertolt Brecht, *Werke*, Gesamtausgabe, Frankfurt am Main: Suhrkamp 1964, Bd. 12, S. 115 f.

45 Persönliche Mitteilung von Xenia Cherkaev.

46 Zitiert nach https://www.marxists.org/deutsch/archiv/lenin/1916/01/nationen.html.

47 Zit. n. Moshé Lewin, *Lenins letzter Kampf*, Hamburg: Hoffmann und Campe 1970, S. 69.

48 Zit. n. edition.cnn.com/2014/03/19/opinion/motyl-putin-speech.

49 Christopher Hitchens, *Arguably*, New York: Twelve 2011, S. 634.

50 Ibid., S. 635.

51 Ein weiteres Zeichen dieser immanenten Spannung ist die Tatsache, dass die protestierenden Massen in den letzten Tagen des Kommunismus oft die offiziellen Lieder, einschließlich der Nationalhymnen, sangen und damit die Machthaber an ihre unerfüllten Versprechen erinnerten. Was gab es 1989 Besseres für ostdeutsche Massen, als die DDR-Nationalhymne zu singen? Von den späten 1950er Jahren bis 1989 war es illegal, sie in der Öffentlichkeit zu singen, weil ihr Text »Deutschland einig Vaterland« nicht mehr zur Betonung von Ostdeutschland als einer neuen sozialistischen Nation passte. Bei offiziellen Anlässen wurde nur ihre Orchesterversion aufgeführt. Die DDR war daher ein einzigartiges Land, in dem das Singen der Nationalhymne eine kriminelle Handlung darstellte. Kann man sich das Gleiche unter den Nazis vorstellen?

52 Hitchens, a. a. O., S. 635.

53 V. I. Lenin, »Tagebuchblätter«, in: Ders., *Werke*, Band 33, Berlin (DDR): Dietz Verlag 1977, S. 448.

54 http://www.freehungary.hu/index.php/archives-new/1230-hungary-pm-orbans-scandalous-statements-at-a-forum-of-hungarian-business-leaders (eine deutsche Seite zitiert Ausschnitte aus der Rede: http://www.presseurop.eu/de/content/news-brief/2438011-viktor-orban-will-die-demokratie-ersetzten).

55 In einem anderen Zusammenhang habe ich mich auf diesen Fall bereits in *Was ist ein Ereignis?* bezogen.

56 Gilbert Keith Chesterton, *Orthodoxie. Eine Handreichung für die Ungläubigen*, Frankfurt am Main: Eichborn 2000, S. 260 und 262.

57 Entlang der gleichen Linie behaupten einige liberale Kritiker des Antisemitismus nicht nur, dass der Antisemitismus heutzutage vorwiegend von links kommt, sondern dass Antisemitismus auch von Beginn an Teil des kommunistischen Projekts gewesen sei. (Nur so viel sei erwähnt, dass die Mehrheit der Mitglieder von Lenins Politbüro in den ersten Jahren der Sowjetmacht jüdischer Herkunft waren – ein einmaliger Fall in der westlichen Welt. Was auch immer Lenin war, antisemitisch war er nicht.)

58 Ilja Ponomarjow, das einzige Mitglied der russischen Duma, das gegen den Anschluss der autonomen Republik Krim der Ukraine an sein Land gestimmt hat, hat eine gute Erklärung seines Votums vorgebracht: Er hat betont, dass Russland gute Gründe für seinen Anspruch auf die Krim hätte, er jedoch mit dem Vorgehen nicht einverstanden war, sie von der Ukraine zurückzunehmen. Das ist das Zentrum des Problems: Es geht nicht um Argumente und Rechtfertigungen von Ansprüchen (auf dieser Ebene zeigen alle Seiten ein doppeltes Gesicht: Der Westen, der die Abspaltung des Kosovo von Serbien unterstützt hat, widersetzte sich der Abspaltung der Krim; Russland, das für eine Volksabstimmung auf der Krim war, lehnt eine Volksabstimmung in Tschetschenien ab und so weiter). Was die Annexion der Krim problematisch macht, ist die Art und Weise, wie sie organisiert worden ist (unter

dem militärischen Druck Russlands), sowie die größere geopolitische Auseinandersetzung, die dahintersteht.

4 Epignosis – *J'ai hâte de vous servir*

1 Julien Gracq, *Das Ufer der Syrten*, Stuttgart: Klett-Cotta 1985, S. 284.

2 Kurz vor *Das Ufer der Syrten* schrieb Graq ein Drama (*Le roi pêcheur*), in dem er den Mythos von Parsifal mit einer originellen Wendung neu erzählt: In seiner Version versucht Amfortas Parsifal davon zu überzeugen, sich *nicht* dem Gral zu nähern, und warnt ihn davor, dass wenn man ihm zu nahe käme, die destruktive Seite des Grals aufgedeckt werde – am Ende des Dramas überzeugt er Parsifal, der das Schloss verlässt (Kundry ist hier diejenige, die Parsifal in Richtung Gral drängt). Das Ereignis – Parsifals Kontakt mit dem Gral und sein Ergreifen der königlichen Macht – findet daher niemals statt. (Darüber hinaus konzentriert sich Graq auf Amfortas' Wunde, die wiederholt in den Begriffen von Menstruationsblut beschrieben wird, als etwas Schmutziges, das zugleich mit dem Gral assoziiert ist, als ob es hier eine tiefere Verbindung – ja sogar eine Identität – zwischen beiden gebe.) Graq selbst verallgemeinert diese finale Wendung: »In den Büchern, die ich geschrieben habe, gibt es ein Element, das alle teilen: *Das Ereignis findet nie statt.*« (Julien Graq, Radiogespräch mit Gilbert Ernst am 12. Juli 1971, veröffentlicht in: *Cahier de L'Herne*, Nr. 20 (1972), S. 214.) Was passiert nun am Ende von *Das Ufer der Syrten*? Ein Ereignis oder ein Pseudoereignis?

3 Es ist erwähnenswert, dass Badiou in den frühen 1990er Jahren in einer Graq-ähnlichen Stimmung schrieb, dass ein Sieg Milošević' im nachjugoslawischen Krieg interessanter wäre als ein Sieg der ihm entgegengesetzten Kräfte – eine klare Präferenz für das nationalistische Pseudoereignis gegenüber dem nichtereignishaften Leben. Auf einer tieferen Ebene ist das Problem, dass Badiou die bloße Ordnung des Seins, der Ökonomie, als nichtereignishaft abtut.

4 Karl Marx/Friedrich Engels, Werke, Ergänzungsband, 1. Teil, Berlin (DDR): Dietz Verlag 1968, S. 512–515.

5 Siehe Kojin Karatani, *The Structure of World History*, Durham: Duke University Press 2014.

6 Friedrich Nietzsche, *Sämtliche Werke: Kritische Studienausgabe*, Bd. 2, *Menschliches, Allzumenschliches*, Berlin: Walter de Gruyter 1980, S. 678 f.

7 Friedrich Nietzsche, *Sämtliche Werke: Kritische Studienausgabe*, Bd. 10, *Nachgelassene Fragmente 1882–1884*, Berlin: Walter de Gruyter 1980, S. 529.

8 Karatani, a. a. O., S. 303.

9 Ich gebe hier in konzentrierter Form einen Gedankengang aus dem vorletzten Kapitel von *Das Jahr der gefährlichen Träume* wieder (Frankfurt am Main 2013).

10 Peter Sloterdijk, *Die nehmende Hand und die gebende Seite: Beiträge zu einer Debatte über die demokratische Neubegründung von Steuern*, Berlin: Suhrkamp 2010.

11 Vgl. Daniel H. Pink, *Drive: The Surprising Truth About What Motivates Us*, New York: Riverhead Books 2009.

12 Zitiert nach http://dotsub.com/view/e1fddf77-5d1d-45b7-81be-5841ee5c386e/viewTranscript/eng.

13 Karatani, a. a. O., S. 304.

14 Ich gebe hier eine Argumentationslinie aus dem zwei-

ten Zwischenspiel aus *Living In The End Times*, London: Verso Books 2010, wieder.

15 Immanuel Kant, *Zum ewigen Frieden. Ein philosophischer Entwurf*, in: Ders., *Werke in zwölf Bänden*, Band 11, Frankfurt am Main: Suhrkamp 1977, S. 215.

16 Zitiert nach http://www.aljazeera.com/indepth/opinion/2013/02/20132672747320891.html.

17 Frantz Fanon, *Schwarze Haut, weiße Masken*, Frankfurt am Main: Suhrkamp 1985, S. 161 ff.

18 Karl Marx/Friedrich Engels, *Werke*, Band 9, Berlin (DDR): Dietz Verlag 1960, S. 225.

19 Ibid., S. 128 und 132.

20 Karl Marx/Friedrich Engels, *Werke*, Band 6, Berlin (DDR): Dietz Verlag 1959, S. 168–175.

21 Karl Marx/Friedrich Engels, *Werke*, Band 35, Berlin (DDR): Dietz Verlag 1967, S. 280 f.

22 Ibid., S. 271.

23 Ibid., S. 272 f.

24 Zitiert nach http://www.aljazeera.com/indepth/opinion/2013/02/20132672747320891.html.

25 Chandra Bhan Prasad, ein führender Intellektueller der Dalit, feierte das Englische, indem er die »dalische Göttin des Englischen« salbte. Siehe http://www.openthemagazine.com/article/nation/jai-angrezi-devi-maiyya-ki. Diesen Hinweis verdanke ich meinem guten Freund S. Anand (Neu-Delhi).

26 Diesen Gedanken verdanke ich Saroi Giri, Neu-Delhi. Etwas Ähnliches können wir über das heutige China sagen: Es ist falsch zu behaupten, dass China vor der Wahl stehe, ein echtes kapitalistisches Land zu werden oder die kommunistische Herrschaft beizubehalten, die eine vollständige kapitalistische Entwicklung ver-

eitelt. Diese Wahl ist eine falsche: In China explodiert das kapitalistische Wachstum nicht trotz der kommunistischen Herrschaft, sondern wegen ihr, das heißt, weit entfernt davon, ein Hindernis für die kapitalistische Entwicklung zu sein, garantiert die kommunistische Herrschaft die besten Bedingungen für den ungehemmten Kapitalismus.

27 Riskieren wir ein weiteres extremes Beispiel einer solchen befreienden Wunde. Am 7. Oktober 2013 berichteten die Medien, eine »Baby-Fabrik« sei gerade in Indien eröffnet worden, wo Leihmütter die Babys westlicher Paare für ungefähr 8000 Dollar austragen würden. Die Fabrik, die von Doktor Nayna Patel erbaut worden ist, wird Hunderte von Leihmüttern in dem Multi-Millionen-Pfund-Komplex beherbergen, der auch einen Laden für Geschenke und Hotelzimmer für die Leute beinhaltet, welche die Neugeborenen abholen. Die Frauen würden die Babys gegen eine Gebühr produzieren, um der extremen Armut zu entkommen, und würden mit Sperma und Embryos versorgt, die per Kurier geschickt werden, während die kinderlosen Paare nur nach Indien kämen, um ihre neugeborenen Söhne oder Töchter mitzunehmen. Dr. Patel betrachtet ihre Arbeit als eine »feministische Mission«, um bedürftige Frauen mit Möchtegern-Müttern zusammenzubringen, die keine Kinder gebären können – zweifellos ein Statement von brutalem Zynismus. Könnten wir uns aber nicht trotzdem eine Situation vorstellen, in der das Verleihen einer Gebärmutter ganz bestimmt ein feministischer Akt der Solidarität sein könnte, der die traditionellen Begriffe substantieller Weiblichkeit herausfordert?

28 Was ist aber mit der gegenteiligen Erfahrung von unserer eigenen Sprache als provinziell, primitiv und von Pathologien privater Leidenschaften und Obszönitäten mit obskur klaren Beweisführungen und Ausdrücken gezeichnet? Bringt uns diese Erfahrung dazu, die universale Zweitsprache zu verwenden, um klar und frei zu denken? Ist das nicht die Logik der Ausbildung einer Nationalsprache, um die Vielfalt der Dialekte zu ersetzen?

29 Jacques Lacan, *Das Seminar Buch III: Die Psychosen*, Weinheim/Berlin: Quadriga 1997, S. 288.

30 Ibid.

31 George Orwell, *Der Weg nach Wigan Pier*, Zürich: Diogenes 1982, S. 154–157.

32 Eine bizarre Episode aus Chapmans Leben zeigt, dass ihm wohlbewusst war, was echtes Engagement bedeutet: 1887, als er Jurastudent war, griff er einen Mann an und verprügelte ihn, weil er seine Freundin Minna Timmins beleidigt hatte. Von Schuldgefühlen geplagt, bestrafte er sich für diese Tat, indem er seine linke Hand in ein Feuer hielt – und sich so schlimm verbrannte, dass sie amputiert werden musste.

33 John Jay Chapman, *Practical Agitation*, New York: Charles Scribner & Sons 1900, S. 63 f.

34 Bülent Somay, *L'Orient n'existe pas* (Doktorarbeit, Birkbeck School of Law, London 2013).

35 Als die westeuropäischen Staaten im Sommer 2013 die Präsidentenmaschine von Evo Morales auf ihrem Rückflug von Moskau nach Bolivien zur Landung zwangen, weil sie den Verdacht hegten, Edward Snowden sei dort auf seinem Weg ins bolivianische Exil versteckt, war der demütigendste Aspekt der Versuch der Europäer, ihre

Würde aufrechtzuerhalten: Anstatt offen zuzugeben, dass sie unter dem Druck der USA handelten, oder zu behaupten, dass sie einfach dem Gesetz folgten, rechtfertigten sie die Landung mit reinen Formalitäten und behaupteten, der Flug sei nicht richtig bei ihrer Flugsicherung registriert worden. Die Wirkung war kläglich – die Europäer wirkten nicht nur wie Knechte der USA, sondern wollten auch ihre Servilität verbergen, indem sie sich auf lächerliche Formalitäten beriefen.

36 Darauf hat Wendy Brown in einer öffentlichen Diskussionsrunde am Birkbeck College hingewiesen.

37 Was »direkte Demokratie« betrifft, so ist der Fall der Schweiz hier instruktiv. Sie wird häufig als »derjenige Staat auf der Welt, der der direkten Demokratie am nächsten kommt« gepriesen, doch gerade wegen dieser Form der »direkten Demokratie« (Volksabstimmungen, lokale Initiativen der Bevölkerung usw.) hat die Schweiz das Frauenwahlrecht erst 1971 eingeführt, erreichte sie das Verbot des Baus von Minaretten vor einigen Jahren, widerstand der Einbürgerung von eingewanderten Arbeitern und so weiter. Darüber hinaus weist auch die Organisation der Volksabstimmungen eine Besonderheit auf: Gemeinsam mit dem Zettel, auf dem man seine Entscheidung niederlegt, erhält jeder Abstimmende ein Faltblatt, welches den »Vorschlag« der Regierung enthält, wie man wählen sollte. Und man muss die Tatsche erwähnen, dass die Schweiz, dieses Modell direkter Demokratie, eines der untransparentesten Meinungsbildungsmechanismen kennt: Große strategische Entscheidungen werden von Räten fern einer öffentlichen Debatte und Kontrolle getroffen.

38 Alain Badiou/Elisabeth Roudinesco, »Appel aux psychanalystes. Entretien avec Eric Aeschimann«, *Le Nouvel Observateur*, 19. April 2012.

39 Persönliche Mitteilung vom April 2013.

40 Zitiert nach Nicolas Fleury, *Le réel insensé: Introduction à la pensée de Jacques-Alain Miller*, Paris: Germina 2010, S. 93 f.

41 Arthur Rimbaud, »Beweg-Grund«, in: Ders., *Illuminationen/Illuminations*, übertr. v. Rainer G. Schmidt, Basel: Urs Engeler 2004.

42 Saroj Giri, »Communism, Occupy and the Question of Form«, *Ephemera*, Vol. 13(3), S. 594.

43 Ibid., S. 595.

44 Ibid., S. 590.

45 Georg Wilhelm Friedrich Hegel, *Grundlinien der Philosophie des Rechts*, in: Ders., *Werke*, Band 7, Frankfurt am Main: Suhrkamp 1979, S. 239–241.

46 Karl Marx, Brief an Joseph Weydemeyer vom 5. März 1852, in Karl Marx/Friedrich Engels, *Werke*, Band 28, Berlin (DDR): Dietz Verlag 1963, S. 508.

47 Georg Wilhelm Friedrich Hegel, *Grundlinien der Philosophie des Rechts*, in: Ders., *Werke*, Band 7, Frankfurt am Main: Suhrkamp 1979, S. 390.

48 In Indien gibt es Tausende verarmte Intellektuelle, die bei etwas angestellt sind, was ironisch »Like-Farm« genannt wird: Sie werden (schlecht) dafür bezahlt, den ganzen Tag vor einem Computer zu sitzen und endlos den »Like-Button« auf Webseiten zu klicken, die den Besucher oder Kunden auffordern, »like« oder »dislike« für ein fragliches Produkt zu klicken. Auf diese Weise kann ein Produkt künstlich als sehr populär erscheinen und dadurch unwissende mögliche Kunden zum

Kauf verführen (oder zumindest Nachforschungen darüber anzustellen), indem sie der Logik folgen, »dass doch etwas daran sein muss, wenn so viele Kunden zufrieden damit sind«. So viel zur Seriosität von Kundenreaktionen. (Ich verdanke diesen Hinweis Saroj Giri, Neu-Delhi.)

49 Diese Information gab mir Shulamith Aloni, der als Bildungsminister in Rabins Regierung ebenfalls Teil der israelischen Delegation war.

Appendix: Nota bene!

1 Tyler O'Neil, »Dark Knight and Occupy Wall Street: The Humble Rise«, *Hillsdale Natural Law Review*, 21. Juli 2012, online unter http://hillsdalenaturallawreview.com/2012/07/21/dark-knight-and-occupy-wall-street-the-humble-rise.

2 R. M. Karthick, »The Dark Knight Rises a ›Fascist‹?«, *Society and Culture*, 21. Juli 2012, online verfügbar unter http://wavesunceasing.wordpress.com/2012/07/21/the-dark-knight-rises-a-fascist.

3 Charles Dickens, *Eine Geschichte von zwei Städten*, übers. von Carl Kolb, Gutenberg-Verlag, Hamburg, zit. nach http://gutenberg.spiegel.de/buch/eine-geschichte-von-zwei-stadten-7744/47.

4 Tyler O'Neil, a. a. O.

5 Christopher Nolan, Interview in *Entertainment* 1216 (Juli 2012), S. 34.

6 http://www.buzzinefilm.com/interviews/film-interview-dark-knight-rises-christopher-nolan-jonathan-nolan-07192012.

7 Karthick, a. a. O.

8 http://edition.cnn.com/2012/07/19/showbiz/movies/dark-knight-rises-review-charity/index.html?iref=obinsite.

9 Forrest Whitman, »The Dickensian Aspects of *The Dark Knight Rises*«, 21. Juli 2012, online unter http://www.slate.com/blogs/browbeat/2012/07/23/the_dark_knight_rises_inspired_by_a_tale_of_two_cities_the_parts_that_draw_from_dickens_.html.

10 Karthick, a. a. O.

11 Tom Hardy, der Schauspieler, der Bane verkörpert, hat in dem Film *Bronson* (2010) auch Charles Bronson/Michael Peterson gespielt, den legendären britischen Gefangenen, der für die Mischung aus Gewalt, Streben nach Gerechtigkeit und künstlerischem Sinn bekannt ist, was ihn Bane ähnlich macht.

12 Zitiert nach Jon Lee Anderson, *Che. Die Biographie*, München: Econ & List 1999, S. 558.

13 Che Guevara, *Schaffen wir zwei, drei, viele Vietnam*, zit. nach http://www.infopartisan.net/archive/1967/266738.html.

14 Søren Kierkegaard, *Der Liebe Tun*, Simmerath: Grevenberg Verlag Dr. Ruff & Co. 2003, S. 121.

15 Ein überragendes literarisches Beispiel für einen solchen »Mord aus Liebe« kommt in Toni Morrisons *Beloved* vor, wo die Heldin ihre Tochter umbringt, um zu verhindern, dass sie versklavt wird.

16 Man sollte die Ironie der Tatsache bemerken, dass Neesons Sohn ein hingebungsvoller Shia-Muslim ist und Neeson selbst oft über seine bevorstehende Konversion zum Islam spricht.

17 Ich beziehe mich hier auf eine Idee, die Srecko Horvat (Zagreb) entwickelt hat.

18 Für eine ausführlichere Analyse von *The Dark Knight* siehe das erste Kapitel von Slavoj Žižek, *Living in the End Times*, London: Verso Books 2010.

19 Ich lasse den Amoklauf im Aurora-Kino außer Betracht, der in keiner Weise ein schlechtes Licht auf den Film wirft.

20 Man sollte auch nicht davor zurückschrecken, sich eine alternative Version des Films auszudenken, ähnlich dem, was Ralph Fiennes mit *Coriolanus* gemacht hat: In seinem Film ist es so, als ob Coriolanus, offensichtlich in der heiklen Hierarchie von Rom fehl am Platz, erst jetzt zu dem wird, was er ist, erst jetzt seine Freiheit erlangt – und das Einzige, was er tun kann, um seine Freiheit zu bewahren, ist, sich den Volskern anzuschließen. Er tut das nicht einfach, um sich an Rom zu rächen, er schließt sich ihnen an, weil er dazugehört. Indem er sich den Volskern anschließt, betrügt Coriolanus Rom nicht aus einer kleinlichen Rache heraus, sondern bewahrt seine Integrität. Sein einziger Verrat geschieht am Ende, wenn er, anstatt die volskische Armee nach Rom zu führen, einen Friedensvertrag aushandelt und sich dem Druck seiner Mutter beugt, der Figur eines wahren bösen Über-Ichs. Deshalb kehrt er zu den Volskern zurück und ist sich völlig im Klaren, was ihn dort erwartet: die wohlverdiente Strafe für seinen Verrat. Wie wäre es also, sich einen Batman auszudenken, der sich Banes Truppen in Gotham City anschließt? Nachdem er ihnen dabei geholfen hätte, die Staatsmacht beinahe zu schlagen, bricht er zusammen, vermittelt einen Waffenstillstand und geht dann zurück zu den Rebellen, im Klaren darüber, dass er für seinen Verrat getötet werden wird.

Solche Experimente mit alternativen Versionen enthalten oft ein kritisch-ideologisches Potential. Die Prämisse von Mark Millars *Superman: Red Son* (DC Comics 2003) lautet, dass Superman in der Sowjetunion aufgewachsen ist; die Story (die alternative Versionen der DC-Superhelden mit alternativ-realen Versionen echter Politiker wie Stalin und Kennedy mischt) beginnt mit der Landung von Supermans Raumschiff auf einer ukrainischen Kolchose anstatt in Kansas, so dass Superman in sowjetischen Radiosendungen nicht als Kämpfer für »Wahrheit, Gerechtigkeit und den *american way*« beschrieben wird, sondern als »Vorkämpfer der einfachen Arbeiter, die einen endlosen Kampf für Stalin, den Sozialismus und die internationale Expansion des Warschauer Pakts führen«. Zeigt *Red Son* nicht den hübschen Fall einer Brecht'schen Verfremdung? Der verstörende Effekt der Landung von Supermans Raumschiff in der Sowjetunion, das spontane Gefühl, dass »hier etwas falsch ist«, dass Superman am falschen Platz gelandet ist, macht uns bewusst, wie fest die Figur von Superman im amerikanischen Ideologieuniversum verwurzelt ist.

21 Mark Twain, *Ein Yankee an König Artus' Hof*, Berlin: Aufbau Verlag 2010, S. 105.

22 Übrigens sollte die Debatte darüber, ob Waterboarding Folter ist oder nicht, als offensichtlicher Unfug fallengelassen werden: Wie, wenn nicht durch Zufügen von Gewalt und Angst, soll Waterboarding hartgesottene Terrorverdächtige zum Sprechen bringen? Deshalb sollte man das »realistische« Argument zurückweisen, nach dem Waterbording bloß eine »mentale Täuschungsfolter« sei, bei der der Gefolterte denkt, dass

er ertränkt werden soll, in Wahrheit aber gar nicht in großer Gefahr ist. Wir sollten den Gewinn und die potentiell lebensrettenden Wirkungen, die durch eine solche Täuschung zu bekommen sind, gegenüber der Falschheit der Täuschung selbst abwägen. Denn Waterboarding wird vom Opfer als echte Bedrohung des Ertränkens wahrgenommen, auf dieselbe Weise, wie die vorgetäuschte Erschießung eines Gefangenen (die vor langer Zeit von Dostojewski beschrieben worden ist) eine entsetzliche Erfahrung darstellt, selbst wenn der Gefangene in Wahrheit gar nicht in großer Gefahr ist. Damit sind wir wieder bei der utilitaristischen Kosten-Nutzen-Rechung angekommen – dem kurzen Leid eines Einzelnen gegenüber dem Tod von vielen.

23 http://lazersilberstein.tumblr.com/post/26499132966/according-to-slavoj-zizek-no-one-understands-slavoj-zizek.

24 In unserer Sprache gibt es ein entsprechendes Vorgehen. Im Bereich der Politik benutzt man oft (ironisch) die passive Form eines aktivischen Verbs – zum Beispiel wenn man über einen Politiker, der gezwungen wird, »freiwillig« zurückzutreten, sagt, er sei »zurückgetreten worden«. Während der Kulturrevolution in China hat man sogar die neutrale Form – wie »kämpfen« – in einer künstlichen oder aktivischen Version verwendet. Wenn ein Kader, der des Revisionismus angeklagt worden ist, einer Sitzung »ideologischen Kampfes« ausgesetzt wurde, sagte man, dass er »gekämpft« sei oder dass die revolutionäre Gruppe ihn »kämpfe«. (Hier wurde das intransitive Verb in ein transitives verwandelt: Wir kämpfen nicht nur, sondern wir kämpfen *jemanden*.) Eine solche Verdrehung der »normalen«

Grammatik drück auf adäquate Weise die zugrundeliegende Logik aus; konsequenterweise sollten wir sie als Offenlegung der Gewalt loben, die dieser normalen Verwendung unterliegt, anstatt sie als gewalttätige Verdrehung des normalen Sprachgebrauchs abzulehnen.

25 Ein nettes Detail in der Handlung des Films ist nicht zu übersehen: Es sind die beiden Ex-Weather-*Frauen* (die von Susan Sarandon und Julie Christie gespielt werden), die ihrem alten Engagement treu bleiben, während alle Ex-Weather-*Männer* Kompromisse zugunsten ihrer familiären Verantwortung eingehen – im Gegensatz zum üblichen Mythos, dass Frauen stärkere Bindungen an die Familie haben und Männer eher bereit sind, alles für eine Sache zu riskieren.